申浩法律实务系列丛书

SUNHOLD
申浩律师事务所

企业法律风险防范

疑难经典案例判解

朱红彦　程海艳　著

法律出版社 | LAW PRESS
北京

图书在版编目（CIP）数据

企业法律风险防范疑难经典案例判解 / 朱红彦，程海艳著. -- 北京 : 法律出版社，2024. -- (申浩法律实务系列丛书). -- ISBN 978 -7 -5197 -9553 -5

Ⅰ. D922.291.915

中国国家版本馆 CIP 数据核字第 2024JC6712 号

企业法律风险防范疑难经典案例判解
QIYE FALÜ FENGXIAN FANGFAN
YI'NAN JINGDIAN ANLI PANJIE

朱红彦 程海艳 著

策划编辑 魏艳丽
责任编辑 魏艳丽
装帧设计 贾丹丹

出版发行 法律出版社
编辑统筹 法商出版分社
责任校对 王语童 李景美
责任印制 胡晓雅
经　　销 新华书店

开本 710 毫米×1000 毫米 1/16
印张 17.5　**字数** 268 千
版本 2024 年 10 月第 1 版
印次 2024 年 10 月第 1 次印刷
印刷 北京中科印刷有限公司

地址:北京市丰台区莲花池西里 7 号(100073)
网址:www.lawpress.com.cn
投稿邮箱:info@lawpress.com.cn
举报盗版邮箱:jbwq@lawpress.com.cn

销售电话:010 - 83938349
客服电话:010 - 83938350
咨询电话:010 - 63939796

书号:ISBN 978 -7 -5197 -9553 -5
定价:68.00 元

凡购买本社图书,如有印装错误,我社负责退换。电话:010 - 83938349

前言

FOREWORD

时光荏苒，弹指间，朱红彦已在浙江省金华市中级人民法院审判岗位度过15个春秋，跌跌撞撞从法科学生到法律人。基于对法律事业的激情与憧憬、对职业前景的意愿与规划、对生活模式的理想与选择，其就职业进行了重新选择，入职上海申浩律师事务所。

案例是法院法官解决纠纷之后形成的司法作品，体现了法官对法律、法理的理解和感悟，基于事实对案件纠纷所给的评价结论，是司法智慧的最终体现。两位作者基于为朱红彦这段法官人生留点纪念、为企业法律风险防范提供经验教训的希冀，从朱红彦审结的5000余个案件中选择了35个，进行了汇总、阐释。

浙江法院以全国1/26的编制数办结了全国1/13的案件，结案总数位列全国第二，一线法官人均结案数名列全国省区第一，是全国平均数的2.3倍。金华所在的金华—义乌都市区是浙江省继杭州、宁波、温州之后的第四大都市区。在福布斯发布的2012年中国内地最佳商业城市排名中，金华位列全国第33位，成为内地25个最具创新能力的城市之一。金华写就着县域经济的辉煌，所辖的义乌、东阳、永康稳列中国百强县。这里诞生了世界上最大的小商品批发市场，建成了全球规模最大的影视实景拍摄基地，生产了中国超七成的安全门和炊具。金华系我国东部经济发展的典型，以智慧、创新型城市发展作为定位。浙江省金华市中级人民法院自2008年开始，连续十几年法官人均办案量全省第一，人均结案数达300件左右。这里的各种纠纷不仅数量多，而且新类型、疑难、复杂案件层出不穷，典型案例资源丰富。

朱红彦自进入法院工作以来一直在审判核心业务部门工作，先后在浙江省金华市中级人民法院民三庭（知识产权刑事民事行政三审合一、商外）、民一庭（民事、商事）、行政二庭、环境资源庭（三审合一）多岗位锻炼，并在2018年借调至最高人民法院第三巡回法庭任法官助理。朱红彦审理的案件涉及刑事、民事、行政三大诉讼领域，几乎涵盖了除执行之外的法院的主要审判业务类型。基于涉及企业纠纷重复发生率高、防范操作性强的考量，两位作者决定将企业法律风险防范作为案例选择主题切入点，从中选择了35个案例。个别刑事案例当事人虽不涉及企业，但就其涉及的法律适用规则及指导意义而言，公民与组织并无实质区别。大部分案例涉及争议问题非单一化，因行文需要，在标题上只列最主要问题。

按照所选取企业法律风险防范案例性质不同，本书内容分为民商事、知识产权、涉外商事、刑事、行政等篇。企业法律风险防范案例选择上主要考虑两种类型，一种是疑难复杂案件，争议颇多，甚至有在判决之后，难以给出理论或实践上明确结论的案例；另一种虽不复杂，但属于新类型案例，颇具新颖性和典型性。每个案例判解包括裁判要旨、案情、审判、判解及提示等部分。裁判要旨体现在该案例中对法律适用和司法理念的精要概括，案情和审判反映了审理法院、当事人诉辩主张、案件事实、裁判理由和结果，判解及提示揭示了案件的争议焦点及理论上的争议，详细论述了审理思路、裁判方法，以及对社会公众的提醒或者启迪。体例安排及内容选择上注重以下几点：一是注重企业法律风险防范案例的全面性。作为曾经的法官，笔者深知会出现案件事实一点不同、裁判结果全然不一样的可能，故在提纲挈领介绍观点之后，尽量在案件事实认定及判决说理上保持原貌，使有需求的读者全面了解案件争议的由来、法院审理的过程、法律适用及裁判的论证过程。二是注重企业法律风险防范案例的新颖性。本书尽量选取近3年审结的案件作为案例，但典型性强的案例的指导价值不受时间限制。一些案例虽然审结时间较长，也经历了《民法典》生效后诸多法律失效的特殊时期，在案例编写行文时已按照现有的法律规定进行了重新梳理，以保证其新颖性。三是强调企业法律风险防范案例的理论性。本书提出了对争议问题涉及的观点和理论，介绍了案例的法律思维，裁判的价值观、利益冲突和平衡，分析了案件背后的社会学、政治学上的问题，从法理、事理、情理等方面结合案件事实及裁判要点，适当加以充实和深化，让读者了解案件裁判的原因或理由。四是强调企业法律风险防范案例的实用性。“文以载道，以用为贵”，企业法律风险防范案例选择尽可能兼顾理论深度和实践厚度，案例探讨以理论为基础，强调司法的实践性和应用性，起定分止争作用，使读者了解法院对此问题的态度，预知纠纷产生后可能的判决结果，更重要的是对企业法律风险防范相关问题及早预防，防患于未然。

为我们所熟知的美国霍姆斯大法官说，“法律的生命是经验，而不是逻辑”。德国哲学家康德亦有所述，“法律不是纯粹理性，而是一种实践理性”。这无不体现法律经验及实践的重要性。法律条文、理念、原则这些理论上的法律固然重要，将这些法律运用于千变万化的实践而产生的企业法律风险防范案例更蕴藏着审判人员丰富的法律智慧，是法律从业者从中汲取经验的源泉，是快速进步的法律阶梯。希冀这本书收录的35个企业法律风险防范案例对有缘的法律人的理论研究和实践探索起到交流作用，为企业法律风险防范实务操作提供有益的指导和参考。

特别感谢上海申浩律师事务所田庭峰主任，没有你的鼓励，不会有两位作者出这本书的心灵萌芽，感谢你提出的宝贵的审订意见，提携之意让人感铭在心。衷心感谢这些案例的合议庭成员徐肖闻、陈荣飞、姜葵、王孜力哈、周楚臣、杜月婷、虞行、金飘莉、张淑英等法官。真诚感谢出版社的编辑们为这本书稿所倾注的精力和付出的努力。

由于时间紧促及水平所限等原因，本书疏漏之处在所难免，真诚欢迎社会各界提出宝贵意见。

目录

CONTENTS

民商事篇

保险法律风险防范类

资产转让法律风险防范类

刑事篇

组织体系法律风险防范类

制度体系法律风险防范类

民商事篇

投保人与被保险人的实际投资人均为同一家庭成员且形成利益一致关系能否向投保人行使代位追偿权？

——陈某某与中国人民财产保险股份有限公司浦江支公司、吴某某机动车交通事故责任纠纷上诉案

裁判要旨

被保险人交纳保险费的行为仅视为对保险公司与他人代陈某某签订的保险合同一般条款的追认，不及于保险合同中涉及的免责条款。保险公司就“保险人对饮酒后驾车不承担理赔责任”免责条款的提示应符合保险法的规定及提示义务的宗旨，否则，对被保险人不发生效力，要承担相应的理赔责任。

一、案例简介

上诉人（原审被告）陈某某为与被上诉人（原审被告）中国人民财产保险股份有限公司浦江支公司（以下简称人保浦江公司）、一审原告吴某某机动车交通事故责任纠纷一案，不服浙江省浦江县人民法院的民事一审判决，向浙江省金华市中级人民法院提起上诉。

陈某某上诉称，人保浦江公司无任何证据证明在陈某某投保之前或之时已向其尽到了保险法所规定的免责条款明确告知和说明义务。陈某某交纳保险费仅仅说明保险合同关系成立，并不代表人保浦江公司尽到了法定义务，

为此，请求二审法院撤销一审判决，由人保浦江公司承担赔付义务。

人保浦江公司答辩称，陈某某交纳保险费视为对保险合同效力的确认，人保浦江公司已经尽到了告知的义务。

法院认定事实如下：2013年1月3日，陈某某驾驶车牌号为浙G×××××小型轿车于21时22分许行驶至平七路石埠头地段时，因操作不当，致使车辆与花坛及停放在路边上的吴某某所有的车牌号为皖L×××××的小型轿车发生碰撞，该交通事故导致两车损坏、花坛损失及陈某某受伤。为此，吴某某支出修理费21261元、施救费260元、拖车费220元、停车费45元及估价费800元。浦江县公安局交通警察大队作出道路交通事故认定书，认定陈某某负事故的全部责任，吴某某无责任。另查明，浙G×××××小型轿车车主为陈某某，该车在人保浦江公司投保交强险和商业险时，机动车保险/机动车交通事故责任强制保险投保单（正本）、保险单证送达签收单（兼保险权利义务告知书）、机动车交通事故责任强制保险费率浮动告知单以及机动车商业险“责任免除”明确说明书均由同一人签名确认，该签名非陈某某本人，陈某某已经交纳保险费。

二、法院裁判理由及结果

一审法院审理后认为，本案交通事故发生的经过及原因认定证据充分，造成吴某某车辆受损的事实清楚，应予以确认。据庭审查明，陈某某已经按照没有亲自签字的保险合同交纳了保险费系事实，故一审法院认定陈某某与人保浦江公司订立的交强险和商业险保险合同成立，并有效。对吴某某因该起交通事故受到的损失，由于浙G×××××小型轿车已向被告人保浦江公司投保了交强险，人保浦江公司应在交强险的限额内对吴某某先行赔偿，该赔偿的范围、金额，由法院根据吴某某的诉请和法律规定予以确定。人保浦江公司提出根据商业险免赔告知书的约定，陈某某饮酒驾驶被保险机动车，将免除保险公司的商业险赔偿责任的辩称，根据法律规定，陈某某已经交纳保险费，故应视为其对代签字行为的追认。一审法院对该辩称予以采纳。根据发生本案交通事故的原因、经过，陈某某对本案交通事故负有完全过错，对吴某某的合理损失应承担全部赔偿责任。法院认为，对吴某某诉请赔偿的修理费21261元、施救费480元（含拖车费220元）、停车费45元、估价费800元，合法有据，应予以支持。对吴某某主张的交通费，酌定为40元。据此，法院判决：(1) 由被告中国人民财产保险股份有限公司浦江支公司在机动车第三者责任强制保险责任限额范围内赔偿吴某某修理费2000元及交通费40元，合计2040元，限于判决生效后10日内付清；(2) 由陈某某赔偿吴某某修理费19261元、施救费480元（含拖车费220元）、停车费45元及估价费800元，合计20586元，限于判决生效后10日内付清。

二审法院审理后认为，陈某某交纳保险费的行为仅视为对他人代其与人保浦江公司签订的保险合同一般条款的追认，保险法律对保险人如何履行提示及明确说明义务有特别规定，人保浦江公司是否按照相关规定，履行了对“饮酒后驾车发生事故保险人可拒绝理赔”免责条款的提示及明确说明义务，应根据案件事实及相关规定，作出符合客观实际的认定。法律规定饮酒后不得驾驶机动车，人保浦江公司将该禁止性规定情形作为保险合同免责条款的免责事由，如果其对该条款作出提示后，陈某某不能以人保浦江公司未履行明确说明义务为由主张该条款不生效。本案中人保浦江公司以单独条款的形式将该免责条款单独列出，表明其对该条款已作出提示。但人保浦江公司作出的符合规定的提示，不仅应通过字体、符号等特别标识对免除保险人责任的条款作出标识，还应主动向陈某某出示该条款，并提醒陈某某注意到，保险条款中存在行为人违反禁止性规定将导致保险人责任免除的条款，即提示陈某某“酒后驾驶”与“保险人免责”之间存在关联性。该案肇事机动车在人保浦江公司投保交强险和商业险时，机动车保险/机动车交通事故责任强制保险投保单（正本）、保险单证送达签收单（兼保险权利义务告知书）、机动车交通事故责任强制保险费率浮动告知单以及机动车商业险“责任免除”明确说明书均非陈某某签名确认，陈某某只是事后补缴了保险费，人保浦江公司没有任何证据能够证明已向陈某某出示过该条款，并提示陈某某酒后驾车与保险公司免责之间存在关联性，该条款对陈某某不发生效力，人保浦江公司应承担相应的理赔责任，一审判决由陈某某赔偿吴某某的赔偿项目应改由人保浦江公司承担赔偿责任。据此，依照《侵权责任法》第6条（《民法典》第1165条）第1款、第19条（《民法典》第1184条），《道路交通安全法》

（2021年修正）第76条和最高人民法院《关于适用〈中华人民共和国保险法〉若干问题的解释（二）》（2020年修正）第3条之规定，判决：（1）维持浙江省浦江县人民法院（2013）金浦民初字第179号民事判决第一项；（2）撤销浙江省浦江县人民法院（2013）金浦民初字第179号民事判决第二项及诉讼费负担部分；（3）由中国人民财产保险股份有限公司浦江支公司在涉案机动车商业保险责任限额范围内赔偿吴某某修理费19261元、施救费480元（含拖车费220元）、停车费45元及估价费800元，合计20586元，限于判决生效后10日内付清。

三、判解及提示

本案主要涉及以下两个方面的问题。

（一）陈某某交纳保险费的行为产生的追认效力是否及于免责条款

按照最高人民法院《关于适用〈中华人民共和国保险法〉若干问题的解释（二）》（2020年修正）（以下简称《保险法解释（二）》）第3条第1款的规定，“投保人或者投保人的代理人订立保险合同时没有亲自签字或者盖章，而由保险人或者保险人的代理人代为签字或者盖章的，对投保人不生效。但投保人已经交纳保险费的，视为其对代签字或者盖章行为的追认”，陈某某交纳保险费的行为是对他人代替自己签订保险合同行为的追认，经追认的无权代理行为视为有效，该案涉及的保险合同生效。但该交纳保险费行为的追认效力是否及于免责条款，一审、二审形成了不同意见。一审法院将该行为视为对他人代陈某某签字所有行为的追认，既包括他人以陈某某的名义作为订约人在投保单上涉及一般条款文字处的签名，也包括主要涉及免责条款的“投保人声明栏”处的签名，也就是说，其交纳保险费的行为效力及于保险合同的免责条款。二审法院则认为，陈某某交纳保险费的行为仅视为对人保浦江公司与他人代陈某某签订的保险合同一般条款的追认，不及于保险合同中涉及的免责条款。

保险合同中大致存在两种签名或者盖章，一种表明投保人愿意接受保险人与投保人之间保险合同条款的约束形成保险合同关系，另一种表明投保人对保险人已履行对免责条款提示及明确说明义务的确认。对于前者，保险人与代替投保人的他人形成投保的合意并由保险人签发保单的行为应视为一种要约，投保人交纳保险费的行为实质是投保人以实际行动对保险合同作出承诺，承诺到达要约人后，保险合同生效。对于后者，《保险法》（2015 年修正）第 17 条第 2 款规定，“对保险合同中免除保险人责任的条款，保险人在订立合同时应当在投保单、保险单或者其他保险凭证上作出足以引起投保人注意的提示，并对该条款的内容以书面或者口头形式向投保人作出明确说明；未作提示或者明确说明的，该条款不产生效力”。保险人的提示及明确说明义务由法律规定，不以双方当事人的约定而改变，保险人必须对相关免责条款履行提示及明确说明义务后，投保人才能作出确认。保险人是否按照相关规定、履行了该义务，不应根据《保险法解释（二）》第 3 条第 1 款的规定简单作出推定，而应根据案件事实，作出符合客观实际的认定。

（二）“保险人对饮酒后驾车不承担理赔责任”免责条款在本案中的效力

二审就“保险人对饮酒后驾车不承担理赔责任”免责条款在本案中的效力曾形成两种意见。一种意见认为，根据《保险法解释（二）》第 10 条的规定，“保险人将法律、行政法规中的禁止性规定情形作为保险合同免责条款的免责事由，保险人对该条款作出提示后，投保人、被保险人或者受益人以保险人未履行明确说明义务为由主张该条款不成为合同内容的，人民法院不予支持”，饮酒后驾驶机动车属于《道路交通安全法》（2021 年修正）第 22 条第 2 款规定的禁止性规定的情形，人保浦江公司已就“保险人对饮酒后驾车不承担理赔责任”免责条款单独通过说明书的形式作出提示，该条款生效，陈某某饮酒后驾驶机动车，按照保险合同条款，应驳回陈某某要求人保浦江公司承担商业险赔偿责任的诉讼请求。另一种意见认为，人保浦江公司就“保险人对饮酒后驾车不承担理赔责任”免责条款在本案中的提示不符合保险法的规定及提示义务的宗旨，该免责条款对陈某某不发生效力，人保浦江公司应承担相应的理赔责任。二审法院最终按照第二种意见作出判决。

1. 禁止性规定与法定免责条款

判断本案中“保险人对饮酒后驾车不承担理赔责任”免责条款的效力，

首先要明确该条款是将禁止性规定纳入免责条款还是其属于法定免责条款，“禁止规定者，指命令当事人不得为一定行为之法律规定”。法定免责条款是按照相关法律、法规，可以直接免除保险人理赔责任的情形。行为人违反法定免责条款时保险人不承担保险责任，行为人违反法律规定的禁止性规定时应受到相应的行政处罚或者刑事处罚。投保人如果违反了禁止性规定，而该禁止性规定的情形又是双方保险合同约定的免责事由，应按照《保险法解释（二）》第10条规定，审查保险人是否对投保人履行了提示义务。而违反了法定免责条款，即使保险人未就该类免责条款提示或者明确说明，保险人也可以拒绝赔偿。本案中饮酒后驾车是《道路交通安全法》禁止的行为，属于禁止性规定，陈某某违反该禁止性规定是否导致人保浦江公司免责，需要进一步审查人保浦江公司是否履行了提示义务。

2. 保险人提示义务的含义

“提示义务亦为醒示义务，或称特别提请注意义务，即保险格式合同提供人所负采取合同方式提请相对人注意免责条款之存在义务。”[①]《合同法》第39条（《民法典》第496条）规定：“采用格式条款订立合同的，提供格式条款的一方应当遵循公平原则确定当事人之间的权利和义务，并采取合理的方式提请对方注意免除或者限制其责任的条款，按照对方的要求，对该条款予以说明。”提示与明确说明义务相互独立。按照《保险法解释（二）》第10条的规定，在保险人将法律、法规规定的禁止性规定的情形纳入免责条款下，免除了保险公司的明确说明义务，其只要作出提示，投保人不能以保险人未对其作出明确说明为由主张免责条款无效。从保险法规定保险人提示及明确说明义务的宗旨来看，此种情形下，保险人不仅要通过字体、符号等特别标识对免除保险人责任的条款作出标识，还应主动向投保人出示该条款，并提醒投保人注意到，保险条款中存在行为人违反禁止性规定将导致保险人责任免除的条款，即提示投保人“违反禁止性规定”与“保险人免责”之间存在关联性。本案中，人保浦江公司以单独条款的形式将“饮酒情形下保险公司拒绝赔偿”免责条款单独列出，虽然根据法律一经公布即视为人人皆知

---

① 樊启荣：《保险法》，北京大学出版社2011年版，第97页。

的一般常识，可以推定陈某某应知道饮酒后不能驾车，其如违反，应按规定受到行政或者刑事处罚，但并不当然对双方之间的保险合同产生影响，也不会直接导致免除人保浦江公司保险责任的法律效果，人保浦江公司没有向陈某某出示过该免责条款，无法推定陈某某知悉酒后驾车与保险人免责之间存在关联性，该条款对陈某某不发生效力。

3. 保险人提示义务的履行方式

合议庭在合议该案时，有观点认为，陈某某事后交纳保险费时，有义务对保险合同包括免责条款在内的条款进行了解，即此种情形下陈某某对免责条款是应知的，故其应按照免责条款有效接受保险合同的约束并承担相应的责任，但最终合议庭讨论后否决了此观点。

（1）提示义务要在保险合同生效前履行。我国目前保险合同普遍采用由保险人提供格式条款的形式，保险人作为该格式条款的拟制方，拥有专业的人才资源及雄厚的资金支持，其相对于投保人而言，显然处于强势地位。基于对价平衡、实质公平、公正等理念，法律赋予保险人一方对免责条款的提示义务，该义务要求保险人缔约过程中，基于诚信原则对免责条款提请投保人注意，系一种附随义务，本质是一种先合同义务。其意义在于有助于投保人能够清醒地认识到免责条款的概念、内容及法律后果等，在公平、合理、知情的前提下自愿缔结保险合同，如果保险人在保险合同生效后才进行提示，已于事无补，失去了法律设定提示义务制度的意义。保险人应在保险要约生效后，保险合同生效前出示并提请投保人注意免责条款。

（2）提示义务要由保险人主动履行。按照《保险法》（2015 年修正）第 17 条第 2 款的规定，提示义务不是保险合同双方当事人约定的义务，而是保险法规定的保险人必须履行的一项法定义务，保险人提示义务的履行，不以投保人是否询问或要求保险人履行为前提条件，保险人必须无条件地主动地履行该项义务。

（3）提示义务要向投保人履行。保险人对免责条款的提示作为先合同义务，履行主体是特定的，限于为缔结保险合同进行接触、磋商的保险人与投保人或者投保人的代理人，亦即保险人的提示义务的履行对象应当是投保人或者投保人的代理人，在投保人与被保险人非同一人的情形下，即使保险人对被保险人作出提示并得到被保险人的签字认可，也不能认为保险人履行了提示义务。

本案中保险人对投保人就“饮酒后驾驶机动车，保险公司免除赔偿责任”的提示义务，应由人保浦江公司在保险合同生效前主动向陈某某履行，即应在陈某某交纳保险费之前向陈某某履行，陈某某本人没有义务主动去了解涉案的免责条款，其未在投保单及免责告知书等保险单证上面签字，表明人保浦江公司未在合同生效前向陈某某主动履行提示义务，人保浦江公司应承担由此产生的责任。

4. 保险人提示义务的举证责任

合议庭讨论该案时，也有观点认为，本案保险合同中签名处的“陈某某”的签字大致有两种情形，一是保险代理人的签名，二是陈某某委托的代理人签名。在第一种情形下，保险人无疑应承担理赔责任，如果是第二种情形，保险人可不承担责任，合议庭最终也否决了此种观点。

从举证责任的角度来看，《保险法解释（二）》第13条规定了保险人应对其履行了明确说明义务负举证责任。在保险人将法律、法规规定的禁止性规定的情形作为免责事由的情况下，《保险法解释（二）》第10条的规定免除了保险人的明确说明义务。实质上，此种情形下，普通公众通常理解免责条款的概念、内容、法律后果，故保险人再对免责条款作出明确说明已无必要，但要求保险人提示投保人免责条款存在及让投保人知晓违反禁止性规定与保险人免责之间的因果联系的提示部分地承担了明确说明义务。对免责条款作出提示亦是保险人的法定义务，保险人以其已履行提示义务主张免责，应对其已出示过该条款并已提醒投保人注意到该条款的存在负举证责任。本案中陈某某未在商业险“责任免除”明确说明书及其他保险单证上签字，人保浦江公司也无其他证据证明已对陈某某履行了提示义务。

另外，法律、法规没有禁止一般情形下投保人委托代理人办理机动车保险投保事宜，投保人可以通过明示或者默示方式向代理人授权，无论哪种情形，保险人都负有义务审核投保人及代理人的身份及委托事宜等信息。本案中即使存在陈某某让其他人代替自己在保险单证上签上“陈某某”字样的情形，保险公司无法证明他人经过陈某某的授权及其与陈某某之间存在委托代理关系，该代为签字的行为实质上是一种冒名顶替行为，不能以委托代理的理论推定人保浦江公司已对他人履行了提示义务进而简单地认为应将该行为的效力及于陈某某。

用人单位与劳动者之间的工伤保险处理是否影响投保人与保险公司之间商业保险权利义务的确定?

——中国人民财产保险股份有限公司上海市奉贤支公司
与上海新创物流有限公司保险纠纷上诉案

裁判要旨

工伤保险赔偿和人身损害赔偿属于不同的领域，并行不悖，用人单位与劳动者之间的工伤赔偿处理，不影响投保人与保险公司之间的保险权利义务认定，但赔偿金额受投保人实际赔偿数额及人身损害赔偿法定数额的双重限制；机动车保险责任中的第三者、驾驶员或者车上人员的认定，要结合交通事故发生的特定时空来考量。

一、案例简介

上诉人（原审被告）中国人民财产保险股份有限公司上海市奉贤支公司（以下简称人保奉贤支公司）为与被上诉人（原审原告）上海新创物流有限公司（以下简称新创物流公司）保险纠纷一案，不服浙江省东阳市人民法院的民事一审判决，向浙江省金华市中级人民法院提起上诉。

人保奉贤支公司上诉理由如下：

（1）诉争保险合同合法有效，其条款内容对双方当事人均有约束力

新创物流公司就其所有的涉案车辆向人保奉贤支公司投保了相应保险，

整个过程体现了双方当事人的真实意思表示，保险合同依法成立生效，对双方都有约束力。新创物流公司在一审庭审时对人保奉贤支公司提交的保险条款也未提出异议，可见原审判决所涉责任免除条款的明确说明义务及效力问题，并无适用依据。

（2）诉争事故不存在侵权责任，新创物流公司与死者家属之间的赔偿系基于工伤产生

①诉争事故的发生是由于杨某某在停车时未控制好车辆，车辆滑动、侧翻导致其自身死亡，侵权人与受害人均系杨某某，基于身份的混同，本案不具备产生侵权责任的基础。

②新创物流公司作为车辆所有人无须承担侵权责任。按照规定，机动车所有人对损害的发生有过错的，才承担相应的赔偿责任。按照浙江省高级人民法院民一庭《关于审理道路交通事故损害赔偿纠纷案件若干问题的意见（试行）》第5条的意见，本案中新创物流公司并无该意见所指的相应过错，其基于车辆所有人身份无须承担侵权责任。新创物流公司作为驾驶员的用人单位只需承担工伤赔偿责任。按照最高人民法院《关于审理人身损害赔偿案件适用法律若干问题的解释》（以下简称《人身损害赔偿适用法律问题的解释》）第12条规定，“依法应当参加工伤保险统筹的用人单位的劳动者，因工伤事故遭受人身损害，劳动者或者其近亲属向法院起诉请求用人单位承担民事赔偿责任的，告知其按《工伤保险条例》的规定处理”[①]，本案中新创物流公司是基于其用人单位的身份对死者承担工伤赔偿责任而非侵权责任，由于本案涉及交强险、第三者责任险等险种赔偿的基础是被保险人对第三者的侵权责任，故新创物流公司据此提出保险索赔明显不当。

（3）人保奉贤支公司依约不应承担交强险赔偿责任

《机动车交通事故责任强制保险条款》第5条规定：“交强险合同中的受害人是指因被保险机动车发生交通事故遭受人身伤亡或者财产损失的人，但不包括被保险机动车车上人员、被保险人。”车上人员的认定是基于空间属

---

① 该解释于2003年12月4日通过，于2020年12月23日和2022年2月15日两次修正，此处援引为2003年版，相关内容又见于2022年2月修正版第3条第1款。

性，而被保险人的认定是基于身份属性。就前者而言，杨某某在诉争事故发生时位于车门与车体之间，与车辆属同一整体，当然是本车上人员；就后者而言，《机动车交通事故责任强制保险条款》第4条规定，“交强险合同中的被保险人是指投保人及其允许的合法驾驶人”，在特定的时空范围内只有死者能对车辆进行操纵和控制，其合法驾驶人的身份属性不因下车而改变，故本案中无论基于何种身份，死者均不在交强险的保险责任范围内。

（4）人保奉贤支公司依约不应承担第三者责任险赔偿责任

①新创物流公司未及时交纳保险费，人保奉贤支公司对之前发生的事故不承担赔偿责任。《机动车第三者责任险条款》第19条规定，“除另有约定外，投保人应当在本保险合同成立时交清保险费；保险费交清前发生的保险事故，保险人不承担赔偿责任”。浙江省高级人民法院《关于审理财产保险合同纠纷案件若干问题的指导意见》第4条规定：“财产保险合同约定保险责任自保险费缴纳之日起计算，而投保人尚未支付保险费时，保险人以投保人未支付保险费为由主张其不承担保险责任的，应予支持。”本案中新创物流公司投保于3月2日，保险期限起始于3月3日，事故发生于3月4日，新创物流公司缴费于3月5日，向保险公司报案于3月6日，故保险事故发生于保险费交清前，人保奉贤支公司对此事故不应承担赔偿责任。

②诉争事故不属于保险责任范围。《机动车第三者责任险条款》第3条规定：“本保险合同中的第三者是指因被保险机动车发生意外事故遭受人身伤亡或者财产损失的人，但不包括投保人、被保险人、保险人和保险事故发生时被保险机动车本车上的人员。”《机动车第三者责任险条款》第4条规定：“保险期间内，被保险人或其允许的合法驾驶人在使用被保险机动车过程中发生意外事故，致使第三者遭受人身伤亡或财产直接损毁，依法应当由被保险人承担的损害赔偿责任，保险人依照本保险合同的约定，对于超过机动车交通事故责任强制保险各分项赔偿限额以上的部分负责赔偿。”

③即使诉争事故属于保险责任范围，人保奉贤支公司基于责任免除条款也不应赔偿。《机动车第三者责任险条款》第5条规定：“被保险机动车造成下列人身伤亡或财产损失，不论在法律上是否应当由被保险人承担赔偿责任，保险人均不负责赔偿：……（二）被保险机动车本车驾驶人及其家庭成员的

人身伤亡、所有或代管的财产损失……”如前所述，杨某某作为驾驶员的身份属性不因其下车而改变，故即使诉争事故属于保险责任范围，人保奉贤支公司也不应承担赔偿责任。

（5）人保奉贤支公司依约不应承担机动车车辆损失险（以下简称车损险）赔偿责任

《车辆损失险详细条款》第17条规定：“除另有约定外，投保人应当在本保险合同成立时交清保险费；保险费交清前发生的保险事故，保险人不承担赔偿责任。”故人保奉贤支公司不应承担本案车损险赔偿。综上，原审认定事实不清，适用法律错误，判决显失公正，恳请二审法院撤销原审判决，依法改判，驳回新创物流公司的全部诉讼请求。

新创物流公司答辩称：①关于保单上的日期和发票上日期的问题，现在保险公司都是见保费出单，但新创物流公司已经把钱打到人保奉贤支公司账上，至于保险公司业务员开发票的日期新创物流公司对此是不知情的，人保奉贤支公司述称新创物流公司晚交保费不是事实。②杨某某在出事时已经在车外，并不在车内，应当属于第三者。③人保奉贤支公司提及的机动车第三者责任险条款，在保险合同订立时没有对投保人加以说明，《保险法》第17条对此有明确规定，未作明确说明的对投保人不产生效力。综上，请求二审法院维持一审判决。

法院认定事实如下：死者杨某某系城镇居民，其生前被扶养人有父亲胡某某、母亲杨卫某、女儿胡诗某，胡某某与杨卫某共生育包括杨某某在内的两个儿子。2012年3月4日21时20分许，杨某某驾驶新创物流公司所有的涉案车辆临时在金义东公路44km+100m（东阳市画水镇华阳村）路段停车时，向左侧翻至道路西侧路边的水沟，站在车外的杨某某被车辆挤压当场死亡。东阳市公安局交通警察大队经调查，认为该事故的成因无法查清，并于2012年3月16日出具了道路交通事故证明，送达当事人。2012年3月21日，经交警部门主持调解，新创物流公司与杨某某的亲属达成协议，约定由新创物流公司赔偿杨某某的亲属死亡赔偿金904340元（包括被扶养人生活费）、丧葬费20752.5元、丧葬期间误工费1万元、交通费6000元、住宿费18000元、精神损害抚慰金5万元，合计1009092.5元。同日，新创物流公司履行了上述付款义务。另外，新创物流公司花费了车辆修理费5870元，施救费4780元。原审另查明，杨某某系新创物流公司聘请的驾驶员，事发当天，杨某某系在执行职务过程中发生交通事故，新创物流公司未为杨某某交纳工伤保险。虽然在原审第二次庭审结束后，新创物流公司向原审法院提供了劳动合同1份及工资单14份，但经审核，该组证据不具备有效证据的认定要件，不能反映杨某某生前工资收入的实际情况。2012年3月2日，新创物流公司对肇事车辆的主车和挂车分别向人保奉贤支公司投保了交强险和保险金额分别为100万元、5万元的第三者责任险及不计免赔险、车辆损失险，保险合同约定保险期间均是自2012年3月3日0时起至2013年3月2日24时止。2012年3月5日，新创物流公司向人保奉贤支公司交纳了保险费。杨某某父母及女儿均为城镇居民。经核算，杨某某因交通事故死亡的人身损害应赔偿的款项为：死亡赔偿金30971元/年×20年计619420元，被扶养人生活费20437元/年×20年计408740元，丧葬费23330元，交通费2867元，精神损害抚慰金50000元，以上费用合计1104357元；新创物流公司没有提供住宿费等费用的相应凭据。

二审审理过程中，人保奉贤支公司书面认可诉争保险合同的对本案交通事故的效力，并撤回了其提出的“新创物流公司未及时缴纳保费人保奉贤支公司不应承担保险赔偿责任”的上诉理由及请求。

二、法院裁判理由及结果

原审法院审理后认为，杨某某驾驶肇事车辆在事发路段临时停车时，因肇事车辆侧翻至路边水沟，致站在车外的杨某某被挤压当场死亡的事实，有交警部门出具的道路交通事故证明予以证实，足以确认。关于原告、被告间成立的保险合同于何时生效和涉案交通事故是否发生在保险期限内的问题：原告、被告于2012年3月2日成立了保险合同关系，合同约定的保险期间均是自2012年3月3日0时起至2013年3月2日24时止，合同签订后，新创物流公司向人保奉贤支公司交纳了保险费，人保奉贤支公司没有拒绝，根据《保险法》第13条第3款、第14条的规定，应确认保险合同于2012年3月3日0时起生效，而涉案交通事故发生在2012年3月4日，故应确认涉案交通事故发生在保险期限内。关于杨某某因交通事故意外死亡是否属于保险事故，人保奉贤支公司应否承担保险赔偿责任问题：杨某某作为肇事车辆的驾驶员，其确系投保人（新创物流公司）允许的合法驾驶人，在其正常驾驶车辆情况下发生事故，其不属于交强险所指的受害人及第三者责任险所指的第三者，但在本案事故发生时，杨某某站在肇事车辆的外面，停止了对肇事车辆的操作和控制，其既不是肇事车辆的车上人员，也不在车上从事驾驶工作，其身份已转化为事故的受害人（第三者责任险中的第三者），故杨某某因交通事故意外死亡应确认为保险事故。同时，原告、被告签订的交强险、第三者责任险保险条款并没有明确、具体地约定驾驶员在车外受到的人身损害不属保险赔偿范围，《机动车交通事故责任强制保险条款》第4条、第5条和《机动车第三者责任险条款》第3条、第4条、第5条第2项的内容在理解上存在歧义，不能必然地理解为包括“驾驶员在车外受到人身损害不属保险赔偿范围”，而且没有证据证明人保奉贤支公司对相关免责条款的含义对投保人尽到了明确告知义务，故人保奉贤支公司应对新创物流公司承担保险赔偿责任。关于人保奉贤支公司应如何承担保险赔偿责任问题：由于杨某某系新创物流公司聘请的驾驶员，双方之间成立劳动关系，且杨某某系在执行用人单位即新创物流公司指派的工作任务过程中发生交通事故而死亡，故杨某某的死亡应认定为工伤（亡）。新创物流公司对杨某某的亲属应承担工伤保险赔偿责任，而不是交通事故损害赔偿责任，而交强险和第三者责任险的保险范围系被保险人依法应对受害人（或第三者）承担的赔偿责任，因此新创物流公司与杨某某的亲属经交警部门调解达成的协议，只对新创物流公司与杨某某亲属具有法律约束力，对人保奉贤支公司不具有法律约束力，人保奉贤支公司无须按该调解书的内容对新创物流公司承担保险赔偿责任，而仅应按工伤保险赔偿的标准承担保险赔偿责任。关于保险赔偿范围的具体确定：根据本案客观事实和相关法律、法规及司法解释的规定，杨某某家属依法可享有的工伤保险待遇确认为：丧葬补助金23378元、供养亲属抚恤金370339.2元（15×2338×12×30%+19×2338×12×30%+10×2338×12×30%）、一次性工亡补助金436200元（21810×20），合计829917.2元。上述829917.2元应列入本案保险赔偿范围，新创物流公司已支付给杨某某家属的赔偿款近

101万元中超过上述数额的部分，应认定为新创物流公司自愿额外赔偿给杨某某家属，不能列入本案保险赔偿范围。另外，人保奉贤支公司承保了肇事车辆的车损险，故其应在车损险赔偿限额内依约赔偿新创物流公司车辆损失5870元、施救费4780元。经计算，人保奉贤支公司共应支付新创物流公司保险赔偿款840567.2元。综上，判决：（1）中国人民财产保险股份有限公司上海市奉贤支公司应于判决生效后10日内支付上海新创物流有限公司沪BD××××—沪E××××挂号重型集装箱半挂车的交通事故责任强制保险赔款、第三者责任险赔款、车辆损失险赔款合计840567.2元；（2）驳回上海新创物流有限公司的其他诉讼请求。

二审法院审理后认为：(1) 关于人保奉贤支公司能否以受害人杨某某系新创物流公司员工而无须承担保险赔偿责任问题。本案中，杨某某被人保奉贤支公司承保的机动车挤压致死后，杨某某家属与新创物流公司在交警部门的主持下达成调解协议，新创物流公司向杨某某家属支付赔偿款后，以机动车交通事故赔偿为由向人保奉贤支公司提出赔偿要求，人保奉贤支公司依据《人身损害赔偿适用法律问题的解释》第12条第1款的规定，推定该款项为工伤保险补偿款没有事实及法律依据。新创物流公司与人保奉贤支公司双方约定的保险合同中没有新创物流公司劳动者因被保险机动车发生交通事故构成工伤（亡）不予理赔的免责条款，如果涉案交通事故符合保险合同约定的其他理赔条件，人保奉贤支公司应承担起理赔责任，对人保奉贤支公司提出的受害人杨某某死亡构成工伤（亡）故其不承担保险理赔责任的上诉理由及请求不予支持。(2) 关于人保奉贤支公司能否以受害人杨某某系发生交通事故机动车的驾驶员而免除保险理赔责任的问题。东阳市公安局交通警察大队《道路交通事故证明》（东公交证字〔2012〕第J12号）明确“涉案机动车发生侧翻，致站在车外的杨某某被挤压当场死亡”，至于杨某某由于何种原因在事故发生时置身于被保险车辆之外，不影响其当时的“第三者”身份。人保奉贤支公司提出的基于受害人杨某某系涉案车辆的驾驶员而免除其赔偿责任的上诉意见与事实不符，不予认可。(3) 关于人保奉贤支公司应对新创物流公司承担什么样的赔偿责任问题。本案中涉案机动车造成杨某某死亡是保险公司承担赔偿责任的基础，新创物流公司赔偿杨某某家属人身损害赔偿款

1009092.5 元，一审法院按照 840567.2 元的标准判决人保奉贤支公司对新创物流公司承担理赔责任，新创物流公司并没有提起上诉，840567.2 元的标准也没有超出人保奉贤支公司对新创物流公司应承担理赔责任的限额，故决定由人保奉贤支公司支付新创物流公司保险理赔款 840567.2 元。工伤认定一般由相应行政机关来进行，并遵循严格的时间与程序限定，一审法院直接认定杨某某工伤并按照工伤保险确定赔偿金额由保险公司按照该标准承担理赔责任于法无据。综上，原审判决适用法律不当，应予以纠正。根据《保险法》第 14 条、《工伤保险条例》第 17 条、《民事诉讼法》第 170 条［《民事诉讼法》（2021 年修正）第 177 条］第 1 款第 2 项之规定，判决：（1）撤销浙江省东阳市人民法院（2012）东民初字第 878 号民事判决；（2）中国人民财产保险股份有限公司上海市奉贤支公司于本判决生效后 10 日内支付上海新创物流有限公司沪 BD××××—沪 E××××挂号重型集装箱半挂车的交通事故责任强制保险理赔款等合计 840567.2 元；（3）驳回上海新创物流有限公司的其他诉讼请求。

三、判解及提示

本案争议焦点有以下两项。

（一）人保奉贤支公司能否以受害人杨某某系新创物流公司员工而无须承担保险赔偿责任问题

最高人民法院《关于审理人身损害赔偿案件适用法律若干问题的解释》第 12 条［最高人民法院《关于审理人身损害赔偿案件适用法律若干问题的解释》（2022 年修正）第 3 条］第 1 款规定，依法应当参加工伤保险统筹的用人单位的劳动者，因工伤事故遭受人身损害，劳动者或者其近亲属向人民法院起诉请求用人单位承担民事赔偿责任的，告知其按《工伤保险条例》的规定处理。如果机械适用该条文，直接驳回新创物流公司的诉请，似乎有法律依据，但违背法理，也不公平。上述司法解释第 2 款规定，因用人单位以外的第三人侵权造成劳动者人身损害，赔偿权利人请求第三人承担民事赔偿责任的，人民法院应予支持。如果同一职工因是公司的车与不是公司的车不同，按照该司法解释第 12 条第 1 款与第 2 款的不同进行处理，但第一种情况与第二种情况实际结果并无不同，而侵权主体的不同并非受伤害职工可以选择的范围。进一步讲，即同样是因发生道路交通事故受伤，员工如因第三方交通事故受伤可按照人身损害赔偿规定主张权利，如因同一单位其他员工交通事故致其受伤则不能按照人身损害赔偿规定主张权利，即受害人将因为侵权人不同而影响主张权利的内容，显然这样的处理缺乏法律依据。并且机械适用上述司法解释第1款会加大道德风险，此种情况下，单位与职工存在合谋不构成劳动关系的共同利益，且外人很难识别他们之间真实的法律关系。国家为了保障劳动者因工负伤的基本生活和分散用人单位的用工风险，建立工伤保险制度，而工伤，究其实质也是一种人身伤害。对劳动者来说，其因执行单位职务受伤害同时享有工伤保险赔偿与人身损害赔偿请求权；前者基于用人单位与劳动者之间的劳动关系，法律依据是《劳动法》和《工伤保险条例》等相关规定；后者基于用人单位与劳动者之间的侵权关系，法律依据是《民法典》等相关规定。从责任的角度，工伤保险责任性质上属社会保险责任，人身损害赔偿责任属侵权责任；前者属公法领域或者公私兼顾的法劳动法领域，后者属私法民商法领域；前者强制色彩较浓，后者则体现出较强的处分性；前者具有补偿性质，后者具有赔偿性质。由于两种责任的上述区别，在其竞合时，从劳动者的角度，其有权向对应责任主体主张工伤保险赔偿和人身伤害损害赔偿；至于如何主张，当事人择一主张甚至同时主张都没有法理障碍；但此选择权受到了上述司法解释第12条第1款的限制，按照该条规定，劳动者要求用人单位承担民事赔偿责任时，只能按照《工伤保险条例》的规定获得工伤保险赔偿。从用人单位的角度，其从上述规定获得一种抗辩的权利，用以对抗劳动者对自己提出的人身损害赔偿权，但不能以此认为用人单位不能对劳动者的人身损害进行赔偿。法律从不强人所难，当事人有放弃权利的权利，用人单位不行使该抗辩权，与劳动者形成合意，由用人单位对劳动者承担起人身伤害赔偿责任，法律对此没有进行干涉的理由。用人单位放弃抗辩权行使的行为，可能会影响保险公司的利益，保险公司可能会对此提出异议。用人单位与保险公司之间是等价交换的保险合同关系，遵循契约自由原则。例如，用人单位可以创造条件，让单位劳动者享受工伤保险的同时，另外为其办理人身意外伤害保险，一旦发生工伤事故，除了工伤保险待遇，按照保险合同约定向保险公司提出理赔要求。用人单位对其机动车交通事故造成的人身损害，有权根据投保时双方约定的条款，对自己支出的赔偿款要求保险公司理赔。也就是说，保险公司能否对用人单位放弃抗辩权的行为提出异议并被人民法院认可，要视双方之间的保险合同约定而定。本案中，杨某某被人保奉贤支公司承保的机动车挤压致死后，杨某某家属与新创物流公司在交警部门的主持下达成调解协议，新创物流公司向杨某某家属支付赔偿款后，以机动车交通事故赔偿为由向人保奉贤支公司提出赔偿要求，人保奉贤支公司依据上述司法解释第 12 条第 1 款的规定，推定该款项为工伤保险补偿款没有事实及法律依据。新创物流公司与人保奉贤支公司双方约定的保险合同中没有新创物流公司劳动者因被保险机动车发生交通事故构成工伤（亡）不予理赔的免责条款，如果涉案交通事故符合保险合同约定的其他理赔条件，人保奉贤支公司应承担起理赔责任，应对人保奉贤支公司提出的受害人杨某某死亡构成工伤（亡）故其不承担保险理赔责任的上诉理由及请求不予支持。

（二）人保奉贤支公司能否以受害人杨某某系发生交通事故机动车的驾驶员而免除保险理赔责任的问题

机动车车辆与特定驾驶员或者车上人员并非一一对应关系，而是随着特定的时空条件变化而相应转化。判定本案中杨某某在事故发生时是属于第三者、驾驶员或者车上人员，要结合本案交通事故发生的特定时空来考量。东阳市公安局交通警察大队《道路交通事故证明》（东公交证字〔2012〕第 J12 号）明确"涉案机动车发生侧翻，致站在车外的杨某某被挤压当场死亡"，至于杨某某由于何种原因在事故发生时置身于被保险车辆之外，不影响其当时的"第三者"身份。人保奉贤支公司提出的基于受害人杨某某系涉案车辆的驾驶员而免除其赔偿责任的上诉意见与事实不符，应不予认可。

值得一提的是，本案按照人身损害赔偿的标准计算出保险公司应该赔偿新创物流公司更多，但一审判决后，新创物流公司并没有提起上诉，故按照一审判决的数额即 840567.2 元确定本案理赔的数额。工伤认定一般由行政机关来认定，一审直接认定工伤不妥，让保险公司按照工伤保险的赔偿标准赔偿也不妥。本案一审、二审判决赔偿数额虽然一样，但实际内容是不一样的，驳回新创物流公司的其他诉讼请求的含义也不一样。

如何认定保险公司免责条款提示义务的履行对象？

——中国太平洋财产保险股份有限公司义乌支公司
与义乌市义华五金电镀有限公司、
游某某保险人代位求偿权纠纷上诉案

裁判要旨

投保人可以成为财产保险保险公司行使追偿权的对象，但投保人与被保险人的实际投资人均为同一家庭成员且形成利益相关关系，应认定投保人不符合保险公司行使追偿权第三者身份的成立要件，不能向其行使代位追偿权。

一、案例简介

上诉人（原审原告）中国太平洋财产保险股份有限公司义乌支公司（以下简称太平洋保险义乌公司）为与被上诉人（原审被告）义乌市义华五金电镀有限公司（以下简称义华电镀公司）、游某某保险人代位求偿权纠纷一案，不服浙江省义乌市人民法院的民事一审判决，向浙江省金华市中级人民法院提起上诉。

太平洋保险义乌公司上诉称，原审判决认定事实不清，证据采信不当，适用法律不当，判决错误。

（1）被上诉人的过错问题

①一审法院在电闸关闭问题上认为被保险人系房屋的所有人、管理人，有关闭总电闸的义务，该认定事实不清。根据被保险人与义华电镀公司的租赁协议，被保险人将义乌市城店路738号房屋整体出租给义华电镀公司，之

后义华电镀公司再将部分房屋交付给游某某以及其他人挂靠人使用，而被保险人本身并不使用房屋。因此，该房屋的实际使用人和管理人均为义华电镀公司，电源总闸也在义华电镀公司控制之下，未关闭总闸的责任显然在义华电镀公司。一审法院认为关总闸并不是实际使用管理房屋的被保险人的责任，明显违反常理，在为义华电镀公司推脱责任。另外，一审法院认定在总闸未关闭前提下，追究分电闸是否关闭显得多余，违反基本常识，无事实和法律依据。在一栋房屋存在多个用户的情况下，设立分电闸不仅是为了计算电费，也是为了单独用电及安全，每个用户的用电时间与需求不一样，总电闸不可能一个用户不用电就关闭，每个用户本身就有关闭分电闸的义务。因此，在电闸问题上，若是总电闸关闭或者分电闸关闭，都不会因为电气线路问题导致火灾发生，因此，义华电镀公司与游某某都没有尽到关闭电闸的义务，都存在过错，应当承担责任。

②原审法院不予理会火灾现场存在大量电镀原料和电镀液，认定事实不清。根据案涉笔录，火灾现场存放有价值 200 多万元的电镀原料和电镀液，均是高危易燃品。按照案涉《合作协议》，电镀材料要统一储存，严禁游某某私自存放。而且，根据安全生产以及《消防技术标准和管理规定》等，易燃易爆危险物品应有专用的库房，配备必要的消防器材设施，易燃易爆危险物品应分类、分项储存。游某某在放假期间，不仅未关闭电闸，使线路处于通电状态，还未尽到妥善保管电镀原料和电镀液的义务，助长了火势的蔓延，扩大了损失，而义华电镀公司作为被挂靠人，没有尽到监管义务，都存在过错。

③一审法院对电气线路的相关问题认定事实不清，举证责任分配错误，显失公平公正。游某某在笔录中明确，刚使用房屋时当初场地是 300 平方米，2014 年进行全面改造，并扩大经营，场地达到 600 平方米。众所周知，厂房全面改造，电气线路必然要相应改造，而 2015 年游某某又再次对线路进行改造，一审法院认定其仅改造了动力线路没有依据。

④一审法院认定“照明线路的所有人与维护责任人系被保险人”系认定事实不清，违反司法与社会实践，也缺乏证据支持，一审法院以此为前提得出的结论必然错误。首先，一审法院认定被保险人系维护责任人的原因是被

保险人系照明线路的所有人，企图将“所有人”与“维护责任人”概念等同。但是，按照法理、司法实践以及社会实践，所有人并不等同于维护责任人，因为还存在使用人，在所有人并不实际使用的情况下，实际使用人也应当承担维护管理的责任。大量的司法判例都证明了这一点，而一审法院却完全没有考虑这一点。其次，在被保险人与义华电镀公司的租赁协议中，也并未约定照明线路的维护管理责任在被保险人。最后，案涉笔录表明，游某某在2006年开始使用3幢二楼的房屋，到2017年1月火灾发生，义华电镀公司承租该房屋以及游某某实际使用都已经超过10年，在长期的使用过程中，会导致电路包括照明线路老化或者使用不当，或者增加电路负荷等多种情形，因此，作为实际使用人与安全生产责任人，其对厂房以及电路更有着按时检查、维护与管理的责任，一审法院对此置之不理。

⑤过错问题，一审法院认定本案举证不能证实游某某过错，系认定事实不清，违反举证责任分配原则，有违常理以及公平原则。首先，义华电镀公司、游某某为电镀企业以及实际经营者，在放假期间未关闭电闸，导致电路通电产生消防隐患，未妥善保管好易燃化学品，又曾经全面改造过厂房以及电气线路，而火灾系由于电气线路故障造成。其次，义华电镀公司、游某某作为房屋实际使用人和管理人，对电气线路负有法定的合理使用、维护和审慎的管理责任。

（2）关于追偿对象问题

①一审法院认定“从经济学角度来说……承租人不存在重大过错与故意的前提下，财产损失理应由保险公司赔偿，应排除在追偿范围外”。该认定不仅无法律依据，还严重违反了法律规定、法律逻辑和法律常识，一审法院不应当将承租人排除在追偿范围外。

②一审法院认定义华电镀公司是为了自身与科信工艺品公司的共同利益投保，且保险公司未能证实义华电镀公司具有重大故意或者过失时，保险公司不享有向义华电镀公司的代位求偿权，该认定事实不清，无证据支持，也无法律依据。《保险法》规定，投保人既可为自身利益投保，也可为他人利益投保，本案义华电镀公司在可以以自身为被保险人的前提下，仍然选择以科信工艺品公司为被保险人，是明显的第三人利益合同，既然选择了以科信

工艺品公司为被保险人，自然也就不享有被保险人的权利。一审法院认定系为共同利益投保，认定事实错误，毫无依据。义华电镀公司作为房屋承租人与管理人，允许不具备电镀行业资质的个人挂靠，春节期间又未关闭电闸造成电路通电造成火灾，对挂靠人的生产经营以及对承租的房屋未尽到管理义务，因此，对火灾发生存在过错，应当承担侵权责任或者对游某某的侵权承担连带责任。

③一审法院排除了义华电镀公司为追偿对象，违背法律规定。保险人可以向投保人行使保险代位求偿权。根据《保险法》第 62 条的规定，除被保险人的家庭成员或者其组成人员故意造成本法第 60 条第 1 款规定的保险事故外，保险人不得对被保险人的家庭成员或者其组成人员行使代位请求赔偿的权利。根据该条规定，代位求偿的对象仅排除了被保险人的家庭成员或者其组成人员，并没有排除投保人，也没有其他法律规定排除投保人为追偿对象。因此，投保人可以成为保险法上的第三者，可以成为追偿对象。

义华电镀公司答辩称，义华电镀公司为了减少经营风险，为了自己的利益，对承租的房屋进行投保，属于保险合同的当事人，性质上不属于保险法中的第三人，在没有故意和重大过失的情况下，保险公司无权向义华电镀公司行使追偿权，义华电镀公司和科信工艺品公司都是季某某、何某某及其子季智某三人所属的家庭式企业，法律后果由三人承担。本案火灾是意外事件，不符合保险法追偿权以过错为前提的法律规定。保险公司主张火灾现场放有高危易燃品的电镀原料和电镀液，完全是无稽之谈。车间是封闭式的，没有放任何的电镀原料和电镀液，而且电镀原料和电镀液不是可燃烧的物品，更不是高危易燃品。发生火灾的车间完全封闭式，电闸在房子外面，分闸已经关闭，只有和总闸相连的照明灯线路存在通电的情况，而该线路是由科信工艺品公司所有，维护责任在科信工艺品公司，保险公司在办理保险业务之前，对涉案房屋全部进行了查勘并拍了照片，在报告里清楚线路的布置，保险公司故意隐瞒证据，应当承担不利的法律后果。

游某某答辩称，认可义华电镀公司的答辩。本案火灾的原因系电器线路故障，有无关闭电闸和火灾是否发生没有因果关系。本案房屋的维修义务人是科信工艺品公司，不是游某某。

法院认定事实如下：2017 年 1 月义华电镀公司将科信工艺品公司坐落于义乌市稠江街道城店路 738 号的房屋，向太平洋保险义乌公司投保了财产基本险，保险金额为 3400 万元，保险期限为 2017 年 1 月 17 日 0 时起至 2018 年 1 月 16 日 24 时止。2017 年 1 月 21 日 10 时 40 分左右，科信工艺品公司房屋发生火灾，火灾烧毁房屋以及机器设备，经义乌市公安消防支队查明，起火点为二楼封漆车间内靠南墙 2 米，靠西墙 3 米处 1 平方米范围内，起火原因为封漆车间内电气线路故障引起火灾。保险事故发生后，太平洋保险义乌公司与科信工艺品公司共同委托泛华保险公估有限公司浙江分公司进行公估，确定房屋损失金额为 1670366.75 元。太平洋保险义乌公司根据保险合同，扣除绝对免赔率 10% 以后，实际赔付房屋损失 1503330.07 元。太平洋保险义乌公司还支付了公估费 50111 元、房屋建筑设计费 33570 元。科信工艺品公司与义华电镀公司的实际投资人均为季某某、何某某夫妻及其子季智某。被保险人科信工艺品公司房屋从 2004 年投入使用，2016 年 1 月科信工艺品公司法定代表人季智某与义华电镀公司签订租赁协议，将本案所涉房屋租赁给义华电镀公司使用。2016 年 11 月义华电镀公司又与游某某签订《联产合作协议》，以挂靠方式将涉案房屋实际交付游某某进行电镀作业，并约定氰化物、硫酸、盐酸等物资需由义华电镀公司购买并配送给游某某使用，游某某按年交纳挂靠与租赁费。本次事故起火的车间为游某某所使用的 3 号厂房二楼封漆车间。

二、法院裁判理由及结果

原审法院审理后认为，保险人因赔偿保险金而取得对第三者的代位求偿权，但必须证实第三者存在过错。

第一，义华电镀公司与科信工艺品公司签订的租赁协议在前，之后义华电镀公司向太平洋保险义乌公司投保财产险，应当认为义华电镀公司是为了自身与科信工艺品公司的共同利益而投保，且太平洋保险义乌公司未能证实义华电镀公司对火灾的发生具有故意或重大过失，太平洋保险义乌公司不存在向义华电镀公司的代位求偿权。

第二，对于承保房屋的使用情况，太平洋保险义乌公司作为保险人并未向投保人及被保险人进行主动询问，而保险人在承保财产时应当已经查勘保险物，因此可以推定为太平洋保险义乌公司已知道涉案房屋的实际使用状况。根据科信工艺品公司与义华电镀公司签订的《房屋租赁合同》，以及义华电镀公司与游某某签订的《联产合作协议》，可以认定义华电镀公司、游某某均是合法承租（转租）与使用涉案房屋。

第三，根据义华电镀公司、游某某的抗辩，在火灾起火点范围只有照明线路而不存在动力线路，且照明线路的所有人与维护责任人系被保险人的前提下，太平洋保险义乌公司所举证据不足以证实本案火灾系由游某某改造、使用的动力线路所引起，不能证实游某某存在法律意义上的过错。

第四，具体到电闸关闭问题，被保险人作为保险房屋的所有、管理人，如果在春节期间关闭总电闸，则在本案中也就不存在游某某所述的“未关电闸”是总电闸还是分电闸的问题，或者说在总电闸未关闭的前提下，追究游某某的分电闸是否关闭就显得多余了。

第五，从经济学的角度来说，财产保险的基本职能是分散风险、分摊损失，租赁财产的保险费用实质起源于承租人所支付的租金，而投保人的投保目的也包含了承租人在使用中可能引发的财产损失，所以说承租人不存在重大过错与故意的前提下，使用过程中引发的财产损失理应由保险公司进行赔偿，并应排除在追偿范围之外。综上，本案义华电镀公司以科信工艺品公司的房屋为保险标的进行投保，是同时为自身利益及被保险人的利益投保；游某某在合法使用涉案房屋的前提下，太平洋保险义乌公司的证据不足以证实游某某对于火灾的发生存在过错。故，判决驳回太平洋保险义乌公司的诉讼请求。

二审法院审理后认为，财产保险公司根据合同约定依法承担保险金支付义务后，有权对保险标的物损害承担侵权责任的第三人请求赔偿。但义华电镀公司与科信工艺品公司的实际投资人均为季某某、何某某夫妻及其儿子季智某，义华电镀公司以科信工艺品公司为被保险人向太平洋保险义乌公司进行涉案投保，在涉案保险事故发生时，义华电镀公司与科信工艺品公司作为关联企业，对涉案保险标的具有显而易见的共同利益，义华电镀公司不符合保险法规定的可作为本案追偿对象的第三人。游某某以车间负责人的名义与义华电镀公司签订有《联产合作协议》，从协议约定的原材料采购、利润分享等内容来看，游某某的经营从保险法主体的视角，不具有单独评价的意义，其经营可视为义华电镀公司车间经营的一部分，且现有证据不足以证明游某某对涉案事故的发生存在过错，也没有证据证明义华电镀公司故意造成涉案事故发生，太平洋保险义乌公司对义华电镀公司、游某某提起涉案追偿权之诉缺乏事实和法律依据，原审法院驳回其诉讼请求并无不当。综上，一审判决认定事实清楚，适用法律正确，应予维持。依照《民事诉讼法》第170条［《民事诉讼法》（2023年修正）第177条］第1款第1项规定，判决驳回上诉，维持原判。

三、判解及提示

本案争议涉及两个方面的问题：一是成为保险公司财产保险追偿对象的第三者的认定，本案二审法院侧重从此视角作出裁判；二是成为保险公司追偿对象的第三者过错的认定，本案一审法院主要按照这个视角作出裁判。

（一）代位追偿权制度适用范围

根据《保险法》（2015年修正）第60条的规定，保险代位追偿权是指因第三者对保险标的的损害而造成保险事故的，保险人自向被保险人赔偿保险金之日起，在赔偿金额范围内代位行使被保险人对第三者请求赔偿的权利。代位追偿权制度秉承财产损失补偿原则，避免被保险人在保险事故发生后可从保险公司和侵权人处双重主张权利而额外获利，引发道德风险。代位追偿权制度也是民法公平原则的贯彻，如果侵权人因受害人（被保险人）可向保险公司主张权利而免除其赔偿责任，侵权人可损害他人权利而不承担责任，不符合社会公平的原则，也可能引发道德风险。代位追偿权一般适用于财产保险业务范畴内，在人身保险领域，除非法律规定的特殊情形，造成保险公司承担保险责任的原因无论是否为第三人的损害行为，保险公司均不能行使追偿权，该赔偿请求权只能专属于被保险人。人身保险的保险标的为被保险人的身体、健康、生命，而这些无法以金钱作为衡量标准。通常认为，保险公司基于人身保险向被保险人或者受益人承担保险责任，并非对于被保险人的身体、健康、生命受到损害所给予的补偿，而是基于保险合同的约定在保险事故发生之后承担的合同责任，较少有人故意损害自己的身体而向保险公司主张权利，道德风险的可能性较低，故向侵权人要求给予赔偿的权利仍然属于被保险人，而不能由保险公司追偿。

（二）代位追偿权行使的基本条件

按照《保险法》的规定，保险人行使代位追偿权须满足以下三个条件：一是被保险人因保险事故对第三人有赔偿请求权。这是保险人行使代位追偿权的前提条件，也是核心条件。二是保险人已向保险人支付保险赔偿金。这是代位追偿权行使的实质性条件，也是程序性条件。保险事故发生后，保险人承担责任之前，应赋予被保险人向侵权人和保险公司主张权利的选择权，保险公司在向被保险人承担责任之前，与侵权人尚没有实质的权利义务关系。三是代位追偿权主张的金额以给付的保险金额为限。这是代位追偿权行使的额度条件。一般认为，如果保险人追偿所得少于保险金给付额，由其自担风险；若追偿所得超过保险金给付额，超过部分应归被保险人所有。本案科信工艺品公司作为被保险人在案涉保险事故发生后，太平洋保险义乌公司向其支付了保险金，太平洋保险义乌公司认为义华电镀公司、游某某对案涉保险事故的发生存在第三者过错，提起追偿权之诉，符合相关形式要件。

（三）代位追偿权行使的第三者的认定

第三者泛指被保险人之外的一切人，① 此处专指财产保险的第三者。《保险法》（2015 年修正）第 62 条规定，除被保险人的家庭成员或者其组成人员故意造成本法第 60 条第 1 款规定的保险事故外，保险人不得对被保险人的家庭成员或者其组成人员行使代位请求赔偿的权利。理论界将第三者的含义分为两种情形，一是专指行使侵权行为的第三者，二是除此之外，还包括实施违约行为的第三者。能够成为财产保险追偿权行使对象的第三者，一种观点认为，专指上述第一种第三者，② 另一种观点则认为是指第二种第三者。③ 从

---

① 参见李激汉、杨志刚：《保险代位权中“第三人”范围确定方法探析》，载《法律适用》2016 年第 6 期。

② 参见秦道夫：《保险法论》，机械工业出版社 2000 年版，第 215 ~216 页。

③ 参见贺小荣、关丽、高燕竹：《〈关于适用保险法若干问题的解释（四）〉的理解与适用》，载《人民司法（应用）》2018 年第 25 期。

审判实务来看，第二种观点为主流观点。侵权行为人基于法律的规定需对第三者承担赔偿责任，违约行为人基于其与他人的约定对第三者承担赔偿责任，两者有赔偿基础的不同，就追偿权制度避免被保险人另外获利、道德风险等制度设计初衷来讲，没有质的区别。本案中科信工艺品公司将其所有的案涉房屋租赁给义华电镀公司，二者从形式上成立租赁合同关系，科信工艺品公司因该租赁关系对义华电镀公司享有的权利，可以成为太平洋保险义乌公司享有的追偿权的权利来源。

（四）能否向投保人行使代位追偿权

在财产保险中，行为人要主张财产保险项下的权利就必须具备财产保险项下的保险利益，保险利益表现为因保险事故所产生的物质损失。在财产保险的投保人和被保险人并非同一人时，一般来讲，投保人交纳保费，与被保险人存在利益的关联性，但投保人并没有遭受损失，不享有保险项下的保险利益，无权主张保险项下的权利。从责任保险的角度，保险利益表现为因保险事故所产生的对他人的赔偿责任。如因投保人的原因造成保险事故，投保人要对遭受损失的人承担赔偿责任，投保人如想免责，应以自己为被保险人而投保。投保人为被保险人投保财产保险属于为第三人利益的法律行为，其支付保险费但并不享受保险合同的权利，享受该权利的人为被保险人，追偿权的制度设计基于保险合同关系，与投保行为本身没有实质的联系。这样，从保险的制度设计上存在向投保人行使追偿权的可能性，也就是说，保险公司能否向投保追偿，和投保人本身没有直接联系，关键要看投保人是否属于能成为被追偿对象的第三者，即投保人是否属于保险法规定的被保险人的家庭成员或者其组成人员。就本案而言，义华电镀公司是投保人，科信工艺品公司是被保险人，义华电镀公司投保人的身份并不影响太平洋保险义乌公司向其行使追偿权。

（五）第三者的除外认定

保险法在规定保险公司可以行使代位追偿权的同时，对于保险公司行使追偿权的对象作出了限制性规定，一般情形下，保险人不得对被保险人的家庭成员或者其组成人员行使代位请求赔偿的权利。所谓的家庭成员和组成成员均非法律概念，也没有明确的法律规定界定其范围。但总体处理原则为，如果第三者与被保险人存在经济上的利害攸关的联系，则一般不允许保险公司向该第三者进行追偿，否则，会导致被保险人实质向自己索赔，违背保险制度被保险人通过保险分散风险，消化损失的设计初衷，保险的功能也无从发挥。审判实践中有法院参照社会公众一般认为的扩大意义上的“户”的组成成员来认定家庭成员，比如第一顺序继承人。将与被保险人有劳动关系、聘用关系或投资关系等情形的人员认定为被保险人的组成人员。

（六）本案过错的认定及是否属于意外事故

义华电镀公司、游某某主张其没有过错、本案保险事故属于意外事故保险公司不应向其追偿，一审法院亦主要认为其没有过错而驳回太平洋保险义乌公司的诉讼请求。意外事故是指行为人的行为虽然在客观上造成了损害结果，但不是出于行为人的故意或者过失，而是出于不能抗拒或者不能预见的原因引起的事故。所谓不能抗拒的原因，是指行为由于遇到不可抗拒的力量，无法避免损害结果的发生，以致造成损害结果。这种不可抗力的来源有的来自自然界，有的来自他人的行为或本人的生理障碍。本案保险事故系因火灾而起，火灾包含自然因素引发和人为因素引发等多种可能，自然因素引发的火灾多数情况下为不可抗力，即属于不能预见、不能避免并不能克服的客观情况，可谓意外事故。房产使用人有及时扩充消防、防火等设施设备的责任，有对仓库的电气线路进行排查、检修、更换，防止火灾事故发生的义务。本案火灾的发生经鉴定，系因电气线路故障引发，该故障完全可通过上述消防措施的采取而避免，理应推定义华电镀公司（游某某）存在过错，本案显然不属于意外事故。

值得说明的是，保险公司的代位追偿权是法定权利而非受让权利。实践中，大部分保险公司在行使追偿权之前，要求被保险人出具权益转让书，将其索赔权益转让给保险公司。保险公司在支付保险金之后即可行使代位追偿权，其行使上述权利无须征得被保险人的许可。并且，被保险人应当在保险公司行使追偿权时，提供必要的配合，被保险人不得擅自放弃向第三者请求赔偿的权利。《保险法》（2015 年修正）第 61 条规定，保险事故发生后，保险人未赔偿保险金之前，被保险人放弃对第三者请求赔偿的权利的，保险人不承担赔偿保险金的责任。保险人向被保险人赔偿保险金后，被保险人未经保险人同意放弃对第三者请求赔偿的权利的，该行为无效。被保险人故意或者因重大过失致使保险人不能行使代位请求赔偿的权利的，保险人可以扣减或者要求返还相应的保险金。

资产转让法律风险防范类

如何认定名为股权转让实为土地使用权转让合同的效力?

——葛某与傅某某股权转让纠纷上诉案

裁判要旨

当事人签订名为股权转让实为土地使用权转让协议，应符合股权转让、土地使用权转让的相关规定；通过签订股权转让协议意欲规避国家的土地管理制度，且转让方根本未取得拟转让的土地使用权，亦未有投资开发行为，纯粹为“炒地”，应认定该种类型的股权转让协议无效。

一、案例简介

上诉人（原审原告）葛某为与上诉人（原审被告）傅某某股权转让纠纷一案，不服浙江省义乌市人民法院的民事一审判决，向浙江省金华市中级人民法院提起上诉。

葛某上诉理由如下：

（1）一审法院认定事实错误

一审法院将案涉《股权转让协议》认定为无效属认定事实错误。

①股权转让与土地使用权转让系两个不同的法律范畴，不能把公司股权的转让等同于土地使用权的转让。虽然当事人约定将浙江美缔工艺品有限公司（以下简称美缔工艺品公司）等待挂牌指标的第二期土地使用权 19940 平方米折算成美缔工艺品公司的 69% 股权进行转让，但是该转让行为并非一审

法院所认定的"以转让美缔工艺品公司股权为名转让土地使用权"行为。股权转让协议中约定的美缔工艺品公司的第二期土地属于其资产，虽然形式上看似乎发生了土地使用权的转让，但实际上，当事人之间发生流转的依然是美缔工艺品公司的股权，而土地使用权仍然归属于美缔工艺品公司所有，第二期土地使用权人实际上并没有发生变更。

②傅某某也是以受让美缔工艺品公司的股东100%股权的形式受让了美缔工艺品公司的第一期10900平方米土地使用权及第二期等待挂牌指标的预期确定可得的19940平方米土地使用权，而该行为被金华中院及浙江省高院确认为合法有效。对于都是以股权转让为名转让土地使用权的行为性质，法院已经作出评判。而且法院对于争议合同的效力性是要主动审查。对于同一种行为，一审法院却将本案的股权转让协议确认为无效，这种双重标准评判同一类型案件作出完全相反的判决结果显然错误。

③如果一审法院认定本案属于以股权转让为名转让土地使用权，那么一审法院应当首先将本案当事人傅某某的行为移送公安处理。一审法院既然认定本案是以股权转让为名转让土地使用权，那么出让方傅某某就应当涉嫌非法转让、倒卖土地使用权罪，应当移送公安机关处理。

④退一万步讲，即便傅某某签订的股权转让协议涉嫌非法转让、倒卖土地使用权罪，也不影响傅某某与葛某之间签订的股权转让协议的效力，股权转让协议仍然合法有效，最高人民法院（2016）最高法民终222号民事判决体现出上述观点。即便协议书真的是名为股权转让、实际为土地使用权转让的协议，也应合法有效。

（2）一审法院适用法律错误

一审法院适用《民法总则》第153条和《合同法》第52条下判，属适用法律错误。一审法院并没有明确葛某与傅某某之间的股权转让协议违反了什么法律、什么行政法规的强制性规定。本案的股权转让行为既不改变公司本身也未变动土地使用权的主体的事实，故股权转让行为根本就不属于土地管理法律法规的审查范畴，而应受《公司法》调整。另外，现行的法律并无效力性强制性规定禁止以转让目标公司股权的形式实现土地使用权转让的目的。股东的变更，本属美缔工艺品公司的事务，并未被法律禁止，美缔工艺品公司作为一个独立的法人组织是持续存在的，其股权发生变化，对其名下的任何一块土地使用权的归属不会造成影响。

傅某某答辩称：（1）一审法院对案涉股权转让协议性质的认定正确。（2）傅某某收购美缔工艺品公司与本案股权转让有本质区别，不能混为一谈。傅某某受让美缔工艺品公司 100% 的股权，而本案葛某仅是受让目标公司 69% 的股权。美缔工艺品公司股权登记变更后，变更的仅仅是股东名册，公司名下的全部财产权益仍然是由美缔工艺品公司享有，若股权转让后，葛某取得的也只是目标公司超过 2/3 的绝对控股权，并不是公司的全部股权。

傅某某上诉称，请求对一审法院对本案所作的错误事实认定予以纠正。一审法院认为葛某提交的证据足以证明其已经向傅某某交付 710 万元定金与事实不符，为错误认定，应予以纠正。涉案股权转让合同签订当时及签订后（2011 年 9 月 2 日），葛某没有向傅某某支付过任何款项，则即使傅某某与葛某在涉案股权转让合同签订之前存在债权债务，相应的资金在双方当事人未书面明确为涉案合同定金的情况下，不能当然认定此资金为涉案合同的定金，应以另外的法律关系予以处理。

葛某答辩称，一审法院认定葛某已经向傅某某支付了股权转让的定金 710 万元正确，傅某某称该 500 万元的收条提早出具属虚假陈述。庭审中傅某某对其与葛某的录音当中的对话的内容没有异议，只是对录音形成的时间有异议，认为录音当中的 710 万元款项是傅某某与葛某的其他款项往来，不是本案的定金，傅某某的辩称属于虚假陈述。葛某向傅某某支付过 710 万元定金的事实明确。一审时提交的通知函、EMS 邮件详情单、邮件查询单等证据亦反映出葛某应支付定金 1450 万元，但只支付定金 710 万元，尚有定金 740 万元未及时支付。傅某某在银行明细汇款用途记载为借款字样，但不能据此就认定为借款。该记载是行为人向银行所作的单方描述，并非行为人向相对人所作的描述，银行既没有也不会向对方收款人去联系核实上述款项的性质是否为借款。葛某从来没有向傅某某借过任何款项，银行汇款用途记载为借款也仅仅是其向银行的单方描述，而非傅某某向葛某作出的意思表示，双方之间没有借款的合意。

法院认定事实如下：美缔工艺品公司成立于 2003 年 4 月 30 日，注册资本500万美元，系台港澳法人独资企业，投资人（股东）为宏剑（香港）集团有限公司（以下简称宏剑集团公司）（占股100%），经营范围为：工艺品的生产与销售，饰品及饰品配件、文具的批发及其上述商品进出口业务。上述商品进出口不涉及国际贸易、进出口配额许可证、出口配额招标、出口许可证等专项管理规定的商品。2002年，宏剑集团公司与义乌市苏溪镇政府签订《意向书》，就宏剑集团公司独资创办的工艺品公司用地达成如下意向：企业用地面积为50亩。美缔工艺品公司于2003年8月4日缴纳了土地出让金468万元。2005年12月7日，美缔工艺品公司与苏溪镇政府签订《意向书》一份，双方就美缔工艺品公司用地问题达成如下协议："一、水库工程移民安置地块与该企业规划地块实行指标转换，今后水库移民安置地块农转用批准后，用于安置美缔工艺品公司。二、置换用地面积为30亩。三、因水库用地及安置用地需报国土资源部批准，估计时间较长，同意今后安置地块农转用批准后供地，地价按市委发〔2002〕24号文件规定执行。"之后，美缔工艺品公司一直未受让该二期地块，经苏溪镇政府协调，2015年9月21日，由傅某某任法定代表人的义乌市博生光电科技有限公司与义乌市国土资源局签订《国有建设用地使用权出让合同》，受让了该二期地块土地。2011年9月2日，葛某（乙方）与傅某某（甲方）签订《股权转让协议》一份，约定甲方同意将坐落在义乌市工业园区内美缔工艺品公司69%的股权一次性转让给乙方（该69%的股权不含一期10900平方米土地使用证的建筑物）；69%的股权转让价为人民币145万元/亩，共计4350万元。合同还约定：乙方向甲方支付定金人民币500万元，过2个月后再付定金950万元；股权转让完成后，乙方向甲方支付人民币1450万元；乙方取得二期19940平方米土地的土地使用权后一次性付清余款；如因政府原因造成乙方无法取得土地使用权的，甲方无条件退还乙方先前预付款2900万元；今后甲方将一期10900平方米的土地使用权及地上建筑物转让给第三方所产生的过户费用由乙方承担；转让手续完成后甲方无偿将美缔工艺品公司31%的股权转让给乙方。合同签订当日，傅某某向葛某出具收条一份，载明：今收到葛某人民币伍佰万元整（小写￥5000000.00）。后葛某通过承兑汇票的形式支付定金210万元，但葛某不记得具体时间，而傅某某陈述在签订合同后，葛某没有支付任何款项给傅某某。2018 年 5 月 8 日，葛某向傅某某发送《关于催告傅某某在一个月内解决落实美缔工艺品公司二期土地问题及逾期未解决则解除 2011 年 9 月 2 日签订的〈股权转让协议〉之通知书》，傅某某方于 2018 年 5 月 9 日及 10 日收到后，傅某某的丈夫骆某某以傅某某的名义向葛某发送《通知函》一份，载明：按照双方 2011 年 9 月 2 日签订的《股权转让协议》，贵方应在 2011 年 11 月 1 日前向我方支付定金 1450 万元，但截至至今，贵方只向我方支付了定金 710 万元，尚有定金 740 万元未向我方及时支付。为此特通知贵方，贵方已经违反双方签订的《股权转让协议》第 1 条的约定，已经严重违约，因此按照有关法律的规定，我方有权没收贵方已经支付的定金。2018 年 11 月 14 日，葛某向原审法院提起诉讼。

二、法院裁判理由及结果

原审法院审理后认为，葛某、傅某某于 2011 年 9 月 2 日签订的《股权转让协议》系以转让美缔工艺品公司股权为名转让土地使用权，虽因美缔工艺品公司未能实际取得协议约定的二期土地使用权而导致未能转让成功，但该协议违反相关土地管理法规，侵害国家的土地管理制度，应认定无效。因此，原审法院依法向葛某释明该协议为无效协议，问葛某是否变更诉讼请求，但葛某坚持认为该股权转让协议合法有效，不同意变更诉讼请求。因案涉股权转让协议为无效协议，葛某不愿意变更诉讼请求，仍坚持其诉讼请求。对于葛某的诉讼请求，原审法院依法不予支持。综上，判决驳回葛某的诉讼请求。

二审法院审理后认为：（1）关于葛某所主张的案涉《股权转让协议》的效力问题。葛某与傅某某通过签订案涉《股权转让协议》的方式，最终意图实现由“乙方（葛某）取得二期 19940 平方米土地的土地使用权”的目的。该 19940 平方米土地性质为工业用地，工业用地的转让应符合转让方取得相应工业用地的使用权证书、符合转让方取得土地使用权的土地出让合同约定的土地用途和规划设计条件规定的开发建设要求、实际投资额达到开发投资总额相应比例等基本条件，本案葛某与傅某某签订案涉《股权转让协议》时转让方傅某某（美缔工艺品公司）尚未取得案涉土地的使用权，至一审法庭辩论终结时亦未取得，具体的土地用途和规划、实际投资额等尚不得而知。

葛某可以与傅某某就股权转让进行约定，法律、法规亦不禁止当事人之间的股权转让行为，但案涉土地的使用权人在股权转让前及转让后均应为美缔工艺品公司，案涉《股权转让协议》的实质是土地使用权的转让，葛某与傅某某就美缔工艺品公司的土地使用权作出约定从主体上而言亦为不当。综合考量上述情形，原审法院认定该《股权转让协议》违反国家土地管理法规、侵害土地管理制度最终否定《股权转让协议》的效力的判决结果并无不当。至于葛某提出的相关股权转让的案例，与本案《股权转让协议》约定以美缔工艺品公司取得土地使用权为前提通过股权转让的形式达到的土地使用权转让的目的（既包括向葛某转让，也包括向《股权转让协议》第 5 条约定的第三方转让）存在根本性的区别。（2）关于傅某某所主张的葛某是否已经向傅某某交付 710 万元定金的问题。葛某在本案中提交的《股权转让协议》、傅某某于 2011 年 9 月 2 日出具的收条、傅某某于 2018 年 5 月 12 日发出的通知函、银行转账凭证、傅某某与葛某等人的录音等证据相互印证，足以证明葛某向傅某某交付 710 万元定金的事实。葛某、傅某某上诉理由均不成立，不予支持。依照《民事诉讼法》第 170 条［《民事诉讼法》（2023 年修正）第 177 条］第 1 款第 1 项之规定，判决驳回上诉，维持原判。

三、判解及提示

本案涉及以下两方面的争议。

（一）案涉《股权转让协议》的性质

股权转让用以描述股权所有者将其所持有的股权转让给他方的法律关系。股权转让的法律关系具体又可以分解为两层法律关系，第一层是构建股权转让之债权债务关系的股权转让合同关系；第二层是股权权利归属变动的法律关系。与股权转让相对的是因公司破产、股东死亡后的继承等法律事实而产生的股权变更。① 本案葛某、傅某某签订的《股权转让协议》明确约定了股权取得的条件、价款等内容，符合股权转让的形式要件，认定其股权转让协

① 参见覃榆翔：《论股权转让私法事实与退税请求权规范的法律涵摄》，载《西安财经大学学报》2024 年第 2 期。

议符合法律规定。从审判实践来看，协议的法律性质最终由合同主体约定的权利义务内容所决定，并不仅仅取决于合同的外部表征。案涉《股权转让协议》约定的权利、义务表面来看是转让股权，但该股权的价格、转让形式由美缔工艺品公司意欲取得的土地使用权所决定。且《股权转让协议》第3条约定，葛某取得二期19940平方米土地的土地使用权后一次性付清余款；第4条约定，如因政府原因造成葛某无法取得土地使用权的，傅某某无条件退还葛某先前预付款人民币2900万元。从协议条文整体来看，该协议性质上实质为进行土地使用权转让，可谓名为股权转让、实为土地使用权转让协议。

（二）案涉《股权转让协议》的效力

基于上述本案协议性质的特殊性，对本案协议效力的认定，需要从股权、土地使用权转让两个视角进行权衡确定；既需要根据《合同法》《民法通则》（《民法典》）有关合同效力的相关条款进行衡量，也需要依据土地使用权转让的相关规定。一般来讲，协议效力的认定涉及协议主体、客体及内容，比如合同主体是否具有相应的行为能力、意思表示是否真实及是否违反法律、行政法规的强制性规定或者公序良俗等。

1. 协议主体

签订案涉《股权转让协议》的主体为傅某某和葛某，均为自然人。从股权转让的角度，转让公司股权的主体应为公司股东。本案美缔工艺品公司的股东为案外人宏剑集团公司，案涉股权转让的转让方应为宏剑集团公司。从土地使用权转让的视角，《土地管理法》（2019年修正）第10条规定，国有土地和农民集体所有的土地，可以依法确定给单位或者个人使用。土地使用权的转让主体包括自然人和法人及其他组织，本案案涉土地使用权（应）登记在美缔工艺品公司名下，转让土地使用权的转让方应为美缔工艺品公司，不是傅某某。本案傅某某持有宏剑集团公司100%的股权，其在庭审中明确陈述其签订协议时既代表宏剑集团公司，也代表其个人，葛某认可傅某某案涉协议签订主体的身份，该认可不违反法律的规定。应该说本案从主体的视角，存在瑕疵，但当事人庭审中对主体瑕疵问题不提异议，故法院未从主体方面过于深究。

2. 协议客体

《土地管理法》（2019 年修正）第 2 条规定，土地使用权可以依法转让。《城镇国有土地使用权出让和转让暂行条例》（2020 年修正）第 19 条规定，土地使用权转让是指土地使用者将土地使用权再转移的行为，包括出售、交换和赠与。依照《城市房地产管理法》等法律、行政法规的规定，土地使用权转让合同的标的物是指转让方取得的出让土地使用权的城镇国有土地，不包括城镇划拨土地使用权和农村集体所有土地使用权等。本案协议涉及的土地使用权为国有工业用地，美缔工艺品公司作为国内公司，其股权为普通股权，均为可以流通的标的，在符合法律流转规定的前提下，可予以转让。

3. 协议内容

（1）本案从股权转让的视角来看，傅某某（宏剑集团公司）将其持有的美缔工艺品公司 100% 的股权分 69%、31% 两次转让给葛某，由葛某支付价款，该股权转让形式不违反法律、法规的禁止性规定。（2）本案从土地使用权转让的视角来看，《城市房地产管理法》（2019 年修正）第 39 条对以出让方式取得土地使用权时出让金交纳及投资开发转让的条件作了规定。一般认为，转让土地使用权的核心要件包括两方面，一是按照土管部门与初次受让人签订的出让合同的约定，受让人已经支付土地出让金并取得土地使用权证书。本案美缔工艺品公司于 2003 年 8 月 4 日缴纳了土地出让金 468 万元，案涉《股权转让协议》签订于 2011 年，案涉土地转让行为符合该转让条件土地出让金的规定，但美缔工艺品公司尚未取得土地使用权证书。二是土地转让方要按照出让合同约定进行投资开发，属于房屋建设工程的，出让方应完成开发投资总额 25% 以上，属于成片开发土地的，形成工业用地或者其他建设用地条件。本案美缔工艺品公司根本未（已不可能）取得双方协议约定的土地使用权，签订协议时，本案《股权转让协议》不符合上述规定。对违反上述规定的情形，是否导致《股权转让协议》无效，审判过程中形成两种观点。一种观点认为，首先，最高人民法院《关于适用〈中华人民共和国合同法〉若干问题的解释（二）》（已失效，判决时有效）第 14 条规定，《合同法》第 52 条第 5 项规定的“强制性规定”，是指效力性强制性规定。也就是说，不能仅以合同约定的内容违反法律规定就认定合同无效。本案有关缴纳土地出让金、取得土地使用权证书、形成工业用地或者其他建设用地条件等土地使用权转让的限制性规定属于行政管理的公法范畴，这些管理性的强制性规定的目的在于保证债权实现，主要涉及土地使用权转让协议能否切实履行的问题，不影响私法行为转让协议的效力。根据物权法规定的债权行为和物权变动相区分原则，物权能否发生变动与债权行为是否有效不应等同，本案上述违反土地管理规定的情形不影响本案《股权转让协议》的效力。其次，最高人民法院《关于审理涉及国有土地使用权合同纠纷案件适用法律问题的解释》（2020 年修正）（以下简称《土地使用权转让合同解释》）第 7 条规定，本解释所称的土地使用权转让合同，是指土地使用权人作为转让方将出让土地使用权转让于受让方，受让方支付价款的合同。出让土地使用权有偿转让合同与《合同法》（已失效）第 130 条（《民法典》第 595 条）规定的买卖合同均是由转让方转移标的物的权利（所有权或者使用权）、由受让方支付价款的协议，本质相同。最高人民法院《关于审理买卖合同纠纷案件适用法律问题的解释》（2020 年修正）（以下简称《买卖合同解释》）第 32 条（2012 年版本的第 45 条）规定，法律或者行政法规对债权转让、股权转让等权利转让合同有规定的，依照其规定；没有规定的，人民法院可以根据《民法典》第 467 条和第 646 条的规定，参照适用买卖合同的有关规定。本条司法解释以《民法典》第 467 条和第 646 条为依据，明确了权利转让等其他有偿合同参照适用《买卖合同解释》。《买卖合同解释》（2012 年版本，判决时有效）第 3 条规定，当事人一方以出卖人在缔约时对标的物没有所有权或者处分权为由主张合同无效的，人民法院不予支持。出卖人因未取得所有权或者处分权致使标的物所有权不能转移，买受人要求出卖人承担违约责任或者要求解除合同并主张损害赔偿的，人民法院应予支持。本案美缔工艺品公司（傅某某）虽然签订协议时尚未取得案涉土地使用权，可视为无权处分，但此种情形不影响案涉《股权转让协议》的效力，即使美缔工艺品公司（傅某某）无法交付合同标的物，也是按照上述司法解释承担违约责任的问题。另一种观点认为，《土地使用权转让合同解释》（2005 年版本，已于 2020 年修正）第 9 条规定，转让方未取得出让土地使用权证书与受让方订立合同转让土地使用权，起诉前转让方已经取得出让土地使用权证书或者有批准权的人民政府同意转让的，应当认定合同有效。审判实践中一般可以反向解释，即起诉之后转让方仍未取得土地使用权证书或者经有批准权的人民政府同意转让的，应认定其在此情形下所签订的土地使用权转让协议无效。本案美缔工艺品公司（傅某某）至一审判决时仍未取得案涉土地使用权证书且已不可能取得，应认定案涉《股权转让协议》无效。（3）本案从名为股权转让、实为土地使用权的转让的视角来看，《合同法》（已失效，判决时有效）第52条规定："有下列情形之一的，合同无效：……（二）恶意串通，损害国家、集体或者第三人利益；（三）以合法形式掩盖非法目的……"傅某某与葛某以《股权转让协议》为名转让土地使用权为实，其规避国家对土地的管理制度的意图明显，合议庭倾向认为，对本案《股权转让协议》的效力认定上宜从严把握。我国对土地使用权转让协议效力的认定也处于变化的过程，1994年《城市房地产管理法》公布，该法第38条［《城市房地产管理法》（2019年修正）第39条］规定了土地使用权转让的条件，从当时的审判实践来看，一般认为出让的土地使用权转让要符合该条件，否则就认定土地使用权转让合同无效。但随着我国土地使用权市场的完善和立法的完善，特别是研究的深入，理论及实务界对该条规定的房地产转让条件进行了反思。审判实践中对转让方转让的土地使用权是否符合法律规定的转让条件与土地使用转让合同效力的关系上，从一般应当认定合同无效到尽可能维持合同效力。至于《土地使用权转让合同解释》（2005年版本，已于2020年修正）第9条的规定，审判实践中也有新的解释，一般认为，土地使用权转让合同涉及的标的物即土地不符合行政管理规定的条件，导致无法办理土地使用权转让所需的权属变更登记的，属于土地使用权转让协议不能履行问题，可通过瑕疵担保制度和违约责任追究制度对受让方进行救济，对土地使用权转让协议的法律关系，不能因转让的标的物有问题而认定协议无效。该第9条可以理解为，符合该条解释规定的情形，应认定合同有效，在起诉前转让方未取得出让土地使用权证书或者经有批准权的人民政府同意转让的，司法解释没有明确该种情形下土地使用权转让合同的效力，由法院根据案件具体情况予以认定。《土地使用权转让合同解释》（2020年修正）第9条规定，未能取得土地使用权的受让方请求解除合同、赔偿损失的，依照《民法典》的有关规定处理。新的司法解释已删除了原第 9 条规定，解除合同以合同有效为前提，该条规定从表述来看，实际上作出符合当前审判实践的修正。虽然当前实务中要尽量维持土地使用权合同的效力，但本案最初的土地使用权出让合同都不存在，无法确定土地的位置、用途、规划；傅某某与葛某签订案涉《股权转让协议》目的存在不正当的意图，违反民法的诚实信用原则；傅某某除案涉土地出让金之外，没有任何的土地投资，纯粹“炒地”行为。二审法院综合上述争议，最终认定案涉《股权转让协议》无效，维持了原审判决。

企业资产受让方支付了相应对价是否仍要承担转让方对外所负债务？

——章某某与浙江正蓝节能科技股份有限公司财产转让合同纠纷上诉案

裁判要旨

企业以获取某项具体资产使用价值为目的进行资产买卖，交易时遵循等价有偿原则，交易前后对交易双方的法人资格等没有任何影响的，为企业间的资产买卖，各自承担自己的债务。

一、案例简介

上诉人（原审原告）章某某为与被上诉人（原审被告）浙江正蓝节能科技股份有限公司（以下简称正蓝节能公司）财产转让合同纠纷一案，不服浙江省东阳市人民法院的民事一审判决，向浙江省金华市中级人民法院提起上诉。

章某某上诉理由如下：

（1）原审认定事实不清

原审法院认定的由评估公司作出的评估报告中，未对概括转让的无形资产进行评估，不能真实反映《权利义务概括转让协议》的实际价值，与实际情况存在较大差异，原审法院对该评估报告予以认可，进而得出对章某某不利的结论。

（2）原审判决适用法律错误

正蓝节能公司与案外人浙江和盛节能科技有限公司（以下简称和盛节能公司）签订的《权利义务概括转让协议》中约定，和盛节能公司将其全部固定资产以及包括经营权在内的所有权利均转让给正蓝节能公司，和盛节能公司虽未办理解散手续，但一个既无资产又无员工的公司实际上已经不存在继续办公的可能性，实质上与解散无异。原审法院根据公司法相关规定认定和盛节能公司未办理解散手续故双方之间的行为不属于公司合并的解释是对该法条的错误适用。另外，在转让协议中和盛节能公司已经将所有权利转让给正蓝节能公司，根据权利义务相一致原则，正蓝节能公司既然承继了和盛节能公司的所有权利，自然负有承担和盛节能公司债务的义务。综上，请求二审法院查明事实，撤销原审法院判决，依法改判。

正蓝节能公司答辩称，一审法院认定事实清楚，证据充分，关于章某某所提及的评估事宜，其已经对事实部分作出了不同于事实的陈述，且与本案并没有实质性的关联性，是涉及2014年杭州市西湖区人民法院的撤销权纠纷案件，所以不作过多陈述。一审法院适用法律准确，基于一审中章某某所提及的其所依据的法律关系是《公司法》第3条［《公司法》（2023年修订）第3条、第4条］及《公司法》关于吸收合并这一章节的法律规定，一审法院依据《公司法》相关规定对章某某所提起的诉请适用法律，不存在章某某所说的机械认定。本案所涉及的所谓合同纠纷，章某某所提及的主要依据是和盛节能公司和正蓝节能公司的吸收合并。在杭州市西湖区人民法院相关案件中，案外人王某成也是和盛节能公司的债权人，其向西湖区人民法院起诉和盛节能公司和正蓝节能公司，经西湖区人民法院两个月的审理，已经作出生效判决，认定和盛节能公司和正蓝节能公司的资产项目转让合法有效，是正常的商业资产转让行为，一审法院综合章某某的诉请、证据等，作出驳回章某某诉讼请求的判决正确。

法院认定事实如下：正蓝节能公司于2012年11月13日成立，股东为王某某、张某某，王某某为法定代表人。2015年7月21日，正蓝节能公司股东变更为杭州雨沐股权投资合伙企业（有限合伙）、王某某、许某某，法定代表人变更为许某某。2015年10月12日正蓝节能公司更名为正蓝股份公司。和盛节能公司于2009年5月8日成立，股东为赵某某、许松某，赵某某为法定代表人。2012年11月20日，和盛节能公司（甲方）与正蓝节能公司（乙方）签订转让协议，约定：甲方同意将与22所院校签署的《热水合作协议》中的全部权利义务转让给乙方，包括甲方对相应设施设备的所有权。转让涉及的资产经甲方委托义乌至诚资产评估房地产估价有限公司评估价值为31661083.51元，乙方自愿以3500万元的转让价予以溢价受让。转让款应依甲方要求付至张某浩个人账户及甲方指定的转让设备供应商、相关工程承包方。2013年4月3日，章某某与赵某某民间借贷纠纷一案经杭州市西湖区人民法院调解达成调解协议，西湖区人民法院为此制作（2013）杭西商初字第225号民事调解书。调解书确定：（1）赵某某归还章某某借款本金40万元，支付利息15.6万元（自2011年8月19日起，按月息2%计算至2013年4月3日止，此后利息以未归还本金为基数，按月息2%计算至实际付清之日），合计55.6万元，于2013年4月30日前付清；（2）许松某、浙江康达冷暖设备有限公司、浙江和盛节能科技有限公司对赵某某的上述付款义务承担连带责任。2013年3月26日，案外人王某某以正蓝节能公司与和盛节能公司签订转让协议是双方恶意串通、非法转移和盛节能公司责任财产的行为，损害了和盛节能公司债权人的权益为由，向西湖区人民法院提起诉讼，要求确认正蓝节能公司与和盛节能公司签订的《权利义务概括转让协议》无效。西湖区人民法院经审理认定：转让协议得到高校的认可，正蓝节能公司已接替和盛节能公司进入高校开展《热水合作协议》中的相关工作；正蓝节能公司陆续支付29872870.27元等事实。法院认为正蓝节能公司与和盛节能公司之间不存在相同实际控制人控制的情形，签订的转让协议不存在恶意串通的情形，遂以王某某主张的事实证据不足为由，于2013年5月26日作出（2013）杭西商初字第723号民事判决书，判决驳回王某某的诉讼请求。2013年7月19日，案外人李某某以和盛节能公司以明显低价转让财产，对债权人造成损害为由，以和盛节能公司为被告，正蓝节能公司为第三人向西湖区人民法院提起债权人撤销权纠纷诉讼，要求判令撤销和盛节能公司与正蓝节能公司签订的转让协议中转让价值2017988元财产的行为。诉讼中，法院委托浙江韦宁资产评估有限公司对转让协议中的热水供应系统硬件设备及合同期限内收费权在2012年11月20日的价值进行评估。浙江韦宁资产评估有限公司于2014年4月25日提交评估报告，确定2012年11月20日和盛节能公司转让给正蓝节能公司的22所学校热水供应系统硬件设备及合同期限内收费权的评估值为3696万元。2014年5月9日，李某某向法院申请撤回起诉。法院于当日裁定予以准许。2014年1月2日，章某某以与李某某相同事由，向西湖区人民法院提起债权人撤销权纠纷诉讼，并申请对22所学校的热水供应设备及相应收益的价值进行评估。章某某知晓浙江韦宁资产评估有限公司的评估报告后，于2014年5月15日向法院申请撤回起诉。法院于当日裁定予以准许。

二、法院裁判理由及结果

原审法院审理后认为，本案争议的焦点是正蓝节能公司受让和盛节能公司资产的行为是不是公司法规定的合并行为及正蓝节能公司与和盛节能公司人格是否混同。根据《公司法》第172条的规定［《公司法》(2023年修订)第218条］，公司合并有吸收合并与新设合并两种，在吸收合并时被吸收的公司解散，新设合并时合并各方解散。本案正蓝节能公司受让和盛节能公司的资产至今，和盛节能公司并未因此解散，在形式上并不符合公司法规定的公司合并情形。故原告关于正蓝节能公司受让和盛节能公司资产的行为系公司合并行为的主张，应不予采信。正蓝节能公司系依据转让协议支付相应对价的方式受让和盛节能公司资产，从本质上看是资产收购的行为。该行为对和盛节能公司来说，是将和盛节能公司的资产种类从设备及收益权转换成货币，并无证据证明由此减少和盛节能公司的责任财产。因此，原告关于正蓝节能公司与和盛节能公司在人、财、物等关系上混同，导致各自财产无法区分、丧失独立人格，构成公司人格混同的主张，证据不足，应不予采信。据此，判决驳回章某某的诉讼请求。

二审法院审理后认为，正蓝节能公司与和盛节能公司于2012年11月20日签订了《权利义务概括转让协议》，正蓝节能公司受让和盛节能公司的资产的同时支付了相应对价，现有证据不足以证明该转让行为明显损害和盛节能公司的债务偿还能力，且和盛节能公司并未因此解散，章某某要求正蓝节能公司承担相应责任缺乏事实及法律依据，原审法院驳回其诉讼请求并无不当。综上，章某某在本案的上诉请求依据不足，不予支持。原审法院认定事实清楚，适用法律正确。依照《民事诉讼法》第 170 条［《民事诉讼法》（2023 年修正）第 177 条］第 1 款第 1 项之规定，判决驳回上诉，维持原判。

三、判解及提示

结合本案双方当事人的诉辩意见及相关法律理论，本案主要争议在于正蓝节能公司与和盛节能公司签订《权利义务概括转让协议》涉及公司合并、企业收购还是普通的资产买卖。

公司合并可以分为吸收合并和新设合并两种方式。《公司法》（2023 年修订）第 218 条规定，公司合并可以采取吸收合并或者新设合并。一个公司吸收其他公司为吸收合并，被吸收的公司解散。两个以上公司合并设立一个新的公司为新设合并，合并各方解散。吸收合并中，被吸收的企业法人资格随着合并而消失，其资产并入吸收的企业，一般并不要求吸收的企业支付有形对价，被吸收企业的权利义务为吸收企业所承继。新设合并中，参与合并的企业法人资格都随着合并而消失，另外组建一个新企业取得法人资格，参与合并的企业资产并入新组建的企业，一般亦不要求新设的企业支付有形对价，被吸收企业的权利义务为新设的企业所承继。企业收购是指一个企业为了取得另一个企业的经营控制权而收购目标企业的主要资产、重大资产的投资行为。被收购企业的股东对于企业收购行为有投票权并依法享有退股权。按支付手段不同，具体分为以现金为对价受让目标公司的资产和以股份为对价受让目标公司资产两种资产收购形式。企业收购是收购者取得了目标企业的控制权，被收购企业作为经济实体仍然存在，被收购企业仍具有法人资格。在收购者为公司时，可能体现为目标公司成为收购公司的子公司。收购企业取得被收购企业的部分所有权和经营决策权以其资产投入为前提，资产投入后取得的是无形的权利而不是有形资产。企业收购后，收购企业成为被收购企业的新股东，其分别对自己的债务承担责任，收购企业对被收购企业的原债务不负责任，其风险责任仅以控股出资的股金为限。如果采取公司合并的方式取得某家企业的经营权，必须先取得该公司经营者的同意，经股东会议决定后才能达到目的。如果收购企业想通过收购某家公司的股权而取得经营权，只要收购到目标公司一定比例的股权就可以达到目的。企业间资产买卖只是企业以获取某项具体资产使用价值为目的的普通商品交易行为，遵循等价有偿的原则，交易前后对交易双方的法人资格、权利和义务的承继没有任何影响。

本案正蓝节能公司与和盛节能公司签订了《权利义务概括转让协议》之后，正蓝节能公司受让和盛节能公司的资产的同时支付了相应对价，现有证据不足以证明该转让行为明显损害和盛节能公司的债务偿还能力，且和盛节能公司并未因此解散，两公司的行为只是普通的企业间资产买卖，章某某要求正蓝节能公司承担相应责任缺乏事实及法律依据，应驳回其诉讼请求。

债权受让方再次转让该债权能否适用善意取得制度？

——陆某某、厉某某、浙江莹光化工有限公司清算组、浙江省东阳化工有限公司与浙江昶吉新投资管理有限公司、第三人浙江明润房地产集团有限公司、上海梦雅投资有限公司债权转让合同纠纷案

裁判要旨

债权让与的受让人迟延履行主要债务，经催告后在合理期限内仍未履行的，转让方可以解除合同；受让方在无权转让债权的前提下再次转让该债权，不适用善意取得、表见代理制度。

一、案例简介

原告陆某某、厉某某、浙江莹光化工有限公司清算组（以下简称莹光化工清算组）、浙江省东阳化工有限公司（以下简称东阳化工公司）为与被告浙江昶吉新投资管理有限公司（以下简称昶吉新投资公司），第三人浙江明润房地产集团有限公司（原为浙江明润实业发展有限公司，于2017年11月27日经工商变更登记为浙江明润房地产开发有限公司，于2018年2月6日再次经工商变更登记为浙江明润房地产集闭有限公司，以下简称明润房产公司）、上海梦雅投资有限公司（以下简称梦雅投资公司）债权转让合同纠纷一案，向浙江省金华市中级人民法院提起诉讼。

陆某某、厉某某、东阳化工公司、莹光化工清算组诉称：2017年6月24

日，陆某某、厉某某、东阳化工公司、莹光化工清算组作为转让人（乙方），昶吉新投资公司作为受让人（甲方），明润房产公司作为担保人（丙方）签订了《“南湖天下项目”债权转让协议》，约定：陆某某、厉某某、东阳化工公司、莹光化工清算组将其分别对周某某、樊某某、周某、杭州三华园房地产开发有限公司（以下简称三华园房产公司）、杭州馨华园房地产开发有限公司（以下简称馨华园房产公司）享有的借款及利息债权全部转让给昶吉新投资公司。各方还对款项支付、争议解决、违约责任等进行了约定。协议约定的付款期限届满后，经陆某某、厉某某、东阳化工公司、莹光化工清算组催告，昶吉新投资公司和明润房产公司仍未支付绝大部分转让价款，其行为已构成根本违约。根据合同法的相关规定，陆某某、厉某某、东阳化工公司、莹光化工清算组有权单方解除上述协议。故向法院提起诉讼，请求解除案涉《“南湖天下项目”债权转让协议》。

昶吉新投资公司和明润房产公司庭审答辩（陈述）称：陆某某、厉某某、东阳化工公司、莹光化工清算组违约在先，导致昶吉新投资公司不支付后期的转让款。陆某某、厉某某、东阳化工公司、莹光化工清算组和昶吉新投资公司签订《债权转让确认书》后，没有按约定向债务人和担保人发送债权转让通知。案涉债权转让标的债权经法院判决后发生法律效力，陆某某、厉某某、东阳化工公司、莹光化工清算组至今没有按约将相关判决文书原件发送给昶吉新投资公司，昶吉新投资公司多次要求陆某某、厉某某、东阳化工公司、莹光化工清算组按协议约定配合申请执行，其均以各种理由拒绝配合，致使昶吉新投资公司至今无法参与标的债权的执行，昶吉新投资公司不支付后期转让款系先履行抗辩权的权利正当行使。昶吉新投资公司和明润房产公司未收到陆某某、厉某某、东阳化工公司、莹光化工清算组起诉状中所称的律师函，其没有在合理期限内进行催告。本案协议解除的条件未成就，《债权转让协议》中没有约定单方解除合同的情形，本案也不符合法定解除的5种情形。昶吉新投资公司已将案涉标的债权转让给梦雅投资公司，梦雅投资公司已按协议约定支付转让款，昶吉新投资公司已通知债务人，该债权转让行为已经完成，法律应当保护善意第三人的合法权利。

第三人梦雅投资公司陈述称：昶吉新投资公司受让案涉债权后，于2018

年 9 月 22 日与梦雅投资公司签订《“南湖天下项目”债权转让协议》，案涉债权已由昶吉新投资公司依法转让给了梦雅投资公司，梦雅投资公司已依约履行了相应付款义务，目前是案涉债权的合法持有人。

法院认定的事实如下：2017 年 6 月 24 日，陆某某、厉某某、东阳化工公司、莹光化工清算组作为转让人（乙方），昶吉新投资公司作为受让人（甲方），明润房产公司作为担保人（丙方）签订了《“南湖天下项目”债权转让协议》，约定：陆某某、厉某某、东阳化工公司、莹光化工清算组将其分别对周某某、樊某某、周某、三华园房产公司、馨华园房产公司享有的借款及利息债权全部转让给昶吉新投资公司。昶吉新投资公司应支付陆某某、厉某某、东阳化工公司、莹光化工清算组转让价款合计 16699.55 万元，于《债权转让确认书》签订之日起 30 日内支付 1669.955 万元，于《债权转让确认书》签订之日起 180 日内支付 5009.865 万元，于《债权转让确认书》签订之日起 270 日内支付 4174.8875 万元，于《债权转让确认书》签订之日起 360 日内支付 5844.8425 万元。协议还约定了其他内容，其中第 6 条“甲方保证”的内容为甲方保证按照本协议约定的期限向乙方支付债权转让价款；第 1 条“标的债权”1.2“标的债权涉诉情况”明确“标的债权所涉诉讼工作和风险由甲方负担并承担（责任）”；第 10 条“争议解决”的内容为：本合同在履行过程中发生的争议，各方应友好协商解决。协商或调解不成，任何一方可向原告住所地（所在地）人民法院起诉。2017 年 8 月 8 日，昶吉新投资公司签署了《债权转让确认书》。2017 年 10 月 27 日，昶吉新投资公司向东阳化工公司、莹光化工清算组出具了《指令说明函》，其中第 3 条的内容为：本司确认，已对（2017）浙 07 民初 240 号、（2017）浙 07 民初 241 号两个案件的所有案情和风险知晓，两案件诉讼结果由本司承担，与贵司无关。上述债权转让事宜至本案一审起诉时，没通知债务人周某某、樊某某、周某、三华园房产公司、馨华园房产公司。昶吉新投资公司于 2017 年 9 月 21 日支付了第一期转让价款的 50% 计 834.9775 万元。2018 年 5 月 21 日，陆某某、厉某某、东阳化工公司、莹光化工清算组委托浙江国翔律师事务所律师吴伟某通过金华市顺丰速运有限公司快递单号为 049989859378 快件向昶吉新投资公司（法定代表人吴某某）发出了《律师函》，通过快递单号为

049989859387的快件向明润房产公司（法定代表人刘某）发出《律师函》，要求其在收函后5日内将已到期转让价款及逾期违约金汇至协议约定的银行账户，并明确：如贵公司再次逾期不付，我委托人将按照上述协议的约定和合同法及相关法律、法规的规定，通过包括诉讼在内的合法途径，行使包括主张解除债权转让协议并追究贵公司违约责任在内的各项合法权利。昶吉新投资公司和明润房产公司之后未付相应款项，陆某某、厉某某、东阳化工公司、莹光化工清算组针对昶吉新投资公司和明润房产公司向本院提起案涉诉讼，法院立案受理后，梦雅投资公司申请以第三人的身份参加本案诉讼，在征得陆某某、厉某某、东阳化工公司、莹光化工清算组与昶吉新投资公司、明润房产公司等同意且各方放弃相关诉讼程序权利后，法院依申请追加梦雅投资公司以第三人的身份参加诉讼。2019年3月14日，昶吉新投资公司向陆某某、周某某等七主体发出《债权转让通知书》。梦雅投资公司在本案诉讼期间提交了落款时间为2018年9月22日其与昶吉新投资公司《"南湖天下项目"债权转让协议》及《债权转让确认书》，称其受让取得案涉债权。2019年2月21日，梦雅投资公司向昶吉新投资公司转账支付10000000元。

二、法院裁判理由及结果

陆某某、厉某某、东阳化工公司、莹光化工清算组与昶吉新投资公司、明润房产公司（浙江明润实业发展有限公司）于2017年6月24日签订的《"南湖天下项目"债权转让协议》及附件不违反法律、法规的效力性禁止性规定，合法有效，对签订主体具有法律约束力。该协议附件三《债权转让款支付表》明确了案涉转让的债权金额明细，分四阶段于360日内支付完毕。昶吉新投资公司于2017年9月21日支付了第一期转让价款的50%计834.9775万元，之后没有支付其他款项，陆某某、厉某某、东阳化工公司、莹光化工清算组委托的浙江国翔律师事务所律师吴伟某于2018年5月21日向昶吉新投资公司、明润房产公司发出律师函，其仍未履行合同义务，陆某某、厉某某、东阳化工公司、莹光化工清算组提出的解除《"南湖天下项目"债权转让协议》的诉讼请求，依法应予支持。关于昶吉新投资公司、明润房产公司提出的陆某某、厉某某、东阳化工公司、莹光化工清算组未履行通知案涉所转让债权的债务人的问题。《“南湖天下项目”债权转让协议》第5条第10项、第7条第3项约定，陆某某、厉某某、东阳化工公司、莹光化工清算组应对协议内容进行保密，未按照昶吉新投资公司的指令要求，向债务人和担保人发送债权转让通知的，应承担违约责任，昶吉新投资公司、明润房产公司未举证证明其向陆某某、厉某某、东阳化工公司、莹光化工清算组发出要求其履行向债务人发出债权转让通知的义务，其在本案中所述的陆某某、厉某某、东阳化工公司、莹光化工清算组未履行该义务与《“南湖天下项目”债权转让协议》的约定不符。关于昶吉新投资公司、明润房产公司提出的陆某某、厉某某、东阳化工公司、莹光化工清算组未履行将涉及标的债权的法院判决文书发送给昶吉新投资公司的义务的问题。《“南湖天下项目”债权转让协议》第1条约定，陆某某、厉某某、东阳化工公司、莹光化工清算组在签订协议后的所有诉讼行为须经过昶吉新投资公司的同意，相关诉讼行为应是昶吉新投资公司以陆某某、厉某某、东阳化工公司、莹光化工清算组的名义进行，昶吉新投资公司向东阳化工公司、莹光化工清算组发出的《指令说明函》也明确系昶吉新投资公司指定北京炜衡（杭州）律师事务所作为东阳化工公司、莹光化工清算组在（2017）浙07民初240号、（2017）浙07民初241号案件中的诉讼代理人。正常情形下，昶吉新投资公司取得其所述的法律文书不存在障碍，其也没有提交证据证明在其要求下陆某某、厉某某、东阳化工公司、莹光化工清算组不履行该义务。关于昶吉新投资公司、明润房产公司提出的其未收到陆某某、厉某某、东阳化工公司、莹光化工清算组委托的律师发出的律师函问题。陆某某、厉某某、东阳化工公司、莹光化工清算组提交的顺丰速运运单号为049989859378、049989859387的电子二维码面单及电子存根（运单详情）（从顺丰速运公司手机App上打印）、金华市顺丰速运有限公司出具的证明，东阳市公安局经济犯罪侦查大队对周某某、周某的询问笔录等证据相互印证，结合社会公众邮寄资料的习惯及应法院要求后昶吉新投资公司、明润房产公司未提交证据证明其于2018年5月22日之后几天收到陆某某、厉某某、东阳化工公司、莹光化工清算组或者其委托律师寄出的其他材料的事实，陆某某、厉某某、东阳化工公司、莹光化工清算组对其向昶吉新投资公司、明润房产公司邮寄律师函并由其签收的举证符合民事诉讼的高度盖然性标准，应予以确认。关于昶吉新投资公司、明润房产公司、梦雅投资公司提出的案涉标的债权已由昶吉新投资公司再次转让给梦雅投资公司，陆某某、厉某某、东阳化工公司、莹光化工清算组无权解除其与昶吉新投资公司、明润房产公司签订的债权转让协议的问题。民事活动应遵循诚实守信的原则，昶吉新投资公司在未支付其取得案涉债权的对价即转让价款的前提下，再次与梦雅投资公司签订债权转让协议转让案涉债权，在陆某某、厉某某、东阳化工公司、莹光化工清算组向法院提起案涉诉讼的前提下，仍由梦雅投资公司向昶吉新投资公司支付其所述的债权转让款1000万元，姑且不评价上述转让行为的实质真实性，依据合同的相对性原理，昶吉新投资公司与第三人梦雅投资公司的行为对其与陆某某、厉某某、东阳化工公司、莹光化工清算组能否解除案涉债权转让关系不产生实质影响。综上，陆某某、厉某某、东阳化工公司、莹光化工清算组的诉讼请求有事实及法律依据，予以支持。依照《合同法》第94条（《民法典》第563条第1款）第3项，《民事诉讼法》第148条［《民事诉讼法》（2023年修正）第151条］之规定，判决：解除陆某某、厉某某、浙江莹光化工有限公司清算组、浙江省东阳化工有限公司与浙江昶吉新投资管理有限公司、浙江明润房地产集团有限公司（浙江明润实业发展有限公司）于2017年6月24日签订的《“南湖天下项目”债权转让协议》。

一审审判后，昶吉新投资公司不服，向浙江省高级人民法院提起上诉，浙江省高级人民法院作出终审判决，驳回上诉，维持原审判决。

三、判解及提示

本案主要涉及两个方面的问题。

（一）案涉合同是否符合解除条件

合同解除的条件又称为合同解除的原因，是指在何种情况下允许当事人解除合同。当事人协商一致的，可以解除合同，不受其他条件的限制，而当事人在合同中约定的解除条件在不违反法律、法规的禁止性规定的情形下具有一定的任意性；法定解除的条件则相对明确，依照《民法典》第563条第1款的规定，解除合同的法定条件包括因不可抗力致使不能实现合同目的等5

种情形，本案适用了本条第 3 项规定，当事人一方迟延履行主要债务，经催告后在合理期限内仍未履行的，当事人可以解除合同。当事人一方迟延履行主要债务，经催告后在合理期限内仍未履行的，表明债务人根本就没有履行合同的诚意，或根本不可能履行合同。所以，应当允许债权人解除合同。这一解除条件须符合两项要求：一是迟延履行主要债务。一般说来，影响合同目的的实现的债务，为主要债务。二是经催告在合理期限内仍未履行。当事人迟延履行主要债务的，债权人应催告债务人在合理期限内履行。如果债务人在合理期限内仍未履行主要债务的，债权人有权解除合同。陆某某、厉某某、东阳化工公司、莹光化工清算组与昶吉新投资公司、明润房产公司（浙江明润实业发展有限公司）于 2017 年 6 月 24 日签订的《“南湖天下项目”债权转让协议》及附件不违反法律、法规的效力性禁止性规定，合法有效，对签订主体具有法律约束力。该协议附件三《债权转让款支付表》明确了案涉转让的债权金额明细，协议第 3 条“价款支付方式”明确债权转让价款第一阶段的转让款 1669.955 万元于《债权转让确认书》签订之日起 30 日内支付，所有款项分四阶段于 360 日内支付完毕。2017 年 8 月 8 日，昶吉新投资公司、明润房产公司签署了《债权转让确认书》，其应于 2017 年 9 月 7 日前支付第一阶段的转让款 1669.955 万元。昶吉新投资公司于 2017 年 9 月 21 日支付了第一期转让价款的 50% 计 834.9775 万元，陆某某、厉某某、东阳化工公司、莹光化工清算组委托的浙江国翔律师事务所律师吴伟某于 2018 年 5 月 21 日向昶吉新投资公司、明润房产公司发出律师函，要求其收函后 5 日内将转让价款等及时支付，否则将行使包括主张解除债权转让并追究其违法责任在内的各项权利。昶吉新投资公司、明润房产公司收到陆某某、厉某某、东阳化工公司、莹光化工清算组发出的催告律师函后，仍未履行合同义务，该义务符合本案主要债务的要求，陆某某、厉某某、东阳化工公司、莹光化工清算组提出的解除《“南湖天下项目”债权转让协议》的诉讼请求符合上述规定的项要求要件，陆某某、厉某某、东阳化工公司、莹光化工清算组提出的解除本案合同的要求，依法应予支持。

（二）昶吉新投资公司、明润房产公司与梦雅投资公司再次签订债权转让协议是否影响陆某某、厉某某、东阳化工公司、莹光化工清算组的解除权

对于两次债权转让的效力及具体处理，我国法律并没有明确的规定。

1. 债权让与的特性

合议庭认为，债权让与应具有与物权变动相同的法律结构，物权变动的模式适用于债权让与。我国在物权变动模式上采用债权形式主义，或称为意思主义与登记交付相结合的物权变动模式，因此我国在债权让与上亦应当采用该模式。又因债权乃是相对权，不需公示亦无法采用交付或登记的公示手段，故在债权让与上，应以意思主义为标准，即债权让与合同完成，债权主体即发生变更。至于合同法规定的未经通知，该转让对债务人不发生效力，应当理解为虽然未经通知，但债权让与合同依然发生效力，只是新债权人不能直接向债务人主张债权，而只能要求原债权人先完成通知。从本案《“南湖天下项目”债权转让协议》的内容来看，该债权转让为有偿转让，在昶吉新投资公司、明润房产公司未履行协议约定的义务之前，尚未享有对该债权处分的权利。

2. 债权让与能否适用善意取得制度

值得讨论的是，我国物权法存在善意取得制度，如果债权再转让已实际履行，能否适用善意取得。如前所述，本案新债权人尚未享有该债权，但如果其与第三人善意进行再转让，构成无权处分。为了保障交易安全，对此种情况，各国立法或通过物权行为或通过善意取得制度来保护善意第三人的利益。善意取得制度能否适用于债权双重转让中的第二受让人，对这个问题，理论界有不同观点。一种观点认为，第一个让与合同虽然生效，但第一受让人因未履行义务尚未取得债权，除非原债权人同意，第二个让与合同就不能生效，第二受让人无论如何也不能取得债权，即使他可以根据表见代理制度与第一让与人形成合同权利义务关系，但对案涉原债权人的解除权而言，没有任何影响。另一种观点认为，债权变动过程和有体物买卖一样，需要意思表示、履行行为、权利实现三个阶段，如果第二次债权让与通过履行行为，债权转让得以公示，从而使善意的第二受让人产生合理的信赖，可以适用善意取得规则，由第二受让人取得债权，原债权人的解除权受到限制。合议庭

讨论后认为，善意取得制度通过给予实物交付、登记等公示行为以公信效力，债权让与合同只有当事人的意思表示，没有交付行为，没有登记，不具备公示性，故不能适用善意取得，对原债权人的解除权当然不产生影响。

3. 本案的具体处理

本案与陆某某、厉某某、东阳化工公司、莹光化工清算组签订债权转让协议的相对方是昶吉新投资公司、明润房产公司，双方之间的合同解除不受第三方的影响。另外，民事活动应遵循诚实守信的原则，昶吉新投资公司在未支付其取得案涉债权的对价即转让价款的前提下，再次与梦雅投资公司签订债权转让协议转让案涉债权，在陆某某、厉某某、东阳化工公司、莹光化工清算组向法院提起案涉诉讼的前提下，仍由梦雅投资公司向昶吉新投资公司支付其所述的债权转让款1000万元，该合同签订、款项支付的动机存在不合理性。

基础建设法律风险防范类

如何认定建设工程价款优先受偿权的起算时间及范围?

——楼某某与浙江众达传动股份有限公司建设工程合同纠纷上诉案

裁判要旨

建设工程价款优先受偿权的行使时间应为优先权人债权未获满足、发包人应当给付工程款而未给付之时；单独的土建工程部分，承包人支付的人工工资等明确项目，同样享有建设工程优先受偿权。

一、案例简介

上诉人（原审原告）楼某某为与被上诉人（原审被告）浙江众达传动股份有限公司（以下简称众达传动公司）建设工程合同纠纷一案，不服浙江省金华市金东区人民法院的民事一审判决，向浙江省金华市中级人民法院提起上诉。

楼某某上诉称，原审认定事实错误，适用法律错误，原审认定涉案工程实际竣工时间是2015年6月错误。2015年4月10日楼某某与众达传动公司签订了《厂区室外土石方挖运工程承包合同》，约定本工程的总工期为80天，又在合同第1条第2款约定工程量按实计算，第5款约定工程报价，按照双方共同协商确定土石方挖运按每立方米30元计算，工程量发生变化，按确定单价口径结算，工程量按实结算。在合同第2条第3项第1款约定：本合同工程量以现场双方实测实量为准；又在合同第5条第3项承包方责任第5款约定：本工程由承、分包方共同进行工程量验收，验收确定的工程量为最终工程量。楼某某在施工过程中，因为工程量大量增加，导致工期顺延，2015年6月8日楼某某与众达传动公司双方对增加的众达主干道路出口的这部分工程量进行验收。2016年1月28日双方按照合同约定，共同对合同约定与增加的全部工程量进行验收，同年2月1日进行了结算。考虑到楼某某的工程款中还有人员工资，同年2月2日众达传动公司作出了愿意从土地保证金中优先支付楼某某80万元的承诺。根据最高人民法院《关于审理建设工程施工合同纠纷案件适用法律问题的解释》第14条第1款的规定，建设工程经竣工验收合格的，以竣工验收合格之日为竣工日期。故涉案工程已经验收，验收日2016年1月28日为实际竣工日，优先受偿权的请求是在6个月的法定期限内。

众达传动公司未提交答辩意见。

法院认定事实如下：2015年4月10日，楼某某、众达传动公司签订土石方挖运承包合同一份，约定众达传动公司将公司厂区室外土石方挖运工程发包给楼某某施工，工程量按实计算，每立方米30元；完成全部工程量并验收合格后支付总工程款的20%，2016年春节支付30%，余款50%于2016年6月底前付清，余款不计算利息；发包方指派胡某民为其监督代表；总工期80天，楼某某应在工程完工前3天通知众达传动公司进行竣工验收，如众达传动公司在楼某某提出约定竣工验收日期超过28天不进行竣工验收的，本工程作验收合格处理，楼某某送竣工验收通知日期为实际竣工日期等。之后，楼某某按约进场施工，2015年6月工程竣工。2016年1月，众达传动公司对工程进行了验收。2016年2月1日，经双方结算，土石方挖运工程款共计1678853元。2016年2月2日，众达传动公司确认尚欠楼某某工程款1478853元，其中工资报酬为513400元。因工程量增加政策处理等原因，涉案工程实际于2016年1月28日竣工验收合格。

二、法院裁判理由及结果

原审法院审理后认为，楼某某、众达传动公司达成的土石方承包合同合法有效，楼某某按约完成了施工义务，众达传动公司应按约支付工程款。众达传动公司拖欠工程款的行为，已构成违约，依法应承担违约责任。关于工程款的优先受偿权，依据最高人民法院《关于建设工程价款优先受偿权问题的批复》第 4 条之规定，建设工程承包人行使优先权的期限为 6 个月，自建设工程竣工之日或者建设工程合同约定的竣工之日起计算。本案工程实际竣工于 2015 年 6 月，楼某某提出优先受偿权请求已超过规定的 6 个月期限，对此不予支持。据此，判决：（1）浙江众达传动股份有限公司于判决生效之日起 10 日内支付楼某某尚欠工程款 1478853 元；（2）驳回楼某某的其他诉讼请求。

二审法院审理后认为，楼某某向法院提交的《工程完工验收补充协议》《证明》等证据能够证明涉案工程因工程量增加、政策处理等原因，工期延长，于 2016 年 1 月 28 日竣工验收合格，楼某某于 2016 年 7 月 25 日向原审法院提起诉讼，未超出其应主张优先受偿权的期限。楼某某向原审法院提交的工资表系 2015 年 5 月、6 月发生，而涉案工程工期延长，发放工资也应顺延，根据其提交的工资表，确定其对其主张的工资报酬 513400 元享有优先受偿权。综上，原审法院认定事实清楚，但判决结果与事实不符，予以纠正。依照最高人民法院《关于建设工程价款优先受偿权问题的批复》第 4 条，《民事诉讼法》第 170 条［《民事诉讼法》（2023 年修正）第 177 条］第 1 款第 1 项、第 2 项之规定，判决：（1）维持浙江省金华市金东区人民法院（2016）浙 0703 民初 3085 号民事判决第一项及诉讼费负担部分；（2）撤销浙江省金华市金东区人民法院（2016）浙 0703 民初 3085 号民事判决第二项；（3）楼某某对浙江众达传动股份有限公司欠其工程款 1478853 元中的 513400 元人工工资在其所做工程建筑价值范围内享有优先受偿权；（4）驳回楼某某的其他诉讼请求。

三、判解及提示

建设工程优先受偿权，是指承包人在发包人不依约支付工程价款时，可以与发包人协议将该工程折价或申请人民法院将该工程拍卖，对折价或拍卖所得的价款，承包人有优先受偿的权利。工程款的优先受偿权是我国《民法典》第 807 条［《合同法》（已失效）第 286 条］规定的由承包人行使的权利，属法定优先权。建设工程价款优先受偿权系承包人就建筑物直接支配其交换价值而优先于发包人的其他债权人受偿其债权的权利，其实现无须借助义务人的给付行为，既可以对抗发包人，也可以对抗抵押权，系对物支配权，属物权范畴。进一步区分，其设立系为担保承包人的建设工程价款的债权，具有担保物权的属性，可谓一种担保物权。它系法定权利，以特定不动产为标的物，不以对标的物的占有为要件，无须经过登记，效力优先于一般债权和其他担保物权，作用在于保证与标的物有牵连关系的特种债权的实现。所谓优先权，是指法律所规定的特定债权人就债务人的全部财产或特定财产优先受偿的担保物权。

（一）建设工程优先受偿权的行使期限

对建设工程优先权的期限及起算时间，最高人民法院相关规定有一个不断完善的过程。最高人民法院《关于建设工程价款优先受偿权问题的批复》（已失效，判决时有效）第 4 条规定，建设工程承包人行使优先权的期限为 6 个月，自建设工程竣工之日或者建设工程合同约定的竣工之日起计算。本案主要工程于 2015 年 6 月完成，原审法院按照上述批复自建设工程竣工之日开始起算，认为楼某某主张优先受偿权已超过规定的 6 个月的期限。实践中，建设工程结算涉及问题较多，结算周期有长有短，在发包人拒不配合的情形下，结算周期具有不确定性。特定情形下，按照最高人民法院《关于建设工程价款优先受偿权问题的批复》（已失效，判决时有效）规定的以建设工程竣工之日或者建设工程合同约定的竣工之日作为优先权行使期间的起算时间，会出现起算时间早于行使条件具备时间的情形，工程款数额尚未确定，承包人还不知道发包人是否会拖欠工程款，优先受偿权行使期限可能已经届满，显然不利于对承包人权益的保护。本案楼某某向本院提交的《工程完工验收补充协议》等证据能够证明涉案工程因工程量增加、政策处理等原因，工期延长，于 2016 年 1 月 28 日竣工验收合格，从该时间起算 6 个月，楼某某于 2016 年 7 月 25 日向原审法院提起诉讼，二审法院认为其未超过主张的期限，也就是说，本案二审考虑了工程量增加的因素，实际上按照结算时间作为起算点。最高人民法院《关于审理建设工程施工合同纠纷案件适用法律问题的解释（二）》（2018年，已失效）第22条规定，承包人行使建设工程价款优先受偿权的期限为6个月，自发包人应当给付建设工程价款之日起算。此规定系参照担保物权将建设工程价款优先受偿权的行使时间确定为债权未获满足之时，发包人应当给付工程款而未给付之时，解决了优先受偿权起算点不明确、不妥当的问题，本案判决时间早于该解释时间，契合了该司法解释对起算点的规定。2020年最高人民法院《关于审理建设工程施工合同纠纷案件适用法律问题的解释（一）》对权利行使期限进一步作了调整，该司法解释第41条规定，承包人应当在合理期限内行使建设工程价款优先受偿权，但最长不得超过18个月，自发包人应当给付建设工程价款之日起算。建设工程价款优先受偿权的生效无须登记，不具有公示的形式，其行使对银行等抵押权人及其他债权人的影响巨大，应防止因承包人长期怠于行使优先受偿权而妨碍其他权利人权利实现的情形出现。因此，为了促使承包人积极行使权利，也为了保护其他权利人的合法权益及时得到实现，稳定社会经济秩序，该条规定承包人应当在合理期限内行使优先权。为了避免对合理期限的过度扩大，该解释规定该合理期限最长不得超过18个月，即从发包人应当给付建设工程价款之日起，承包人超过18个月仍未主张优先受偿权的，其再主张优先权则不能得到支持。实践中，当事人可以事先约定承包人行使优先受偿权的合理期限，但应注意对建筑工人的权利保护，如果约定损害了建筑工人利益的，则可能被法院认定为无效。

（二）单独的土建工程款是否享有建设工程优先受偿权

本案楼某某主张建设工程优先受偿权的系其为众达传动公司所做的土建工程涉及的款项，对此款项能否享有优先受偿权的问题，合议庭讨论时存在两种观点，一种观点认为，楼某某所做工程主要是土地平整，其本人和案涉房产工程没有联系，其虽付出了劳动等成本，但案涉土地一般情形下无法单独实现其价值，司法实践中已明确，土地不应该作为建设工程优先受偿权的客体，楼某某不享有优先权。另一种观点认为，土建工程属于建设工程，土地价值和平整土地产生的价值是两个概念，属不同的范畴，其支付的人员工资等数额明确，可以适用建设工程优先受偿权的规定。本案最终按照第二种意见作出了判决。国务院《建设工程质量管理条例》（2019年修订）第2条第 2 款规定，本条例所称建设工程，是指土木工程、建筑工程、线路管道和设备安装工程及装修工程。《建设工程安全生产管理条例》第 2 条第 2 款亦作出与以上规定相一致的规定。根据国家技术监督局发布的《国民经济行业分类与代码》，建筑业按从事工程建设的不同专业划分为“土木工程建筑业”“线路、管道和设备安装业”“装饰、装修业”三大类。土建工程列入建设工程的范围符合国家规定和行业规范。单独的土建工程款适用优先受偿权的原则，符合《民法典》第 807 条［《合同法》（已失效）第 286 条］的立法本意。优先权的价值在于打破债权平等原则，赋予一些特殊债权人享有以优先于其他债权人而受偿的权利，最终实现债权人之间的实质平等。在单独的土建工程中，由于承包权人的工作行为而使原先的土地增值，故其与完整的建筑工程应属同一法理。在发包人拖欠的土建工程价款中，相当一部分是承包人应当支付的工作人员的工资和其他劳务费用。因此，将单独的土建工程款纳入建设工程款的范围之内，有利于保护广大劳动者及时获得劳动报酬的利益。

票据法律风险防范类

当事人基于与刑事案件非相同的法律关系提起诉讼的人民法院会如何处理？

——中国医药健康产业股份有限公司与金华金兰纸业包装有限公司票据纠纷上诉案

裁判要旨

在民刑交叉案件审理过程中，当事人基于与刑事案件非相同的法律关系向人民法院提起诉讼的，人民法院应审理后作出实体判决。

一、案例简介

上诉人（原审原告）中国医药健康产业股份有限公司（以下简称中国医药公司）为与被上诉人（原审被告）金华金兰纸业包装有限公司（以下简称金华金兰公司）票据纠纷一案，不服浙江省兰溪市人民法院的民事一审判决，向浙江省金华市中级人民法院提起上诉。

中国医药公司上诉称，金华金兰公司的票据是否被案外人倪某某骗走与本案的票据损害赔偿之诉是两个完全不同的法律关系，前者并不影响本案的审理，原审法院混淆了“所审理的案件本身涉嫌刑事犯罪”和“所审理的案件中有刑事犯罪线索”这两个基本关系，适用法律错误。本案不具有经济犯罪嫌疑，不应适用最高人民法院《关于在审理经济纠纷案件中涉及经济犯罪嫌疑若干问题的规定》第11条，而应适用该规定的第10条进行判决。且中国医药公司并非金华金兰公司在涉案承兑汇票上签章的直接后手，中国医药公司取得票据是通过连续背书，是合法的票据持有人。根据《票据法》第31条的规定，即使金华金兰公司票据被骗走，中国医药公司作为涉案票据的最后持有人，也应享有票据权利。原审法院支持金华金兰公司恶意挂失票据并除权的行为，侵害了中国医药公司的合法利益。金华金兰公司诉倪某某诈骗汇票的行为自认了金华金兰公司骗取法院关于涉案票据的除权判决的事实，其侵犯中国医药公司票据权益的事实清楚。一审中，金华金兰公司虚构“票据遗失、可能被倪某某拿走”的理由，恶意启动相关20张票据（含涉案票据）的公示催告程序，骗取原审法院的除权判决。现又以“票据是自己亲手交给倪某某的，不过是被他骗走的”为由报案，金华金兰公司的行为前后矛盾，属于诉讼诈骗。根据《刑法》及相关法律规定，中国医药公司将保留对金华金兰公司诉讼诈骗是否追究的权利。请求二审法院撤销原裁定，依法改判。

金华金兰公司未提交答辩意见。

二、法院裁判理由及结果

原审法院审理后认为，在受理中国医药公司与金华金兰公司买卖合同纠纷一案中，案外人陈某某作为诉争票据的出票人浙江今日包装有限公司和收款人金华金兰公司的实际控制人，以诉争票据遗失为由向公安机关报案，兰溪市公安局于2015年12月10日决定对陈某某承兑汇票被诈骗一案立案侦查，故本案涉嫌经济犯罪，应依法将本案移送公安机关侦查。依照《民事诉讼法》第154条第1款第3项、最高人民法院《关于在审理经济纠纷案件中涉及经济犯罪嫌疑若干问题的规定》第11条的规定，裁定驳回中国医药健康产业股份有限公司的起诉。

二审法院审理后认为，最高人民法院《关于在审理经济纠纷案件中涉及经济犯罪嫌疑若干问题的规定》第10条规定：“人民法院在审理经济纠纷案件中，发现与本案有牵连，但与本案不是同一法律关系的经济犯罪嫌疑线索、材料，应将犯罪嫌疑线索、材料移送有关公安机关或检察机关查处，经济纠纷案件继续审理。”本案中，中国医药公司提起的是票据损害赔偿之诉，与陈某某承兑汇票被诈骗一案不属于同一法律关系，应当继续审理。原审法院径行裁定驳回起诉不当，应予纠正。综上，中国医药公司的上诉理由成立，予以支持。依照《民事诉讼法》第170条［《民事诉讼法》（2023年修正）第177条］第1款第2项之规定，裁定：（1）撤销浙江省兰溪市人民法院（2015）金兰商初字第877号民事裁定；（2）指令浙江省兰溪市人民法院继续审理本案。

三、判解及提示

本案是经济犯罪与经济民商事纠纷交织的案件，一审、二审之间的分歧在于刑民交叉案件处理时的思路不同，原审法院认为本案民事起诉的事实涉嫌刑事犯罪，基于“先刑后民”的原则，本案应驳回起诉，二审则认为涉嫌犯罪的法律关系与本案民事起诉非同一法律关系，要求原审法院继续审理本案。

（一）“先刑后民”理论的反思

长久以来，法院在刑民交叉案件审理时存在重刑轻民的思想，在民商事案件审理中，一旦发现涉嫌犯罪的情形，就采取驳回起诉的方式，体现了“公权优先”的理念。基于刑事诉讼对证据采信、事实认定等方面的严格要求及刑事判决对赃款、赃物等先行处理的考量，“先刑后民”具有一定的合理性。刑事处理与民事保护存在不同的领域，其运行各有自己的规律，难言孰优孰劣，一味采取“先刑后民”，可能造成被害人合法权利保护的阻碍。尤其是在刑民可以并行不悖的情形下，“先刑后民”的滥用可能会给行政、司法权力“寻租”留下空间。一些刑事案件处于长期难以进入司法程序，使民商事诉讼受制于刑事诉讼程序，导致民商事案件的当事人无法及时维护权利，给债务人隐匿、转移财产提供了充分的时间，也使一些行政、司法机关以涉嫌经济犯罪为由，干预经济案件的审理。

（二）驳回起诉裁定的适用

刑民交叉案件审理时驳回起诉裁定的适用大致有两种情形，因考量的基础不相同，两种情形适用的条件可能存在重合。两种情形的适用均以存在经济犯罪嫌疑为前提，本案金华金兰公司（陈某某）因包括本案承兑汇票在内的承兑汇票被案外人倪某某诈骗（倪某某之后被判处有期徒刑），符合这一前提条件。第一种驳回起诉的情形基于刑事诉讼涉及的法律关系与民事诉讼系同一法律关系，此种情形下，被害人的权利通过刑事诉讼的退赃、退赔等程序即可维护，一般不用另行启动民事诉讼程序。最高人民法院《关于适用〈中华人民共和国刑事诉讼法〉的解释》（2021 年修正）第 176 条规定，被告人非法占有、处置被害人财产的，应当依法予以追缴或者责令退赔。被害人提起附带民事诉讼的，人民法院不予受理。追缴、责令退赔工作贯穿刑事案件侦查、审查起诉和审判全过程，以实现对被害人实际损失的赔偿。第一种情形判断的标准是刑事法律关系与民事法律关系是否同一，法律关系是法律在调整人的行为过程中形成的特殊的权利和义务关系。法律关系的要素包括主体、客体和内容。从主体来看，本案刑事法律关系的主体为金华金兰公司（陈某某）、倪某某，民事法律关系的主体为中国医药公司、金华金兰公司。基于票据的无因性，中国医药公司是案涉票据的有权主体。有学者认为，票据行为的无因性包括外在无因性和内在无因性。票据行为的外在无因性是指票据行为的效力独立存在，其效力如何完全取决于该行为在形式上是否符合票据法的要求，而不受由基础关系（特别是实质原因关系）引起的法律行为的效力的影响。持票人不负证明给付原因的责任，只要依票据法的规定能够证明票据债权的真实成立和存续就当然可以行使票据权利。票据行为的内在无因性是指引起票据行为、产生票据关系的实质原因从票据行为中抽离，不构成票据行为的自身内容。所以，当形成票据债权债务关系时，原则上票据债务人不得以基础关系所产生的抗辩事由对抗票据债权的行使。[①] 票据关系是基于票据行为而发生在当事人之间的债权债务关系，亦即票据上的权利义务关系。票据关系以票据为载体，虽然特定情形下以基础关系为前提，但票据关系一般情形下与其赖以建立的基础关系相分离，票据关系的成立、有效并不以取得票据的基础关系成立、有效为必要，票据关系的存在与否并不以基础关系（原因关系、资金关系、预约关系等）的不成立、无效、被撤销而有所改变。票据具有的灵活性、流通性、兑现性、安全性得以成立，起到

---

① 参见于莹：《论票据的无因性原则及其相对性——票据无因性原则“射程距离”之思考》，载《吉林大学社会科学学报》2003 年第 4 期。

加快商品流通的独特作用。本案中国医药公司系案涉票据的合法持有人，享有案涉票据的相关权利，其认为金华金兰公司非法提起除权判决，导致其利益受损，有权提起案涉损害赔偿之诉。从客体来看，本案两种法律关系均以案涉承兑汇票为载体，体现了一定的牵连性。从内容来看，案涉刑事法律关系体现为金华金兰公司（陈某某）被倪某某诈骗所形成的权利义务关系，案涉民事法律关系体现为中国医药公司就金华金兰公司恶意提起除权判决导致其利益受损而形成的损害赔偿权利义务法律关系。综上，从法律关系的主体和内容来看，两种法律关系并非同一。第二种情形则基于民商事案件的审理以刑事诉讼的处理为前提，法院基于审限、妥善处理的考量，先将民商事案件驳回起诉，刑事判决后，当事人可以再行提起民事诉讼，此种情形判断的标准是刑事案件的审理是否会对民商事诉讼产生前提性、实质性影响。对此情形，实践中也有法院先行中止审理，如中止审理时间过长，则先行驳回起诉。本案金华金兰公司（陈某某）被诈骗后，其权益可通过刑事退赃、退赔程序来保障，且不排除特定情形下其向倪某某另行提起民事诉讼。本案中国医药公司向金华金兰公司提起的损害赔偿诉讼与前者缺乏实质的联系，亦不依赖前者纠纷的解决。最高人民法院《关于在审理经济纠纷案件中涉及经济犯罪嫌疑若干问题的规定》（2020 年修正）第 10 条规定，人民法院在审理经济纠纷案件中，发现与本案有牵连，但与本案不是同一法律关系的经济犯罪嫌疑线索、材料，应将犯罪嫌疑线索、材料移送有关公安机关或检察机关查处，经济纠纷案件继续审理。综合以上分析，原审法院驳回中国医药公司的起诉缺乏法律及事实依据，二审法院指令其继续审理。

产品质量法律风险防范类

产品标签标注缺失消费者据此要求3倍赔偿能否成立？

——周某某与武义县熟溪街道严香芳保健食品店、浙江森宇药业有限公司产品责任纠纷上诉案

裁判要旨

消费者购买的保健食品存在标注成分缺失问题，但该成分对人身不产生实质性危害，消费者不能据此要求生产者或者销售者承担支付价款10倍赔偿金的责任；但该标注缺失构成消费“欺诈”，消费者可据此要求3倍赔偿。

一、案例简介

上诉人（原审原告）周某某与被上诉人（原审被告）武义县熟溪街道严香芳保健食品店（以下简称严香芳食品店）、浙江森宇药业有限公司（以下简称森宇药业公司）产品责任纠纷一案，不服浙江省武义县人民法院的民事一审判决，向浙江省金华市中级人民法院提起上诉。

周某某上诉理由如下：（1）原审法院适用法律错误。根据原审法院认定的事实，严香芳食品店、森宇药业公司生产销售的保健食品存在欺诈，符合《食品安全法》第148条第2款的价款10倍或3倍赔偿的规定。涉案产品外包装盒及产品说明书上的内容缺失“白砂糖”这一成分已对消费者造成误导，周某某也因被误导而购买该产品送礼。（2）根据本案基本事实，即使不适用《食品安全法》的赔偿规则，但严香芳食品店、森宇药业公司提供产品

存在欺诈行为，可以适用《消费者权益保护法》，原审法院不进行释明，影响本案公平正义的审理，属程序违法。根据本案的案情，周某某可以依据《消费者权益保护法》的规定要求严香芳食品店、森宇药业公司支付价款的3倍的赔偿金。

严香芳食品店答辩称，严香芳食品店与森宇药业公司签订的经销协议已明确双方的权利、义务，严香芳食品店只负责销售，所售产品属正规渠道进货，所涉产品质量与严香芳食品店无关。

森宇药业公司答辩称，一审法院认定事实清楚，适用法律正确，请求驳回周某某的上诉，维持原判。

法院认定事实如下：周某某于2015年8月18日在严香芳食品店购买了森宇药业公司生产的森山牌铁皮枫斗冲剂10盒，共花费14616元。该铁皮枫斗冲剂外包装盒上注明：主要原料为铁皮石斛、西洋参、麦门冬、玉竹；功效成分及含量为粗多糖（以葡萄糖计）226毫克、总皂甙（以人参皂甙Re计）224毫克；保健功能为免疫调节（原国家食品药品监督管理总局批准）；适宜人群为免疫力低下者；不适宜人群为少年儿童；保健食品生产许可证为浙食健生字（2013）第0071号；生产批号为20150102B0420等；内置说明书中关于铁皮枫斗冲剂产品描述与外包装盒内容一致。周某某购买该铁皮枫斗冲剂后发现该产品外包装上主要原料一栏缺少“白砂糖”这一成分，遂向武义县市场监督管理局熟溪市场监督管理所投诉严香芳食品店欺骗消费者行为。周某某要求严香芳食品店承担赔偿责任，双方协商不成，遂成讼。另查明，森山牌铁皮枫斗冲剂原生产商为深圳市金之康保健食品有限公司，于2003年7月8日经原国家食品药品监督管理总局批准为保健食品，于2009年5月22日经批准转让给森宇药业公司，批准文号为卫食健字〔2003〕第0452号，产品说明书中主要原料一栏注明有铁皮石斛、西洋参、麦门冬、玉竹、白砂糖。之后，金华市金东区市场监督管理局对森宇药业公司下发了责令改正通知书，因其生产的森山牌铁皮枫斗冲剂标签标注不完整，违反了《食品标识管理规定》，责令其立即改正。

二、法院裁判理由及结果

原审法院审理后认为，本案周某某购买严香芳食品店出售的森山牌铁皮枫斗冲剂并支付相应价款的事实清楚。双方的主要争议焦点为涉案产品标签标注不完整是否符合《食品安全法》关于10倍赔偿的规定。根据《食品安全法》第148条第2款的规定，生产不符合食品安全标准的食品或者经营明知是不符合食品安全标准的食品，消费者除要求赔偿损失外，还可以向生产者或者经营者要求支付价款10倍或者损失3倍的赔偿金；该法第150条第2款规定，食品安全，指食品无毒、无害，符合应当有的营养要求，对人体健康不造成任何急性、亚急性或者慢性危害。周某某对所购入的涉案产品并未提供证据证明其属于不符合安全标准的食品，仅因产品原料未标注完整而主张10倍赔偿，缺乏法律依据，应不予支持。但保健食品作为特殊食品，其功能和成分应当与标签、说明书相一致，因涉案的森山牌铁皮枫斗冲剂在外包装盒及产品说明书上主要原料一栏缺失“白砂糖”这一成分，与产品实际原料成分不相符，故其主张退还涉案产品货款的主张，于法有据，应予以支持。据此，判决：（1）武义县熟溪街道严香芳保健食品店于判决生效后7日内退还周某某货款14616元；（2）驳回周某某的其他诉讼请求。

二审法院审理后认为，森宇药业公司生产的涉案铁皮枫斗冲剂的批准文号为卫食健字〔2003〕第0452号，产品说明书中主要原料一栏注明有白砂糖，但涉案铁皮枫斗冲剂在外包装盒及产品说明书主要原料一栏缺失“白砂糖”成分，足以导致消费者购买时产生误解，且该行为被金华市金东区市场监督管理局认定为违反《食品标识管理规定》，森宇药业公司被责令改正，周某某认为严香芳食品店、森宇药业公司构成欺诈，其要求支付购买款的3倍赔偿符合法律规定。诉讼过程中，当事人主张的法律关系的性质或者民事行为的效力与人民法院根据案件事实作出的认定不一致的，人民法院应当告知当事人可以变更诉讼请求。本案中周某某依据《食品安全法》起诉严香芳食品店、森宇药业公司要求支付购买款的10倍赔偿，在二审中周某某认为严香芳食品店、森宇药业公司的行为已构成欺诈，要求依据《消费者权益保护法》的相关规定主张3倍赔偿金43848元，该主张赔偿数额没有超出原审主张的数额，应予支持。涉案产品系因森宇药业公司的标注不当而导致的缺陷产品，应由森宇药业公司承担最终责任。周某某在退回所购买产品没有消费部分后，可以要求严香芳食品店退回所支付的购买款项。综上，周某某上诉请求有理，予以支持。依照《消费者权益保护法》第55条第1款，《民事诉讼法》第170条［《民事诉讼法》（2023年修正）第177条］第1款第1项、第2项之规定，判决：（1）维持原审判决第一项；（2）撤销原审判决第二项；（3）由武义县熟溪街道严香芳保健食品店、浙江森宇药业有限公司于判决生效后10日内支付周某某赔偿款43848元；（4）驳回周某某的其他诉讼请求。

三、判解及提示

本案主要涉及生产、经营不符合食品安全标准的食品时惩罚性赔偿的适用条件。《食品安全法》第148条第2款规定，生产不符合食品安全标准的食品或者经营明知是不符合食品安全标准的食品，消费者除要求赔偿损失外，还可以向生产者或者经营者要求支付价款10倍或者损失3倍的赔偿金；增加赔偿的金额不足1000元的，为1000元。但是，食品的标签、说明书存在不影响食品安全且不会对消费者造成误导的瑕疵的除外。该规定的惩罚性赔偿制度，体现了国家对食品安全的重视，制裁食品生产经营者生产、经营不符合食品安全标准的食品的违法行为，针对已经或者可能危害人体健康的食品生产或者经营行为。该规定的惩罚性10倍赔偿使得消费者支出款项与获得赔偿数额反差较大，尤为引发社会关注，司法实践中争议颇多，屡屡出现截然相反结果的案例。

（一）适用的案由

民事案由反映案件涉及的民事法律关系性质，决定着案件诉讼争议焦点的认定和法律适用。对于相关争议，司法实践中有按照买卖合同纠纷、消费者权益纠纷、损害赔偿责任纠纷等案由处理的，法院将本案纠纷归为产品责任纠纷。此类纠纷的核心是上述惩罚性赔偿的适用，涉及侵权责任损害赔偿法律关系，本案既涉及生产者，也涉及销售者；既涉及10倍赔偿，也涉及3倍赔偿；按照《最高人民法院民事案件案由规定》第九部分侵权责任纠纷中的第373条，认定为产品责任纠纷符合本案的客观情况。

（二）归责原则

本案合议庭对严香芳食品店、森宇药业公司的行为构成欺诈应承担3倍赔偿的责任没有异议，最主要的争议在于周某某主张的10倍赔偿是否成立的问题，即《食品安全法》第148条第2款能否适用于本案，故下文侧重对其适用条件进行探讨。从该条规定的文义来看，该条采用了无过错责任和过错责任并存的立法体例，生产者对于其食品致害承担无过错责任，销售者对于其食品致害承担过错责任。生产者的无过错责任，系指不以其主观过错而以其行为的客观结果为基础追究其10倍赔偿责任；销售者的过错责任，系指以其主观过错作为追究其10倍赔偿责任的前提条件。本案森宇药业公司作为生产厂家，承担无过错责任，严香芳食品店作为销售者，承担过错责任。因本案最终将赔偿责任由森宇药业公司承担，周某某证明案涉食品系森宇药业公司生产即可。

（三）适用要件

1. 主体要件

纠纷要发生在生产者、销售者和消费者之间，本案周某某向严香芳食品店购买了森宇药业公司生产的铁皮枫斗冲剂，周某某系消费者，严香芳食品店系销售者，森宇药业公司系生产者，符合上述10倍赔偿的主体条件。

2. 行为要件

生产者生产、销售者销售了不符合食品安全标准的食品，司法实践中的争议主要集中在不符合食品安全标准的界定及该标准举证责任的分配。对不符合食品安全标准的界定，主要存在两种观点，一种观点认为，应当对涉及的食品安全问题进行实质审查，只有能够证明问题食品存在影响食品安全的情形，即食品不符合无毒、无害要求，具有应当有的营养要求，对人体健康可能造成任何急性、亚急性或者慢性危害，才能认定为不符合食品安全标准。对于类似标注、标签瑕疵等情形，属于行政管理的范畴，不属于该规定适用的情形。另一种观点认为，国家对食品安全标准总体体现从严把握的原则，只要违反了食品生产、销售的相关规定，包括但不限于违反《食品添加剂使用标准》《食品安全国家标准预包装食品标签通则》《食品安全国家标准预包装食品营养标签通则》等国家标准、行业标准的，不管其是否可能会对人身造成损害，都属于不符合食品安全标准的情形。从目前的司法实践来看，第一种观点更为司法所看重。《食品安全法》10倍赔偿比《消费者权益保护法》3倍赔偿的惩罚力度大，后者3倍赔偿的适用以欺诈为前提，一般只要消费者能够证明销售者销售的产品不符合质量标准，存在以假充真、以次充好的情形，就可认可销售者构成欺诈，承担3倍赔偿的责任。举轻以明重，10倍赔偿的适用条件理应更为严格。如果不对食品安全进行实质审查，两种赔偿的适用条件相同，无法体现出惩罚力度上的差异。对食品安全标准的认定在实践上则更为精细化，且特定情形下，两种观点并没有泾渭分明的界限，法院在审理过程中可依据相关法律法规确定的食品安全标准或普通公众的常识直接对食品质量作出认定。如过期食品、含有违禁成分的食品，一般可以直接认定为不符合安全标准的食品。也有一些情形，比如在食品中添加草药等成分，一般情形下，法院不宜直接下结论，需要鉴定机构的鉴定结论作为法院认定的依据。同时，此种情形也涉及举证责任的分配问题。司法实践中，存在两种观点，一种观点认为，"谁主张，谁举证"，消费者提起赔偿之诉，应提供食品不符合安全标准的证据。另一种观点认为，存在举证责任分配的领域一般是难以举证的，消费者处于弱者地位，此种情形，应把举证责任分配给生产者、销售者，体现司法对食品安全领域的特殊保护。从原有案例来看，第二种观点为主流观点，将食品是否符合安全标准的举证责任分配给生产者、销售者承担，实行举证责任倒置。食品安全法具有经济法属性，赔偿制度的立法意旨在于维护公共利益与个体利益的平衡，对处于弱势地位的消费者给予倾斜性保护。从举证便利的角度，生产者、销售者掌握着食品安全相关材料，相关知识也更为丰富，消费者则难以收集，如将举证责任分配给消费者，则使消费者的维权之路更加艰难。另外，此种诉讼一般情形下，既体现了消费者自己维权，也体现了公共利益的维护，理应给予相应的照顾。具体到本案，诉争铁皮枫斗冲剂在外包装盒及产品说明书主要原料一栏缺失"白砂糖"成分，但人们不会大量服用铁皮枫斗冲剂，其本身的含糖量不高，按照公众常识，一般不会造成人身损害，法院可直接作出认定，不再进行举证责任分配，其不属于不符合安全标准的食品，不符合10倍赔偿要求的行为要件。另外，司法实务中达成共识的是，10倍赔偿不应以人身损害为前提。

2014年1月9日，最高人民法院召开新闻发布会，对最高人民法院《关于审理食品药品纠纷案件适用法律若干问题的规定》相关问题进行解答，明确表示消费者主张食品价款10倍赔偿金不以人身权益遭受损害为前提。

3. 主观要件

由上述归责原则所决定，责任承担主体为食品生产者时，消费者不需举证证明食品生产者具有主观过错。责任承担主体为食品销售者时，才涉及主观过错的问题，相关争议主要集中在经营者出售存在安全隐患食品是否明知的认定，由于明知是销售者的一种主观心理状态，很难进行实体证明，司法实践中对此一般采取客观判断标准，即审查判断销售者是否履行了通常销售者的合理注意义务。再进行细分的话，销售者的明知不仅包括行为人明明知道的情形，还包括根据具体情况推定行为人应当知道的情形。对于不符合安全标准的食品，如果经营者只要尽基本的注意义务便可以避免，经营者因故意或过失未能注意到的，应当推定为其明知食品不符合相关安全标准。如果经营者在不具备且无义务具备相应检验检疫能力以及技术条件的情形下，其能够证明所销售的食品已经过国家相关主管部门检测检疫合格且进货来源合法的，应认定为其尽到必要注意义务，不构成10倍赔偿所需要的“明知”。如前所述，本案责任承担者主要为生产者森宇药业公司，销售者严香芳食品店只承担退货的责任，故对此未予过多的考量。

（四）免责事由

《食品安全法》没有对食品生产者、销售者承担10倍赔偿责任的免责事由作出规定，《民法典》第1178条规定，本法和其他法律对不承担责任或者减轻责任的情形另有规定的，依照其规定。在《食品安全法》对于免责事由没有作出规定时，可以适用《民法典》的一般规定。《民法典》第1174条规定，损害是因受害人故意造成的，行为人不承担责任。司法实践中，有法院将职业打假人知假买假的行为认定为其故意造成损害以期谋取10倍赔偿利益，否定其10倍赔偿的诉求。

对于惩罚性赔偿的适用，还存在难以统一主体资格的认定问题，也是当前司法实践对此问题裁判不统一的一个值得关注的领域。其主要涉及知假买假引发的对消费者理解上的分歧。一种观点认为，消费者是购买商品或者接受服务的自然人，知假买假者也属于消费者；另一种观点则认为，消费者是以个人消费为目的而购买使用商品或接受服务的个体社会成员，知假买假者的行为不包括在内。从目前来看，两种观点各有优劣，至于知假买假者能否得到当地法院的支持，只有多关注当地对此问题的司法实践。国以民为本，民以食为天，食以安为重。我国的惩罚性赔偿制度对保证食品安全，保障公众身体健康和生命安全，威慑不良商家，发挥了非常重要的正面意义。然而，10 倍赔偿使消费者可以得到远远高于其实际损失的赔偿，亦会引发道德风险，为一些心术不正的所谓消费者通过欺诈手段骗取高额赔偿提供空间，可能引发滥诉情形，浪费司法资源。如何实现二者的平衡，达到法律效果、社会效果的统一，还需要司法智慧的充分发挥及立法上的进一步明确。

电动车厂商生产的电动车产品在发生事故后被交警部门鉴定为机动车的是否承担产品缺陷责任?

——汪某某、叶某某、叶胜某、叶海某与锡山区远超车辆厂、张某某产品责任纠纷上诉案

裁判要旨

电动车厂商生产的电动车产品在发生事故后被交警部门鉴定为机动车，其产品存在缺陷。综合考量事故发生的因果关系、法律政策、价值导向等因素，酌情确定企业应承担的赔偿责任。

一、案例简介

上诉人（原审原告）汪某某、叶某某、叶胜某、叶海某为与被上诉人（原审被告）锡山区远超车辆厂、张某某产品责任纠纷一案，不服浙江省金华市婺城区人民法院的民事一审判决，向浙江省金华市中级人民法院提起上诉。

汪某某、叶某某、叶胜某、叶海某上诉称：（1）浙江省金华市公安局交警支队直属一大队对叶东某（受害人）驾驶的电动三轮车的车辆属性委托浙江共安检测鉴定技术有限公司进行鉴定，认定其驾驶的电动三轮车为正三轮轻便摩托车，属于机动车范畴。交警部门认为叶东某未取得机动车驾驶证、驾驶未依法登记且安全性能不符合安全技术标准的机动车上道路行驶，未及

时发现前方车辆，故判定叶东某承担事故主要责任。（2）叶东某购买的是电动车而不是机动车，销售者张某某在一审庭审中陈述从锡山区远超车辆厂进货时就是电动三轮车，是按非机动车卖给叶东某。锡山区远超车辆厂提供的工商信息也证实了其只有电动车的经营资质，没有取得生产机动车的资质和许可。（3）锡山区远超车辆厂生产的电动车经鉴定不符合电动车标准，存在产品缺陷；锡山区远超车辆厂、张某某在销售过程中隐瞒其属机动车的事实，造成叶东某未取得机动车驾驶证、驾驶未依法登记且安全性能不符合安全技术标准的机动车上道路行驶，承担事故主要责任。叶东某死亡全额赔偿金为691438.03元，现通过交通事故次责方取得35%赔偿319477.86元，未取得赔偿数额371960.17元的主要责任69%应由锡山区远超车辆厂、张某某承担。

锡山区远超车辆厂答辩称：（1）涉案车辆系机动车，锡山区远超车辆厂从生产到出厂均以机动车标准造车出厂，并且有国家强制性产品认证证书、检验检测报告证明，其生产并出厂的车辆经过国家强制性产品认证及检验检测，均系合格产品，无质量缺陷，符合国家质量标准及安全技术标准。同时，根据汪某某、叶某某、叶胜某、叶海某在一审中所提供的浙江共安检测鉴定技术有限公司出具的车辆技术性能鉴定报告，也可以证明叶东某所驾驶的涉案车辆经过鉴定，该车辆各项技术性能均符合机动车安全技术条件的要求。（2）汪某某、叶某某、叶胜某、叶海某混淆了机动车与电动车的概念，电动车属于广义的概念，有电动自行车、电动摩托车等，汪某某、叶某某、叶胜某、叶海某不能误认为叶东某所购买的电动车就是非机动车。（3）锡山区远超车辆厂一直以机动车进行出厂销售，从未有汪某某、叶某某、叶胜某、叶海某所说的在销售过程中隐瞒机动车的情况，根据锡山区远超车辆厂查证，未发现工厂与张某某有直接业务往来，张某某以何种形式进行销售与锡山区远超车辆厂无关。（4）案涉事故系叶东某擅自改装车辆所导致，事故车辆属于非法改装，按规定不得上路行驶，事故发生后其驾车驶离事故现场，该违法行为经过交警部门认定其承担事故主要责任，汪某某、叶某某、叶胜某、叶海某通过诉讼已基本得到了相应的赔偿，并且锡山区远超车辆厂提供了合格的电动正三轮摩托车产品，没有质量缺陷，不能因此由锡山区远超车辆厂承担赔偿责任。

张某某答辩称，事故发生原因是叶东某未及时发现前方车辆，追尾停在路边的轿车，无论叶东某驾驶的是机动车还是非机动车，在这种情况下叶东某均需负主责以上的事故责任。有无驾驶证与事故发生责任认定属行政管理范畴，无论是否存在将机动车当非机动车卖的行为均没有增加叶东某的事故责任，未加大叶东某的损失。叶东某在事故发生后未及时报警、就医、驶离现场的行为使事故损失进一步扩大。本案汪某某、叶某某、叶胜某、叶海某偷换概念，电动三轮车与非机动车是两个不同的概念，电动三轮车是以提供动力的方式来命名，是通过电的方式注入动力，不是通过汽油来产生动力。非机动车是法律概念，根据道路交通安全法相关规定，电动三轮车不一定是非机动车，按照国家标准只有最高时速在 25 千米/小时以下的电动车叫非机动车，电动自行车最高时速超过 25 千米/小时以上都不是非机动车。张某某是以电动三轮车形式销售，并不是以非机动车形式销售，无论营业执照还是销售门牌均标明其销售的是电动三轮车。根据日常生活法则，在现实生活中销售电动三轮车的经销商是以电动三轮车形式销售，不会以非机动车形式销售，张某某卖给叶东某的是电动三轮车，并不是以非机动车名义卖给叶东某的。张某某是从锡山区远超车辆厂的二级经销商处进货代销，以整车形式销售，没有对车辆进行改装加装。从锡山区远超车辆厂在一审中的举证来看，案涉车辆有合格证，产品没有瑕疵，即使产品有瑕疵缺陷，最终责任人也是锡山区远超车辆厂。既然一审已经判决由锡山区远超车辆厂来承担责任，没有必要再判销售者张某某承担责任。

法院认定事实如下：汪某某系叶东某妻子，叶某某、叶胜某、叶海某系叶东某子女。2018 年 9 月 10 日，叶东某在张某某处购买一辆电动三轮车，该车系锡山区远超车辆厂生产。2018 年 10 月 12 日 6 时 30 分许，叶东某驾驶电动三轮车行驶至金华市开发区罗埠镇下郑村村道郑某有家门口时，与郑某有停在村道北侧的浙 GX × × × × 号小型轿车发生碰撞，造成叶东某受伤、两车受损的交通事故。事后叶东某经抢救无效于 2018 年 11 月 3 日死亡。金华市公安局交警支队直属一大队对叶东某驾驶的电动三轮车的车辆属性委托浙江共安检测鉴定技术有限公司进行鉴定，认定叶东某驾驶的电动三轮车为正三轮轻便摩托车，属于机动车范畴。道路交通事故认定书载明，叶东某未取得机动车驾驶证、未依法登记驾驶安全性能不符合安全技术标准的机动车上道路行驶时，未及时发现前方车辆，事故发生后驾车驶离事故现场，其违法行为是导致事故发生的主要原因。2018 年 12 月 27 日，汪某某、叶某某、叶胜某、叶海某以机动车交通事故责任纠纷起诉，经原审法院（2018）浙 0702 民初 17131 号调解书确定，已由相关保险公司和责任人支付了医疗费等损失的赔偿款 319477. 86 元及其他相关费用。

二、法院裁判理由及结果

原审法院审理后认为，本案所涉电动车经鉴定属于机动车，张某某在销售时未主动告知消费者这一属性，具有过错，应当承担相应责任。具体到本案，叶东某存在事故发生后驾车驶离事故现场的情形，该违法行为也是交警部门认定其承担事故发生的主要责任的重要原因。而且，本案汪某某、叶某某、叶胜某、叶海某方在交通事故案件中通过法院诉讼，经法院调解后确定了相应的赔偿，从调解书的内容看，汪某某、叶某某、叶胜某、叶海某方已经基本得到了相应的赔偿。综合以上情形，酌定由锡山区远超车辆厂、张某某赔偿汪某某、叶某某、叶胜某、叶海某 1 万元。据此，判决：（1）张某某、锡山区远超车辆厂共同赔偿汪某某、叶某某、叶胜某、叶海某 1 万元，锡山区远超车辆厂、张某某互负连带责任；（2）驳回汪某某、叶某某、叶胜某、叶海某其他诉讼请求。

二审法院审理后认为，公民的合法权益受法律保护。生产、销售可能危及人体健康、财产安全的工业产品，必须符合保障人体健康和人身、财产安全的国家标准、行业标准；未制定国家标准、行业标准的，必须符合保障人体健康和人身、财产安全的要求。张某某认可的其交付给死者的使用说明书明确案涉电动三轮车的最高车速技术参数为不超过 20 千米/小时（可调）。就此技术参数而言，案涉电动三轮车系按照非机动车销售，也与包括本案死者在内的普通公众案涉电动三轮车系非机动车的认知相一致。案涉事故发生后，经浙江共安检测鉴定技术有限公司检测，锡山区远超车辆厂生产的、张某某销售的涉案车辆被公安机关认定为正三轮轻便摩托车，属于机动车范畴。涉案车辆以非机动车辆销售，车辆的购买人无法为该车辆购买机动车相关保险，其被鉴定为机动车，客观上损害了购买人使用该车辆在保险上存在的潜在利益。锡山区远超车辆厂生产的、张某某销售的涉案车辆的超速增加了车辆使用中潜在的危险性，不能排除与涉案事故存在一定的因果联系，锡山区远超车辆厂、张某某明知或应知上述超速的情形，未采取相应措施防范事故的发生，锡山区远超车辆厂、张某某应承担因其过错而产生的民事责任。汪某某、叶某某、叶胜某、叶海某自愿放弃要求张某某承担责任，应予准许。综合考虑本案事故发生经过、涉案车辆对事故原因力大小的可能性、交管部门对案涉事故认定的情况、因叶东某死亡造成的损失未赔偿部分、当事人双方在庭审时的陈述等本案的客观情况，酌情确定由锡山区远超车辆厂对汪某某、叶某某、叶胜某、叶海某因叶东某死亡产生的损失未获赔偿部分承担100000元的赔偿责任。综上所述，汪某某、叶某某、叶胜某、叶海某的上诉请求部分成立，予以支持。依照《侵权责任法》第46条［《民法典》第1206条］、《民事诉讼法》第170条［《民事诉讼法》（2023年修正）第177条］第1款第2项之规定，判决：（1）撤销浙江省金华市婺城区人民法院（2019）浙0702民初3342号民事判决；（2）锡山区远超车辆厂应于本判决生效之日起10日内赔偿汪某某、叶某某、叶胜某、叶海某死亡赔偿金等损失100000元；（3）驳回汪某某、叶某某、叶胜某、叶海某的其他诉讼请求。

三、判解及提示

（一）案件裁判的社会背景

我国是电动自行车的生产、使用大国，大量的“超标”自行车在道路上行驶，一方面超标自行车容易发生事故，另一方面一旦发生事故，则存在被鉴定为机动车的情形，按照机动车确定责任，但管理部门平时则是按照自行车管理的，不要求驾驶人有驾驶证，不要求投保机动车保险（即使车主想投保，保险公司也无法按照机动车承保）。如本案死者购买使用的车的使用说明书明确其为电动三轮车，最高车速技术参数为不超过20千米/小时（可调），就此技术参数而言，案涉电动三轮车系按照非机动车销售，也与包括本案死者在内的普通公众案涉电动三轮车系非机动车的认知相一致。案涉事故发生后，经浙江共安检测鉴定技术有限公司检测，锡山区远超车辆厂生产的、张某某销售的涉案车辆被公安机关认定为正三轮轻便摩托车，属于机动车范畴。

（二）本案产品缺陷的认定

产品缺陷是指产品中包含危及人身、财产等方面的不合理的危险，如果产品中有危险，但这种危险是可预期的合理的危险，就不属于产品缺陷。司法实践中，对缺陷产品的判断，需结合产品的使用方式、用途、普通消费者的认知程度、发生事故的具体情况等因素，综合判断产品中所存在的危险是否合理及不合理的程度。按照理论界的总结观点，产品缺陷体系大致有设计缺陷、制造缺陷、警示说明缺陷。就本案而言，锡山区远超车辆厂出厂的案涉车辆最高车速技术参数为不超过 20 千米/小时，但其实际车速远超此标准，被鉴定为机动车，认定案涉产品存在设计、制造缺陷具有事实依据。另外，锡山区远超车辆厂生产案涉车辆的说明书中也提及该车辆车速可调，未提及“超速”“超重”及上述相关法律后果，该产品在警示说明方面亦有可能误导了消费者。综上，涉案电动车作为一种交通工具上路行驶，该缺陷使其具有了不合理的危险，这种危险危及人身和他人财产的安全，足以构成应当承担责任的产品缺陷。

案涉事故发生后，经浙江共安检测鉴定技术有限公司检测，锡山区远超车辆厂生产的、张某某销售的涉案车辆被公安机关认定为正三轮轻便摩托车，属于机动车范畴。涉案车辆以非机动车辆销售，车辆的购买人无法为该车辆购买机动车相关保险，其被鉴定为机动车，客观上损害了购买人使用该车辆在保险上存在的潜在利益。锡山区远超车辆厂生产的、张某某销售的涉案车辆的超速增加了车辆使用中潜在的危险性，不能排除与涉案事故存在一定的因果联系，锡山区远超车辆厂明知或应知上述超速的情形，未采取相应措施防范事故的发生，应承担因其过错而产生的民事责任。综合考虑本案事故发生经过、涉案车辆对事故原因力大小的可能性、交管部门对案涉事故认定的情况、因叶东某死亡造成的损失未赔偿部分、当事人双方在庭审时的陈述等本案的客观情况，本院酌情确定由锡山区远超车辆厂对汪某某、叶某某、叶胜某、叶海某因叶东某死亡产生的损失未获赔偿部分承担 100000 元的赔偿责任。

（三）具体责任的认定

侵权责任认定上的因果关系，首先应判断某一行为系某种损害结果的条件，即两者之间构成条件关系，但仅此不足以令加害人就所生的损害负赔偿责任，为避免因果循环，牵连永无止境，必须确定其适用的界限范围，理论及实践中多采用相当因果关系的认定方法，即以条件的“相当性”来合理界限侵权责任的范围。也就是说，因果关系的构造分为“条件关系”和“相当性”两个层次。王泽鉴教授将其归纳为：无此行为，虽必不生此损害，有此行为，通常即足生此种损害者，是为有因果关系。无此行为，必不生此种损害，有此行为通常亦不生此种损害者，即无因果关系。① 需要指出的是，对“相当性”的认定，各地法院及具体承办法官所采用的判断基准宽严不同，客观现实是，相当因果关系不仅是一个技术性的因果关系，更是一种法律政策工具，乃侵权行为损害赔偿责任归属之法的价值判断。因此，对因果关系的认定，并不是单纯的技术问题，不能只依靠逻辑推理，而是要超越逻辑推理。要通过合理界定侵权责任的范围，使具体案件的处理能够公平合理，这就需要法官一方面准确地理解和把握相关法律规定的立法本意及法律背后的价值取向，另一方面要知道普通公众的要求和期待。具体到本案，本案交通事故的发生既有死者个人的原因，也有案涉车辆存在产品缺陷的缘故，最终责任的承担亦有交警部门对本案电动车鉴定为机动车按照机动车处理时的自由裁量，故综合考虑本案事故发生经过、涉案车辆对事故原因力大小的可能性、交管部门对案涉事故认定的情况、因叶东某死亡造成的损失未赔偿部分、当事人双方在庭审时的陈述等本案的客观情况，基于民法的公平原则，酌情确定由锡山区远超车辆厂对汪某某、叶某某、叶胜某、叶海某因叶东某死亡产生的损失未获赔偿部分承担100000元的赔偿责任，该责任比例，考虑到之前二审法院的相关案例，大致按照未清偿部分35%的责任比例计算出来。

国家市场监督管理总局、国家标准化管理委员会2018年修订发布了新的《电动自行车安全技术规范》（GB 17761—2018），已于2019年4月15日起正式实施；同时，决定对电动自行车产品由生产许可管理转为强制产品认证

① 参见王泽鉴：《损害赔偿》，北京大学出版社2017年版，第91～92页。

管理（3C 认证），超标自行车发生事故处理的难题会迎刃而解，但类似纠纷仍不能杜绝，厂家、商家及普通消费者应对此类风险有一定认识，最大可能减少纠纷的发生，维护自己的合法权益。

劳动人事法律风险防范类

劳动者离职是否应向用人单位支付其未履行劳动合同期限分摊的培训费用？

——李某与浙江浩恒通用航空有限公司劳动争议上诉案

裁判要旨

劳动者在试用期内可以提前三天通知用人单位解除劳动合同，但用人单位为劳动者培训支付了费用且双方约定有服务期限，劳动者应按照约定支付用人单位未履行期限所应分摊的培训费用。

一、案例简介

上诉人（原审原告）李某与被上诉人（原审被告）浙江浩恒通用航空有限公司（以下简称浩恒航空公司）劳动争议一案，不服浙江省永康市人民法院的民事一审判决，向浙江省金华市中级人民法院提起上诉。

李某上诉理由如下：

第一，李某解除其与浩恒航空公司的劳动合同符合法律规定及双方约定，没有违约行为，原审判决认定李某存在违约行为错误。

(1) 浩恒航空公司没有及时足额支付劳动报酬，李某可以随时解除合同，且不需支付违约金。双方签订的《劳动合同》第4条“劳动报酬”第2项约定，甲方（浩恒航空公司）于月底前发放工资；第10条“劳动合同变更、解除、终止”第7项约定，有下列情形之一的，乙方（李某）随时有权解除劳动合同：甲方不能按照合同规定支付劳动报酬。本案中按照合同约定及法律规定，浩恒航空公司没有按时足额支付劳动报酬，李某可以随时解除劳动合同，并不需要支付违约金。

（2）由于浩恒航空公司于2018年6月15日才正式将李某加入浩恒通航公司的运行规范之内，在这之前的所有飞行任务均为违规飞行作业，时间长达一个半月之久，对李某的人身安全极度不负责任，属于用人单位违章指挥、强令冒险作业危及劳动者人身安全的行为，劳动者可以依据《劳动合同法》第38条的规定立即解除劳动合同，且根据《劳动合同法实施条例》第26条规定不需要支付违约金。

（3）2018年7月13日，李某在合同约定试用期内，在浩恒航空公司拖欠工资（包括飞行小时费）的情况下，即向浩恒航空公司法定代表人施某某提出离职申请。根据《劳动合同法》第36条之规定，李某在试用期内提前三天通知用人单位，就可以解除劳动合同，并根据该法第38条第2款规定，因浩恒航空公司存在未及时足额支付劳动报酬的情况下，李某有权随时离开浩恒航空公司。因此，李某在浩恒航空公司未及时足额支付劳动报酬的情况下，在试用期内离开浩恒航空公司合法有据，不承担任何违约责任。

第二，李某不应当支付任何违约金，原审判决李某支付违约金错误。

《劳动合同法》第22条规定："用人单位为劳动者提供专项培训费用，对其进行专业技术培训的，可以与该劳动者订立协议，约定服务期。"第25条规定："除本法第二十二条和第二十三条规定的情形外，用人单位不得与劳动者约定由劳动者承担违约金。"根据以上法律规定，用人单位为劳动者提供专项培训费用，对其进行专业技术培训的，可以与该劳动者订立协议，约定服务期，劳动者违反服务约定的，应当按照约定向用人单位支付违约金，违约金数额不得超过用人单位提供的培训费用，即用人单位支付的有凭证的培训费用、培训期间的差旅费用及因培训产生的用于该劳动者的其他直接费用，同时还规定了应当将劳动者已服务的期间对应违约金数额扣除。可见对劳动者的培训费用应由用人单位承担，在此基础之上才可以约定服务期及违约金。在本案中，李某不应当支付任何违约金。首先，本案中双方没有签订任何培训合同，浩恒航空公司也没有任何证据证明为李某提供了培训费用。2018年4月14日，李某与浩恒航空公司签订劳动合同时已经是一名成熟合格的飞行员，浩恒航空公司根本未对李某进行过任何飞行培训，李某也不需要进行培训即能熟练驾驶飞行，本案根本不存在浩恒航空公司对李某进行飞行技能培训的事实。其次，如果用人单位没有相对应的特别对价（特殊福利待遇和承担保守商业秘密的竞业禁止经济补偿）支持，仅因为劳动合同约定，劳动者提前解除劳动合同就必须按照劳动合同约定支付用人单位违约金而不受限制的做法没有法理基础，不符合个别劳动关系的本质与劳动法和劳动合同法作为社会法的保护劳动者利益的宗旨，不具有合法性。最后，李某依法解除合同没有任何违约行为，判决李某支付违约金没有事实和法律依据。

第三，原审判决认定事实错误。认定训练飞行时间为 41 小时 43 分钟属事实认定错误，认定李某请假 3 天属事实错误。

第四，原审判决的违约金数额不客观、不公平，没有任何事实和法律依据，属典型的枉法裁判。

第五，原审判决对应当采信的证据没有采信，将不应当采信的证据予以采信，适用证据错误。

第六，原审判决在立案后长达 7 个月时间审结，明显违反民事诉讼法的规定，审判程序违法。

浩恒航空公司答辩称：原审判决认定事实清楚，证据充分，法律适用正确。（1）李某对其在 2018 年 7 月 10 日至 14 日请假的事实在仲裁及一审过程中均予以承认，在二审时却予以否认。李某提出浩恒航空公司拖欠工资令其违规作业等理由予以证明其旷工行为的合理性与合法性，却没有提供任何证据证明上述理由，浩恒航空公司提供了充分证据证明上述情况不存在。首先，浩恒航空公司发放工资在合同约定的范围内进行小幅度的调整，符合法律规定。其次，浩恒航空公司不同意李某在 2018 年 7 月 13 日向浩恒航空公司董事长提出的离职申请，由其将培训、训练费用结算清楚，方可离职。李某在本案中既未请假，又未上班，且不处于法定假期，应属旷工。（2）李某自称其在浩恒航空公司上班时已为成熟的飞行员，该陈述虚假。对机长这一职称有明确的评判标准，应有相关的证件予以证明。成为机长或者飞行教员均有明确的飞行时间要求，李某到浩恒航空公司处上班时的飞行时间达不到上述要求。李某称从未接受过浩恒航空公司的训练，不需支付违约金与事实不符。

本案所涉及的飞行训练经过李某主动申请，浩恒航空公司飞行记录本表明其经过训练。（3）根据双方签订的劳动合同，如果李某履行合同义务，相关训练费用由浩恒航空公司承担，但因违约该费用作为违约金，应由李某承担。本案李某违约在先，应支付相应的违约金。另外，本案劳动合同相关条款依据了国家民用航空局、最高人民法院相关规范性文件。浩恒航空公司只是按照实际损失要求李某支付违约金，该请求合法、合理。

法院认定事实如下：2018 年 4 月 14 日，李某与浩恒航空公司签订劳动合同，约定合同期限为 5 年，自 2018 年 4 月 23 日起至 2023 年 4 月 22 日止，试用期为自 2018 年 4 月 23 日至 7 月 22 日，工资为基本工资 2500 元、绩效工资 1500 元、周末加班工资为 2000 元及飞行小时补助 200 元/小时。合同中同时约定，如李某违反劳动合同约定解除劳动合同的，或因其违反劳动协议、违规违纪、抗拒管理等被浩恒航空公司解除合同的，浩恒航空公司有权要求李某承担相应支付赔偿金或补偿费用的责任，计算方式为按照不低于浩恒航空公司承担培训费总成本的 100% 进行赔偿。后李某于 2018 年 5 月 1 日进入浩恒航空公司工作，其 2018 年 5 月、6 月的飞行时间为 50 小时 32 分钟，其中训练飞行时间为 41 小时 43 分钟。浩恒航空公司于 2018 年 7 月 7 日向李某发放 5 月的工资 6745 元，其中飞行小时费为 1050 元。2018 年 7 月 9 日，李某向浩恒航空公司请假 3 天，后于 2018 年 7 月 13 日通过“钉钉”软件向浩恒航空公司提出辞职申请，浩恒航空公司方的法定代表人施某某以不符合流程为由予以拒绝，浩恒航空公司董事长项某某要求李某结算培训费用后方可离职。此后，李某未再到浩恒航空公司处工作。浩恒航空公司亦未向李某发放 2018 年 6 月、7 月的工资。2018 年 10 月 18 日，浩恒航空公司向永康市劳动人事争议仲裁委员会提出仲裁申请，永康市劳动人事争议仲裁委员会于 2018 年 12 月 19 日作出仲裁裁决书裁决：“一、由李某支付给申请人浙江浩恒通用航空有限公司违约金 180000 元，于裁决书生效后 10 日内履行完毕。二、由申请人浙江浩恒通用航空有限公司支付李某工资 7864 元，于裁决书生效后 10 日内履行完毕。”永康市劳动人事争议仲裁委员会于 2018 年 12 月 21 日向双方送达上述仲裁裁决书，后双方均未履行仲裁裁决书中的付款义务。

二、法院裁判理由及结果

原审法院审理后认为，劳动合同是劳动者与用人单位确立劳动关系、明确双方权利和义务的协议。李某与浩恒航空公司于2018年4月14日签订的《劳动合同》中合法有效部分对双方均有约束力。《劳动合同法》第37条规定，“劳动者在试用期内提前三日通知用人单位，可以解除劳动合同”，据此李某在试用期内向浩恒航空公司提出辞职并不违反法律规定，但李某在双方劳动关系解除前仍应遵守用人单位的相关工作纪律，其在提出辞职后即未回公司上班显属违反双方在《劳动合同》中约定的劳动纪律，浩恒航空公司要求李某支付违约金有事实和法律的依据，应予支持。关于违约金数额，根据双方劳动合同约定的计算标准，为按照不低于培训费总成本的100%进行赔偿，鉴于该约定违反了《劳动合同法》第22条的强制性规定，“用人单位要求劳动者支付的违约金不得超过服务期尚未履行部分所应分摊的培训费用”，故对此予以调整，李某应当向浩恒航空公司支付的违约金数额为其服务期未履行部分所应分摊的培训费用。本案中，从浩恒航空公司向李某发放的2018年5月工资中可以看出该月工资中的小时补贴为1050元，对应飞行时间为5.25小时，该补贴的发放非基于李某的训练飞行任务，故该时间段亦应在41小时43分钟中扣除计算违约金。综上，浩恒航空公司为李某提供飞行训练时间为36小时28分钟，参照浩恒航空公司与他人约定的5000元/小时的成本计算，培训费用为182333元；关于李某已经履行的服务期，2018年7月14日后李某未经浩恒航空公司批准未有正常上班，双方《劳动合同》的履行时间为2018年4月23日至7月14日，共82天，关于服务期，根据双方约定和实际履行情况，服务期应以2018年4月23日起至2023年4月22日止，共计1825天，尚未履行的服务期为1743天，服务期尚未履行部分所应分摊的培训费用为174140元（1743天÷1825天×182333元），即李某应当向浩恒航空公司支付违约金174140元。关于李某主张的工资，浩恒航空公司提供的证据显示浩恒航空公司未支付李某6月、7月的工资为6371元，但上述工资中尚不包含应支付给李某的7小时28分钟的飞行小时补助费1493元（7.466小时×200元/小时），浩恒航空公司尚应支付李某工资7864元。综上，判决：（1）由李某支付浙江浩恒通用航空有限公司违约金 174140 元；（2）由浙江浩恒通用航空有限公司支付李某工资 7864 元。

二审法院审理后认为：（1）关于李某在履行案涉劳动合同过程中是否违约的问题。飞行员作为特殊的职业群体，在人员选择上对其身体、心理素质具有更高的要求，在培训培养上要额外花费普通劳动者不需要的大额支出，飞行员在入职培训，特别是在离职等方面有所区别于普通劳动者。李某作为飞行员对此情况应有基本的认知，其自 2018 年 5 月 1 日入职浩恒航空公司，至 2018 年 7 月 13 日向浩恒航空公司提出辞职申请，工作时间尚短，其单月工资发放情况仅具有参考价值。本案中，虽然浩恒航空公司存在迟发 2018 年 5 月工资的情形，李某在未与浩恒航空公司沟通、协商工资发放及其他事宜的前提下，于请假期间以试用期间浩恒航空公司欠薪为由直接向浩恒航空公司要求离职显然不妥，且其提出离职在未经浩恒航空公司同意的前提下即不到浩恒航空公司上班亦违反劳动合同法对劳动者试用期提前 3 天通知用人单位解除劳动合同的规定，浩恒航空公司提出要求李某支付培训费用后才能离职符合双方的约定，原审以李某未处理好上述问题即自行离职存在违约并无不当。（2）关于本案违约金的计算问题。李某签字确认的案涉《飞行任务书》明确（飞行）任务性质为训练，也明确机长为李某，教员为黄某，与案涉工作软件“钉钉”上显示的任务性质为训练相印证，结合李某入职浩恒航空公司的时间、飞行员职业特点等本案的客观情况，原审法院认定李某在浩恒航空公司的飞行时间大部分为训练并无不当。李某所述的其在浩恒航空公司工作期间为机长的问题。首先，机长这一称呼在本案中存在是否规范使用的情形；其次，即使规范使用，也与双方劳动合同约定的如李某违约则由其承担训练费用的违约责任并不矛盾。李某签字确认的飞行任务书等证据显示其案涉训练飞行时间为 41 小时 43 分钟，按照双方签订的劳动合同对违约金的约定，原审法院认定的李某的训练飞行时间及其应承担的支付违约金责任没有超出李某应承担责任的范围。（3）其他问题。李某所述的浩恒航空公司于 2018 年 6 月 15 日才正式将其加入浩恒通航公司的飞行运行规范之内对其人身安全造成威胁故其可以解除劳动合同缺乏事实及法律依据，应不予认定。原审认定的李某请假 3 天有案涉工作软件“钉钉”上请假申请及审批等证据证明，事实清楚。经审核，原审判决并不存在程序违法并影响本案实体处理的情形。综上所述，原审认定事实基本清楚，适用法律正确。依照《民事诉讼法》第170条第1款第1项之规定，判决驳回上诉，维持原判。

三、判解及提示

《劳动合同法》第22条第1款规定，用人单位为劳动者提供专项培训费用，对其进行专业技术培训的，可以与该劳动者订立协议，约定服务期。本案李某作为飞行员，为异于普通劳动者的特殊职业群体，对其身体、心理素质、技术均有更高的要求，在培训培养上要额外花费普通劳动者不需要的大额支出，符合该条用人单位要为劳动者提供专项培训费用的规定，故双方约定的服务期（合同期限5年）具有法律约束力。《劳动合同法》第19条规定，3年以上固定期限和无固定期限的劳动合同，试用期不得超过6个月。本案合同期限5年，试用期3个月，符合法律规定。《劳动合同法》第22条第2款规定，劳动者违反服务期约定的，应当按照约定向用人单位支付违约金。违约金的数额不得超过用人单位提供的培训费用。用人单位要求劳动者支付的违约金不得超过服务期尚未履行部分所应分摊的培训费用。服务期是劳动者因接受用人单位给予的特殊待遇而承诺必须为用人单位服务的期限。按照上述规定，合同期限未到期的情况下，劳动者解除劳动合同，要支付违法金。《劳动合同法》第37条规定，劳动者在试用期内提前3日通知用人单位，可以解除劳动合同。按照该条规定，劳动者在试用期内有解除劳动合同的权利。试用期着重保护劳动者的辞职权，服务期着重保护用人单位的留人权，法律对试用期和服务期的规定存在冲突。值得讨论的是，劳动者在试用期内具有解除权的情况下解除未到期限的劳动合同是否仍要支付违约金，本案刚好符合这种情况。

（一）李某是否违约的问题

本案李某2018年7月9日开始请假3天，其于2018年7月13日通过“钉钉”软件向浩恒航空公司提出辞职申请，浩恒航空公司方的法定代表人施某某以不符合流程为由予以拒绝，从表现形式来看，李某的申请不符合在试用期辞职提前3天的要求，但如果以此认定李某根本违约承担违约责任欠妥，提前 3 天只是一个程序要求，正常情形下，一名劳动者三天缺勤对用人单位的工作不会产生太大的影响，且在双方达不成一致的情形下，劳动者提出辞职要求后也很难再工作 3 天。本案如果李某违约，核心只能是其为飞行员，浩恒航空公司为其付出了数额较大的培训费用，双方约定了合同期限，李某未到服务期而辞职。

（二）李某是否应承担违约责任的问题

对此问题，存在两种观点，一种观点认为，劳动者在试用期内解除劳动合同无须任何理由，用人单位通过劳动合同或规章制度所作的对劳动者试用期辞职权加以限制的任何条件都无效。本案李某在试用期期间，其只要履行提前 3 天通知单位辞职的义务就可以离开单位，没有法律规定劳动者离职需对用人单位进行赔偿，即使李某没有提前 3 天提出辞职申请，系因为浩恒航空公司不同意其辞职，充其量由李某承担其未提前 3 天通知用人单位产生的损失。《劳动合同法》对试用期内劳动者辞职时的服务期违约金并未作出明确规定。劳动部办公厅《关于试用期内解除劳动合同处理依据问题的复函》中规定，用人单位出资（指有支付货币凭证的情况）对职工进行各类技术培训，职工提出与单位解除劳动关系的，如果在试用期内，则用人单位不得要求劳动者支付该项培训费用，该规定虽被废除，但仍具有参考价值，本案李某在试用期内辞职不需要支付违约金。另一种观点认为，《劳动合同法》第 22 条对未到服务期（劳动期限）的违约金有着明确规定。本案浩恒航空公司为李某的培训为飞行专业技术培训，且双方协议涉及培训费用，约定了合同未到期的责任，该约定符合《劳动合同法》的规定，李某应承担该合同未到期的责任。劳动部办公厅《关于试用期内解除劳动合同处理依据问题的复函》于 1995 年开始实施，《劳动合同法》实施后，对该问题作出了不一样的规定。在特殊职业领域比如本案的飞行员，用人单位基于职业技能培训的需要对劳动者有较多的投资，劳动者基于该技能培训职业技能得到提升，为以后的职业发展提供了更好职业待遇的可期性，该可期性将使劳动者综合素质、职业收入得到确定的预期利益。同时，用人单位对劳动者教育培训的目的，在于其在劳动合同期限内基于该投资因劳动者的劳动获得稳定的更高收益。劳动者未满服务期离职，用人单位失去上述投资收益的可能性。基于公平原则，劳动者违反服务期协议应当按照约定向用人单位支付违约金。本案李某与浩恒航空公司基于意思自治签订约定合同期限及违约责任的协议，在李某违反该协议的情形下，应该按照协议的约定支付违约金。在协议约定的具体违约金额违反法律规定的情形下，法院应按照法律约定的金额作出判决。本案中双方约定按照不低于培训费总成本的100%进行赔偿，该约定违反了《劳动合同法》第22条的强制性规定，“用人单位要求劳动者支付的违约金不得超过服务期尚未履行部分所应分摊的培训费用”，故法院对此予以调整，判决李某向浩恒航空公司支付的违约金数额为其服务期未履行部分所应分摊的培训费用。

盈余分配法律风险防范类

如何理解司法机关对公司盈余分配纠纷“有限干预”的程度？

——武义机床制造有限公司与潘某某、徐某某、杨某、周某、徐建某、骆某某、李某某、赵某某、裘某某、陈某某公司盈余分配纠纷上诉案

裁判要旨

公司盈余分配属于公司自治的范畴，司法应遵循有限干预的原则，诉讼中不依据优势证据原则作出判断，而要求权利主张者对相关事实进行详尽的举证；公司对股东提起诉讼，所涉行为实质是公司行为的，应认定案件不具备诉的利益而驳回其起诉。

一、案例简介

上诉人（原审原告）武义机床制造有限公司（以下简称武义机床公司）为与被上诉人（原审被告）潘某某、徐某某、杨某、周某、徐建某、骆某某、李某某、赵某某、裘某某、陈某某公司盈余分配纠纷一案，不服浙江省武义县人民法院的民事一审判决，向浙江省金华市中级人民法院提起上诉。

武义机床公司上诉理由如下：

（1）关于账外收入分配是否合法、应否返还的问题

一审法院已经作出认定，即账外收入的分配违反了《公司法》第22条、第166条［《公司法》（2023年修订）第25条、第211条］的规定，系无效。

《公司法》第 166 条第 5 款明确规定，“股东会、股东大会或者董事会违反前款规定，在公司弥补亏损和提取法定公积金之前向股东分配利润的，股东必须将违反规定分配的利润退还公司”［《公司法》（2023 年修订）第 211 条规定，公司违反本法规定向股东分配利润的，股东应当将违反规定分配的利润退还公司；给公司造成损失的，股东及负有责任的董事、监事、高级管理人员应当承担赔偿责任］。实际上，关于案涉账外收入至今尚未返还给武义机床公司，也是各被上诉人自身认可的，已经经庭审查明的事实。

（2）关于账外收入分配所涉的款项如何返还的问题

有限责任公司的分配，依照《公司法》第 34 条规定“股东按照实缴的出资比例分取红利；公司新增资本时，股东有权优先按照实缴的出资比例认缴出资。但是，全体股东约定不按照出资比例分取红利或者不按照出资比例优先认缴出资的除外”［《公司法》（2023 年修订）第 210 条第 4 款规定，公司弥补亏损和提取公积金后所余税后利润，有限责任公司按照股东实缴的出资比例分配利润，全体股东约定不按照出资比例分配利润的除外；股份有限公司按照股东所持有的股份比例分配利润，公司章程另有规定的除外］。而武义机床公司的公司章程中也明确规定按照实缴的出资比例分红，一审时，武义机床公司对此也进行了举证并多次强调，且各被上诉人在一审庭审中亦未对此提出不按出资比例分红的例外约定，因此，本案账外收入分配所涉的款项应当如何返还的问题明确、无争议，即应当按账外收入分配当时各股东的出资比例依法返还。

潘某某、徐某某、杨某、周某、徐建某、骆某某、李某某、赵某某、裘某某、陈某某答辩称：一审法院认定事实清楚，判决正确，请求二审法院维持原判。本案所涉及的 171 万元在之前的公司账目中已经入账，并且以工资发放的形式发放给各股东。

法院认定事实如下：武义机床公司投资资本为 763 万元，其中潘某某投资 300 万元，徐某某投资 113 万元，杨某投资 50 万元，周某投资 50 万元，徐建某投资 50 万元，骆某某投资 50 万元，陈某某投资 50 万元，李某某投资 50 万元，赵某某投资 30 万元，裘某某投资 20 万元。武义机床公司对账外收入 1714347 元进行处分，之后，武义机床公司的资产和生产经营权通过股东外联竞标，由陈某某以6080万元中标，取得武义机床公司的全部资产及生产经营权，潘某某、徐某某、杨某、周某、徐建某、骆某某、李某某、赵某某、裘某某等9名股东将享有的公司股权转让陈某某。

二、法院裁判理由及结果

原审法院审理后认为，本案各方当事人对武义机床公司有账外收入1714347元并已处分的事实均无异议。各被告作为公司股东，在公司法定设立的账簿外另行设立账簿，并通过股东会决议进行分配，该行为违反了《公司法》的相关规定，应认定为无效。因此潘某某等9人认为本案诉讼已超过诉讼时效的辩解，应不予采信。但是，武义机床公司在股东变更后，仍应持有公司相关会计账簿，现其未提供证据证明上述账外收入是否属于公司当年的税后利润、是否已重新入账，也未提供证据证明该账外收入由各被告按股分红所得，因此武义机床公司关于由各股东退回分红款的主张应不予支持。据此，判决驳回武义机床制造有限公司的诉讼请求。

二审法院审理后认为，本案所涉账外收入与《公司法》第167条第5款［《公司法》（2023年修订）第211条］规定的公司利润并不能等同，故武义机床公司主张适用《公司法》的该条规定予以返还，理由不成立。本案中，武义机床公司于2006年对账外收入进行分配属于公司处分财产的行为，现该公司又提起诉讼要求返还该账外收入在本质上是该公司以诉讼的方式主张自身行为无效，该行为对公司而言并无诉的利益，且违反诚信原则，故应当裁定驳回其起诉。综上，依照《民事诉讼法》第170条第1款第2项之规定，裁定：（1）撤销浙江省武义县人民法院（2016）浙0723民初175号民事判决；（2）驳回武义机床制造有限公司的起诉。

三、判解及提示

本案主要涉及公司盈余分配纠纷的界定及武义机床公司在本案的起诉是否适格的问题。

（一）公司盈余分配权纠纷的审理理念及盈余分配权纠纷的界定

参照《最高人民法院民事纠纷案由规定（试行）》（已失效），审判实践中一般将公司盈余分配纠纷归类于股东权纠纷，属于公司内部治理（管理）类纠纷。《公司法》（2018年修正）第166条［《公司法》（2023年修订）第211条］对公司盈余分配进行了规定，盈余分配权是股权的核心权能，属于公司可自主决策事项的范畴，公司可以按照法定程序保障股东该项权利的实现，即通过股东会、股东大会、董事会等形式予以决定、推进。司法应当尊重公司正常经营、管理权利的行使，尽可能对其意思表示和民事行为不予干扰。只有当其经营管理权被滥用，导致相关主体的合法权益受到不当行为的损害或者导致第三人或者国家、集体利益受损的情形下，司法才有进行谨慎干预的必要和合理性。本案武义机床公司前股东即本案的原审被告将其股权全部转让给现任股东陈某某，争议的核心是现任股东与前任股东之间的争议。潘某某等人承认其通过股东会决议分配过武义机床公司的账外收入1714347元，武义机床公司按照公司盈余分配纠纷提起诉讼，其应当对该款项是公司盈余及公司经营情况进行举证，否则应承担不利的法律后果。基于上述司法有限干预的原则，本案武义机床公司没有财务账簿等证据来完成其举证责任，司法对其所主张的事实不予过多介入，现有证据不足以证明案涉纠纷为公司盈余分配纠纷。至于股权转让过程中如存在违反法律法规或者双方约定的情形，相应主体应按照股权转让纠纷进行权利主张。

（二）本案原审被告是否适格的问题

作为大陆法系的国家，我国审判实践中遵循当事人适格理论，当事人适格是诉讼主体对于作为诉讼标的之权利或法律关系可以实施相关诉讼并请求法院作出判决的资格。对当事人是否适格，法院一般依据其对发生在该案当事人之间诉讼作出判决是否具有解决纠纷的必要性与实效性来作出判断。有限责任公司的股东会和股份有限公司的股东大会是由全体股东组成的公司的权力机构，负责讨论决定公司的重大、特殊事项。一般情形下，股东会和股东大会作为公司的法人决策、权力机构，相应行为代表公司。按照《民事诉讼法》的规定，起诉应有原告、明确的被告及具体的诉讼请求，且原告、被告应对诉讼标的存在争议，在人格上不应混同。本案实质是武义机床公司后股东陈某某对前股东潘某某等人的行为存在不满，借助武义机床公司的名义提起诉讼，但就武义机床公司主张的案涉款项分配而言，潘某某等人组成的股东会以股东会决议的形式分配案涉款项，在武义机床公司未提交充分的证据证明存在股东个人违法的前提下，只能推定该行为亦是武义机床公司的行为，本案武义机床公司对自己提起诉讼，法院对此不具备解决纠纷的必要性与实效性，应驳回武义机床公司的起诉。

破产法律风险防范类

按日计算的违约金之债怎样计算诉讼时效？

——陈某与浙江欧源置业有限公司
普通破产债权确认纠纷上诉案

裁判要旨

按日计算的违约金之债从理论上可视为单一债务，一般情形下，当事人约定按日计算本意仅是约定了计算方式，非约定了很多债务，按照现行法律规定，可按照权利人向义务人主张权利被拒时开始计算诉讼时效；权利人自认诉讼时效提前起算的，可予准许。

一、案例简介

上诉人（原审原告）陈某与上诉人（原审被告）浙江欧源置业有限公司（以下简称欧源置业公司）普通破产债权确认纠纷一案，不服浙江省义乌市人民法院的民事一审判决，向浙江省金华市中级人民法院提起上诉。

二、诉辩主张

陈某上诉称，原审事实认定错误，适用法律不当。（1）本案实际交房日为2016年11月10日，逾期交房违约金应计算至该时间点。欧源置业公司向陈某邮寄的《入伙通知书》并不是正式的交房通知，此通知的出具时间是2016年4月23日，是案涉房产的竣工验收备案时间，尚不具备交付条件，此通知的主要目的是向陈某催讨各项费用。根据双方签订的《浙江省商品房买卖合同》第9条，交付案涉房产要满足两大条件，一是建设工程竣工验收合格并取得建设工程竣工验收备案证明，二是取得法律、行政法规规定的应由规划、公安消防等部门出具的认可文件或准许使用文件。本案欧源置业公司虽在2016年4月22日就案涉房产进行了竣工备案，但其并未就竣工验收备案表向陈某出示过，相关行政部门出具的认可文件甚至在庭审时其都未曾出示。本案交房的举证责任在于欧源置业公司，如其未提交有效证据证明，应按照陈某自认的交房时间确定本案的实际交房时间。（2）应以实际交房日2016年11月10日作为计算案涉逾期交房违约金诉讼时效起算点，本案逾期交房违约金的诉请至今未过诉讼时效。案涉房产的竣工验收时间为2016年4月22日，交房时间只能在此时间之后。交房日确定后，才能确定逾期天数及违约金的具体金额，陈某才能主张该确定的权利，案涉逾期交房违约金的诉讼时效起算点应为实际交房日。另外，案涉小区属烂尾工程，业主一直通过各种途径要求欧源置业公司交房，其在2015年6月统一向业主发致歉函，并在函中称其将于2015年8月底交房，即使按照原审法院计算诉讼时效的观点，本案诉讼时效中断，起诉时未过诉讼时效。（3）逾期交房违约金应按照合同约定的0.2‰计算，原审法院将其调整为0.16‰没有任何法律依据。

欧源置业公司答辩称：（1）本案实际交房日应以入伙通知书为准，根据双方合同约定，只要欧源置业公司发出交房合同，是否实际办理交房手续并不影响房屋交付时间的确定，本案交房日应当为2016年4月23日。（2）逾期交房的违约金已超过诉讼时效，应不确认为破产债权。（3）一审法院将案涉违约金标准调整为0.16‰属于其自由裁量范畴，不违反法律规定。

欧源置业公司上诉称，原审认定事实错误。陈某的逾期交房违约金债权已过诉讼时效，应不予确认。双方签订的合同约定房屋于2014年11月30日前交付，若欧源置业公司逾期交房，违约金自逾期之日产生，陈某自逾期交房之日即已明知权利被侵害，应开始计算诉讼时效。陈某的逾期交房违约金的诉讼时效应从2014年11月30日的第二日开始计算，其未提供诉讼时效中止、中断、延长的证据，逾期交房违约金的诉讼时效于2016年11月30日届满，此债权应不予确认为破产债权。

陈某答辩称，逾期交房违约金的诉讼时效应当从实际交房日开始起算，本案实际交房日是2016年11月10日，诉讼时效没有超过，涉案房屋的竣工验收备案时间是2016年4月22日，即使对实际交房日有争议，从竣工验收日开始计算也没有超过诉讼时效。欧源置业公司在2015年6月统一向业主发过致歉函，函中称在2015年8月底交房，按照一审法院计算诉讼时效的观点，在2015年8月31日本案诉讼时效已经中断。

法院认定事实如下：2013年12月12日，双方签订《浙江省商品房买卖合同》，约定：陈某向欧源置业公司购买位于金华市金东区欧源原墅瑜园第××幢××房一幢，房屋总价4695000元，并约定欧源置业公司在2014年11月30日前交房，逾期交房超过60日的，买受人（陈某）要求继续履行合同的，合同继续履行，自本合同规定的最后交付期限的第二天起至实际交付之日止，出卖人按日向买受人支付已交付房价款0.2‰的违约金；买受人应于2013年12月12日一次性支付所有房款金额计4695000元；如果买受人在出卖人发出交付使用通知书确定的期限内未能办理交房手续的视同出卖人已经将该商品房依约交付给买受人使用；出卖人（欧源置业公司）承诺于2015年5月31日前，取得前款约定的土地、房屋权属证书并交付给买受人，如出卖人逾期办理权属证书交付手续的，超过约定日期180日的，如买受人不退房，出卖人自约定日期至实际交付权属证书或登记证明之日止，按日向买受人支付已交付房价款0.1‰的违约金。合同签订后，陈某已付清房款。2017年4月25日，原审法院裁定受理欧源置业公司重整申请，并指定浙江迎鸽律师事务所担任管理人。2017年6月14日陈某向欧源置业公司管理人申报债权，2017年11月15日，欧源置业公司管理人作出《债权审查结论通知书》，对陈某的债权核定金额281700元，不予确认金额704250元，债权性质为普通债权，债权认定情况为部分确认。另查明，2016年4月23日欧源置业公司通过顺丰速运将入伙通知书邮寄给陈某，陈某于2016年4月24日签收。入伙通知书载明：欧源置业公司拟于2016年4月25日至5月31日集中办理物业交付手续，由于本次办理物业交付手续的业主较为集中，故请陈某于2016年4月29日前来办理。但陈某在2016年4月29日并未与欧源置业公司办理房产交付手续。2017年1月24日涉案房产办理好相关权证。陈某陈述涉案房屋实际交付的时间是2016年11月10日。

三、法院裁判理由及结果

原审法院审理后认为，陈某已支付了全部购房款，欧源置业公司未按约履行交房、办证义务，其行为已构成违约，依法应承担违约责任。双方对逾期办证违约金 281700 元均无异议，应予以确认。本案的争议焦点为陈某主张的逾期交房违约金债权的诉讼时效是否已届满。当事人在合同中约定以日为单位累计计算违约金数额的，违约金的数额随着违约行为的持续发生不断增长，该违约金的请求给付是一种继续性债权，随时间的推移不断发生变化，应当以按日形成的每个个别的债权分别适用诉讼时效。陈某于 2017 年 6 月 14 日向欧源置业公司申报债权主张权利，其债权保护范围应自陈某向欧源置业公司主张权利之日起向前推算 2 年，故 2015 年 6 月 14 日前的逾期交房违约金债权，陈某未提交证据证明诉讼时效存在中止、中断情形，已超过 2 年的诉讼时效，应不予支持。关于逾期交房违约金的计算标准，与本案类似情况的购房户数量众多，结合欧源置业公司实际经营状况及重整的事实，对逾期交房违约金予以酌情调减按每日 0. 16‰计算。现有证据足以证明入伙通知书通知的交房时间即 2016 年 4 月 29 日已具备交房条件，陈某未按通知时间办理交房手续，逾期交房违约金应计算至 2016 年 4 月 29 日止。综上，逾期交房违约金应自 2015 年 6 月 14 日起按已付房款的每日 0. 16‰计算至 2016 年 4 月 29 日止，计算为 241135. 2 元。加上逾期办证违约金 281700 元，陈某对欧源置业公司享有的债权为 522835. 2 元。据此，判决：（1）确认陈某对浙江欧源置业有限公司享有债权 522835. 2 元；（2）驳回陈某的其他诉讼请求。

二审法院审理后认为：（1）对陈某与欧源置业公司争议的案涉部分违约金是否已过诉讼时效的问题。陈某与欧源置业公司签订的《浙江省商品房买卖合同》第 10 条约定了欧源置业公司逾期交房后违约金的计算方式及标准。欧源置业公司逾期交房后，陈某根据双方合同约定既享有向欧源置业公司主张交房的义务，也享有向欧源置业公司主张逾期交房违约金的请求权。在双方约定的交房日欧源置业公司未交房，陈某应当知道其可以主张交房的权利被侵害。但案涉逾期交房违约金应根据欧源置业公司的持续违约行为按日累计计算，欧源置业公司可随时按照合同约定以交房的方式终结此违约行为，陈某也随时可要求欧源置业公司履行违约金支付的义务；双方并没有约定违约金的支付时间，在欧源置业公司违约期间，陈某始终有要求欧源置业公司支付违约金的权利及实际获取违约金的合理预期。只有在陈某主张此权利欧源置业公司不履行该义务时，陈某才知道或应知道该权利被侵害。诉讼时效从权利人知道或应当知道其权利受侵害时开始计算，本案陈某自认应从实际交房时计算诉讼时效，实际交房时违约金得以明确，该以交房为起算点的意思表示不迟于本案诉讼时效的起算点，应予以确认。2016 年 4 月 29 日欧源置业公司通知陈某来办理交房手续，陈某未来办理，原审法院将 2016 年 4 月 29 日视为交房日并无不当，故认定 2016 年 4 月 29 日为案涉违约金诉讼时效的起算点。2017 年 6 月 14 日陈某向欧源置业公司管理人申报债权，该申报构成诉讼时效的中断，其于 2018 年 4 月 2 日向原审法院提起诉讼，未过诉讼时效。（2）对陈某主张的逾期交房违约金计算的截止点问题。欧源置业公司发给陈某的入伙通知书明确要求陈某于 2016 年 4 月 29 日来办理交房手续，且陈某本人也提交了案涉房屋建筑工程的竣工验收备案表，陈某未提交案涉房产存在不符合交房要求条件的证据，原审认定本案逾期交房违约金的截止点为 2016 年 4 月 29 日符合本案的客观事实。（3）对陈某主张的原审法院调整本案违约金的计算标准问题。综合考量欧源置业公司的经营情况、违约天数等本案的客观情况，原审法院对此计算标准进行调整并无明显不当。经计算，逾期交房违约金应自 2014 年 12 月 1 日起按已付房款的每日 0.16‰计算至 2016 年 4 月 29 日止，合计为 386868 元，加上逾期办证违约金 281700 元，陈某对欧源置业公司享有的债权为 668568 元。综上所述，陈某的部分上诉请求成立，予以支持；欧源置业公司的上诉请求不能成立，应予驳回。一审判决认定事实清楚，适用法律不当之处，予以纠正。依照《民事诉讼法》第 170 条［《民事诉讼法》（2023 年修正）第 177 条］第 1 款第 2 项之规定，判决：（1）撤销浙江省金华市金东区人民法院（2018）浙 0703 民初 1730 号民事判决；（2）确认陈某对浙江欧源置业有限公司享有债权 668568 元；（3）驳回陈某的其他诉讼请求。

四、判解及提示

本案主要争议是按日计算的违约金的诉讼时效的起算点问题。违约金是当事人为保证合同目的的实现，约定违约者向守约者支付一定数额作为赔偿。按日计算的违约金债权按照其计算方式的不同，可分为一时性债权与继续（连续）性债权。一时性债权指在某一时点债权内容明确确定的债权，与其相对的继续性债权指债权的内容和范围受到时间因素的影响，其随着时间的推移有规律地增变的债权。《民法典》第188条规定，向人民法院请求保护民事权利的诉讼时效期间为3年（本案判决时适用《民法通则》第135条，按照2年计算诉讼时效）。当事人向人民法院请求保护其违约金受领的权利受诉讼时效限制，当事人应在规定期限内提出，否则可能无法得到人民法院的保护。一时性债权的诉讼时效的起算相对简单，继续性债权的起算则极具变化性，争议较大。

（一）债的性质

对按日计算的违约金形成的债的性质，从不同的视角，形成两种观点。一种观点将其视为单个债务，认为按日计算不等于按日结算，这种约定仅为一种违约金的计算方式，虽不涉及违约金的支付期限，但其与租金等具有确定履行期限的债务类似，为单个债务。另一种观点将其视为多个债务，认为该违约金是以日为计算单位的，每日都产生一个相互独立的违约金给付之债，这些债共同构成了一个债务的集合。

（二）单个债务说的诉讼时效起算点

从审判实践及理论界的观点来看，大致有以下几种情况：一是认为违约之日债权人就知道或应当知道自己的权益受到侵害，应从违约行为发生之日起算诉讼时效；二是认为此种违约金给付之债的数额在约定的义务履行完之前并未确定，应从合同约定的义务履行完毕之日起算；三是认为此种违约金给付之债没有履行期限，故应从主张支付违约金被拒之日或权利人给予的宽限期满之日起算。基于单个债务的视域，由于违约金总额在合同约定的义务履行前没有固定，故给付违约金的请求权受到限制，同时合同亦没有对违约金支付期限做出约定，也无法根据《合同法》第61条、第62条（《民法典》

第510条、第511条）的规定通过当事人协商确定、一方提出履行等方式确定履行期限。违约之日债权人仅知道其合同权益因他方当事人迟延履行受到侵害，但是对于基于此产生的违约金给付之债，由于没有确定的履行期限，其取得违约金的权益并未开始受到侵害，诉讼时效期间从权利人知道或者应当知道权利被侵害时起计算，故不能从违约之日起算。这样，即使在合同义务履行完毕的情形下，如无法确定违约金的支付期限，也不能开始起算诉讼时效。最高人民法院《关于审理民事案件适用诉讼时效制度若干问题的规定》（2020年修正）第4条规定，不能确定履行期限的，诉讼时效期间从债权人要求债务人履行义务的宽限期届满之日起计算，但债务人在债权人第一次向其主张权利之时明确表示不履行义务的，诉讼时效期间从债务人明确表示不履行义务之日起计算。综上，上述单个债务说中第三种观点更符合法律的相关规定。基于多个债务的视域，按照计算的违约金给付之债按日不断产生，产生之后均为独立、明确的个体，不存在上述单个债务说无法确定履行期限问题，产生之后均应及时支付，如不开始计算诉讼时效，有违诉讼时效制度的初衷，导致权利人枕着权利睡觉还有可能多获利，故持多个债务说的观点一般认为，每一个违约金给付之债的诉讼时效应当从其产生之日起开始计算，该观点亦不违反法律规定。

（三）本案的具体处理

本案为系列案，有三个合议庭参与审理该系列案，多个合议庭对本案进行多次讨论，有观点认为，本案诉讼时效起算可自逾期交房次日开始计算，最高人民法院《第八次全国法院民事商事审判工作会议纪要》民事部分第11条明确，买受人请求出卖人支付逾期办证的违约金，从合同约定或者法定期限届满之次日起计算诉讼时效期间，自逾期交房次日起算与该会议纪要观点一致，该观点实质亦符合上述多个债务说的观点，本案一审按照此种观点作出判决。也有观点认为，本案诉讼时效起算可自交房的次日开始计算，该观点实质系上述单个债务说中的第二种观点。还有观点认为，本案诉讼时效起算可自权利人向破产管理人申报债权管理人拒绝时开始计算，该观点实质系上述单个债务说中的第三种观点。第一种观点对购房人要求苛刻，若违约金与违约金的诉讼时效同时产生，在违约期限长的情形下，亦会使违约金的惩罚功能减弱，失去了违约金的惩罚原意。第二种观点强调交房的时间点，违约金得以明确，但将交房之日视为违约金履行期限届满之日的事实及法律依据不充分。第三种观点法律依据充分，但与诉讼时效的功能及适用理念存在相悖之处。几个合议庭综合考量上述情形，特别兼顾金华市中级人民法院对此类案件的处理惯例，实际上采纳了第三种观点。重庆市高级人民法院在其审理的泛华工程有限公司西南公司与中国人寿保险（集团）公司商品房预售合同纠纷案中亦涉及此问题，该院认为，迟延交房的违约金是根据违约行为持续发生的状况而累加计算的。对于购房方来讲，主张自合同约定的逾期交房之日至实际交房之日的违约金，是双方当事人在合同中所确定的一个整体的合同权利，而不是按照违约的天数具体分割为若干分别计算诉讼时效的独立的权利。若将违约金请求权分割为若干独立的请求权，并以分别起算的诉讼时效加以限制，必将改变双方当事人在合同中约定的累加计算的本意，违背当事人意思自治的基本原则。本案中双方并未约定违约金的支付期限，债权人任何时候都可以主张，只有当债务人明确表示不履行时，诉讼时效才可依法起算。该案被最高人民法院二审以认定事实清楚、适用法律正确为由予以维持，并刊登在《最高人民法院公报》上。本案理论上的处理与该案一致，但因陈某自认愿意以交房日作为起算点，权利人处分自己的权利，不违反法律、法规的规定，法院予以确认。

对按日计算的违约金的诉讼时效的起算点问题，在相关法律规定对此予以明确之前，理论及审判实践中争议较大，尚无法形成理论通说或者实务倾向性意见。但各地有自己的相关规定或者审判惯例：北京市高级人民法院《关于审理房屋买卖合同纠纷案件若干疑难问题的会议纪要》第 23 条明确，约定违约金为按日（月）计付的继续性违约金的，以每个个别的债权分别单独适用诉讼时效，当事人在诉讼中提出时效抗辩的，违约金保护范围为当事人起诉之日前 2 年。期间有时效中断或中止情形的，适用《民法通则》（现为《民法典》）关于诉讼时效中断或中止的相关规定。海南省高级人民法院《关于审理商品房买卖合同纠纷案件的指导意见（试行）》第 1 条第 2 款明确，合同对开发商向产权登记机关报送办证资料的时间有约定的，买房人请求开发商承担逾期办证违约责任的诉讼时效自合同约定的时间的次日开始计算；合同未约定时间的，诉讼时效自开发商取得拟售房产初始登记之日起 90 日之次日开始起算；等等。

持有公司全部股东表决权10%以上的单个股东作为原审第三人参加诉讼是否有权就一审判决提起上诉？

——吴某与边某、周某、金华市精盾量具有限公司公司解散纠纷上诉案

裁判要旨

持有公司全部股东表决权10%以上的单个股东作为原审第三人参加诉讼，有资格就一审判决提起上诉；公司处于不再经营的状态，且无法召开股东会，股东间矛盾冲突比较突出，无法解决公司经营管理存在的困难，应认定公司处于僵局状态，法院可予以判决解散。

一、案例简介

上诉人（原审第三人）吴某与被上诉人（原审原告）边某、周某，原审被告金华市精盾量具有限公司（以下简称金华精盾公司）公司解散纠纷一案，不服浙江省金华市婺城区人民法院的民事一审判决，向浙江省金华市中级人民法院提起上诉。

吴某上诉称，原审判决认定事实不清，适用法律错误。（1）《公司法》第182条［《公司法》（2023年修订）第231条］“公司经营管理发生严重困难”是指公司运行机制失灵、治理结构出现根本性障碍等情形，本案中的金华精盾公司虽有一年多没有形成股东会决议，但股东之间的矛盾可通过股权

转让、调解和解等方式化解，不存在公司僵局无法化解的情形。（2）金华精盾公司设执行董事一人，不存在董事会，能产生有效决议，不符合最高人民法院《关于适用〈中华人民共和国公司法〉若干问题的规定（二）》第1条第1款第3项规定的“董事长期冲突”的情形。（3）金华精盾公司名下有“实用新型”资产，如强制解散公司，将会造成资产贬值，损害股东权益。

边某、周某答辩称，吴某作为上诉人主体不适格，本案没有判决原审第三人即吴某承担民事责任。退一步说，即使其主体适格但其上诉理由不成立，目前金华精盾公司已经名存实亡。2016年5月16日起，公司已处于没有经营场地、没有员工、没有生产的情形。股东之间没有任何有效沟通，原审法院（2017）浙0702民初7158号等案件的案卷等可以证明上述事实。作为公司仅有的3个股东之间的矛盾已经无法通过自行协商解决，公司没有实用新型专利。

原审被告金华精盾公司陈述称，同意边某、周某的答辩意见。

法院认定事实如下：金华精盾公司于2014年3月18日成立，注册资本50万元，公司类型为有限责任公司；经营范围为未纳入计量器具目录依法管理的量具、五金工具制造、销售、研发（以上经营范围不含电镀等金属表面处理及热处理加工类污染项目），国家法律法规政策允许的不需前置审批的货物与技术进出口。营业期限自2014年3月18日起至2034年3月17日止；法定代表人边某。2014年5月10日，金华精盾公司股东会决议：（1）公司股权转让后，由边某、周某、吴某组成新的股东会；（2）一致同意选举吴某为监事，免去周某公司监事职务；（3）一致同意注册资本由50万元增为60万元，吴某以货币方式增资10万元，于2020年1月1日前缴足，其他股东放弃本次增资权。增资后公司股权结构如下：边某以货币出资13.2万元，占注册资本22%，周某以货币出资16.8万元，占注册资本的28%，吴某以货币出资30万元，占注册资本的50%。2016年1月24日，金华精盾公司召开2015年度股东会，会议内容及表决：（1）分红的事项；（2）财务对账和第三方审计。2016年2月1日起，由吴某以自负盈亏的形式对金华精盾公司独自经营。2016年4月26日，三股东形成协议书1份，内容为：（1）……自2016年2月1日起至5月15日止，由吴某暂时独立经营，并独立核算，自负盈亏，其间的厂房租金、水电费、工资、应付款等因吴某独立经营而发生的费用由吴某承担。吴某暂时独立经营期间，当谨慎合理使用金华精盾公司资产，未经三方同意不得转移公司1月31日之前的资产。边某、周某于2016年5月16日前归还公司笔记本电脑一台。（2）吴某暂时独立经营，不理解为吴某确认受让边某、周某的股权。吴某独自经营结束后，金华精盾公司产生的费用仍由三方承担。（3）吴某独立经营时间到2016年5月15日为止（次日三方办理交接手续，吴某不再使用金华精盾公司的厂房和设备）。届时如吴某不接受边某、周某的股权，则边某、周某向外转让股权或解散公司。三方共同清算，最终注销公司。如吴某在2016年5月16日后仍使用金华精盾公司的厂房和设备，应向对方按日支付3000元违约金等共计6条。2016年7月7日，三股东针对公司的固定资产进行了大致的分配、清退了租用的厂房等。

二、法院裁判理由及结果

原审法院审理后认为，自2016年5月16日起，金华精盾公司已处于无经营场所、无员工的状况，经营管理也发生严重困难，自2016年至今无法召开股东会已1年有余，未形成有效的股东会决议以解决公司经营管理存在的困难。股东之间的矛盾冲突比较突出，公司经营管理严重困难，继续存续必然严重损害股东利益，且公司的僵局通过其他途径长期无法解决。综上，判决金华市精盾量具有限公司于判决生效之日起解散。

二审法院审理后认为，自2016年5月16日起，金华精盾公司已处于没有经营场地、没有员工、没有生产等经营管理困难的情形，在金华精盾公司3个股东无法进行有效沟通对公司相关事宜达成一致意见的前提下，原审法院判决解散公司并无不当。吴某上诉所称的公司资产问题，相关当事人可另行解决。综上，一审判决认定事实清楚，适用法律正确，应予维持。依照《民事诉讼法》第170条［《民事诉讼法》（2021年修正）第177条］第1款第1项规定，判决驳回上诉，维持原判。

三、判解及提示

“资本多数决原则”天然的劣根性会导致公司股东表决权对等且出现矛盾、无法决定运营事项，股东会、董事会处于瘫痪状态，公司陷入僵局、无法正常运作，继续下去可能会影响股东和其他利益主体的利益。公司解散之诉针对这一僵局问题进行破解，系公司法赋予公司股东要求司法强制干预，解散公司的手段。

（一）法律依据

《公司法》（2018 年修正）第 182 条［《公司法》（2023 年修订）第 231 条］规定，公司经营管理发生严重困难，继续存续会使股东利益受到重大损失，通过其他途径不能解决的，持有公司全部股东表决权 10% 以上的股东，可以请求人民法院解散公司。最高人民法院《关于适用〈中华人民共和国公司法〉若干问题的规定（二）》（2020 年修正）第 1 条规定，单独或者合计持有公司全部股东表决权 10% 以上的股东，以下列事由之一提起解散公司诉讼，并符合《公司法》第 182 条规定的，人民法院应予受理：（1）公司持续两年以上无法召开股东会或者股东大会，公司经营管理发生严重困难的；（2）股东表决时无法达到法定或者公司章程规定的比例，持续两年以上不能作出有效的股东会或者股东大会决议，公司经营管理发生严重困难的；（3）公司董事长期冲突，且无法通过股东会或者股东大会解决，公司经营管理发生严重困难的；（4）经营管理发生其他严重困难，公司继续存续会使股东利益受到重大损失的情形。

（二）审理理念

解散公司在结果上具有终局、不可逆转性，强制解散公司是公司纠纷的司法救济最终途径，司法审判上一般采取审慎态度。审批实践中一般认为，应最大限度维持公司，不轻易判决公司解散，尽可能寻求其他替代性方法。按照公司法相关理论，有指定公司事务的接管人、指定监管人、指定临时性董事等可选择的措施，但受司法被动性、法院工作繁忙等因素的限制，这些措施在实践中运用程度有限。

（三）解散的情形

1. 依约解散

不需要司法诉讼确认即可进行解散，比如营业期满、公司章程约定的解散事由形成、股东会决议解散、因公司合并或分立进行解散、依法被吊销营业执照、责令关闭或者被撤销。对于此类解散情形，一般由公司决议解散即可。当然，如不能私下解决，股东亦可请求法院直接解散公司。本案金华精盾公司的三个股东形成协议，约定由吴某独立经营时间到 2016 年 5 月 15 日为止（次日三方办理交接手续，吴某不再使用金华精盾公司的厂房和设备）。届时如吴某不接受边某、周某的股权，则边某、周某向外转让股权或解散公司。三方共同清算，最终注销公司。吴某经营期限届满后，三股东对公司的固定资产进行了分配、清退了租用的厂房，本案亦符合约定解散的情形。

2. 强制解散

当公司经营管理发生严重困难，继续存续会使股东利益受到重大损失，通过其他途径不能解决的，可要求人民法院予以强制解散公司。具体有以下实务要点：

（1）主体资格。提起公司解散之诉，首先要解决诉讼主体资格问题，对于资格问题，法院一般只做形式审查。持有公司全部股东表决权 10% 以上的股东，可以申请人民法院解散公司。本案边某、周某持有金华精盾公司 50% 的股份，符合原告主体资格要求。审判实践中一般认为，司法解散公司之诉的被告主体应是公司，而不是其他股东，其他股东应作为无独立请求权的第三人参加诉讼。本案涉及的主要主体问题是一审法院判决解散公司后，作为原审第三人的吴某是否有资格提起上诉。《民事诉讼法》（2023 年修正）第 59 条第 2 款规定，对当事人双方的诉讼标的，第三人虽然没有独立请求权，但案件处理结果同他有法律上的利害关系的，可以申请参加诉讼，或者由人民法院通知他参加诉讼。人民法院判决承担民事责任的第三人，有当事人的诉讼权利义务。据此，没有独立请求权的第三人不承担民事责任的，一般不能提起上诉，只能参加诉讼。本案一审判决解散公司，没有直接涉及原审第三人吴某的判项。能否认为吴某承担民事责任或者视为承担民事责任，合议庭合议后给予肯定的答案。股东提起解散公司之诉想要实现的诉讼目的以及公司司法解散的法律效果均直接作用于公司本身，故以公司为被告；但该种诉讼的实质及核心则是股东之间的争议，司法解散的法律效果最终作用于公司股东；既然提起诉讼，应是股东对是否形成解散公司不能形成一致意见，有愿意解散的，有不愿意的。一旦法院判决解散公司或者不予准许解散公司，总有股东不认可该判决结果。有权利必有救济，不赋予持有10%股份的所有股东上诉权，则有股东的权利无法通过司法进行救济。亦有观点认为，解散公司诉讼的被告为公司，股东的意见可通过公司进行表达。如前所述，此类诉讼的缘由在于股东纷争，且大多缘于大股东的强制，这种强制行为通过公司权力或公司机关表现出来，并以公司名义作出，总有股东无法通过公司发出自己的声音，丧失了通过诉讼阻止大股东侵害其他股东利益的机会。需要指出的是，合议庭一致认为，并非所有作为无独立请求权的第三人的单个股东均可提出上诉，持有公司全部股东表决权10%以上的单个股东才有资格就解散公司寻求司法裁决，与此相对应，提起上诉的单个股东，应限于有资格提起解散公司诉讼的股东，本案吴某为持有公司全部股东表决权10%以上的股东，有权提起本案上诉。

（2）实体要件。一般要求两个要件，一是公司经营过程中出现公司僵局，即因股东间或公司管理人员之间的矛盾冲突使公司的运转机制失灵，股东会或董事会无法有效召集，相关提议均无法通过，公司的运营事务处于瘫痪状态，公司僵局是司法解散公司的前提条件。参照相关司法解释及学术成果，出现下列情形可视为公司僵局，法院可能判决解散公司：因股东僵局导致股东会或股东大会持续两年无法召开；股东在行使投票权时陷入僵局，因无法达到法定或者公司章程规定的多数而不能作出有效的股东会、股东大会决议；公司业务持续处于显著停顿状态而产生无法恢复的损害或者有产生损害的可能；公司董事或实际控制人已经或正在以非法的方式造成公司财产贬损，危及公司存续；董事之间陷入僵局，且股东不能打破该僵局，导致公司可能或者正在遭受无法弥补的损害；有限责任公司股东僵局，在业务执行或代表公司上相互无法信任；有不得已的事由以及其他经营管理发生严重困难的情形。二是公司僵局的存续可能使股东利益遭受重大损失。一般认为，此处的股东利益包括股东的基本权益和合理预期，不仅包括股本、股息红利等自益权，也包括表决权、查询和监督等共益权。本案自 2016 年 5 月 16 日起，金华精盾公司已处于不再经营的状态，且在之后的一年多时间，无法召开股东会，股东间矛盾冲突比较突出，无法解决公司经营管理存在的困难，该情形符合上述公司僵局、公司业务持续处于显著停顿状态而产生无法恢复的损害或者有产生损害的可能、有限责任公司股东在业务执行或代表公司上相互无法信任等情形，继续存续必然严重损害股东利益；在本案审理过程中，针对法院的调解，各方均无法提出解决救济途径的实质性意见，本案通过其他途径不能解决相关纠纷，故一审、二审意见一致，本案应解散金华精盾公司。

知识产权法律风险防范类

技术性强产品侵权比对时委托鉴定的范围是否涉及法律判断问题？

——苏州思睿屹新材料股份有限公司与衢州英特高分子材料有限公司侵犯发明专利权纠纷案

裁判要旨

专利排他实施许可合同的被许可人持有专利权人的合同授权，视为“专利权人不起诉”的条件具备，可以以自己的名义向人民法院提起诉讼。技术性强产品比对时委托鉴定的范围，限于产品的成分、含量等技术问题，不应涉及法律判断问题。技术比对时应综合考量技术专家的意见，把握产品技术特征的标准图谱与现实图谱可能存在的区别。在权利人未提交充分证据证明其损失的情况下，法院酌情确定权利人的损失作为赔偿的范围。

一、案例简介

原告苏州思睿屹新材料股份有限公司（以下简称思睿屹新材料公司）为与被告衢州英特高分子材料有限公司（以下简称英特高分子材料公司）侵犯发明专利权纠纷一案，向浙江省金华市中级人民法院提起诉讼。

思睿屹新材料公司诉称，其系主营生产、销售6－羟基－2－萘甲酸产品的中外合资企业。上野制药株式会社就6－羟基－2－萘甲酸产品取得了多项专利，其中包括ZL00802360.3号发明专利，该专利的发明名称为6－羟基－2－萘甲酸柱状晶体及其制备方法，申请日为2000年8月18日，授权公告日为2009年7月29日，该专利处于有效状态，依法受我国法律保护。2010年11月10日，思睿屹新材料公司与上野制药株式会社签订《专利实施许诺合同书》，约定思睿屹新材料公司就上野制药株式会社所享有的涉及6-羟基-2-萘甲酸的全部专利权有独家制造、使用、销售、进口、出口的权利，同时约定当出现他人在中国国内对包括涉案专利在内的专利权有侵权行为时，思睿屹新材料公司有单独对涉案专利的侵权及赔偿损失提起诉讼的权利。后思睿屹新材料公司发现，英特高分子材料公司6-羟基-2-萘甲酸柱状晶体的制造方法以及其制造的6-羟基-2-萘甲酸柱状晶体本身均落入了涉案专利的保护范围之内，构成了对涉案专利权的严重侵害。为此，请求法院判令：（1）英特高分子材料公司立即停止其侵犯ZL00802360.3号发明专利权的行为，包括停止制造、销售、许诺销售、使用侵犯ZL00802360.3号发明专利权利要求6的6-羟基-2-萘甲酸产品；（2）英特高分子材料公司赔偿思睿屹新材料公司经济损失以及思睿屹新材料公司为制止侵权行为所支付的调查取证费、鉴定费、律师费等相关费用，合计人民币200万元；（3）英特高分子材料公司承担本案的全部诉讼费用。

英特高分子材料公司答辩称：（1）思睿屹新材料公司不具备本案的诉讼主体资格。根据思睿屹新材料公司与日本上野制药株式会社签订的专利实施合同书，思睿屹新材料公司不能作为权利人提起诉讼，理由是该合同的真实性不能确定，该合同约定的是排他性许可，根据最高人民法院有关司法解释的规定，排他许可的被许可人只有在权利人不起诉的情况下才能以自己的名义起诉。（2）英特高分子材料公司没有采用侵犯ZL00802360.3专利的方法。根据法院委托鉴定部门对涉案产品出具的鉴定报告，本案被控侵权产品的技术特征与思睿屹新材料公司专利权利的保护范围不相同也不等同，不构成侵权。（3）思睿屹新材料公司主张向英特高分子材料公司赔偿经济损失及合理费用共计200万元没有事实依据，请求法院予以驳回。

法院认定的事实如下：2000年8月18日，上野制药株式会社向国家知识产权局申请名称为“6-羟基-2-萘甲酸柱状晶体及其制备方法”的发明专利。2009年7月29日被授予发明专利权，并进行授权公告，专利号为ZL00802360.3，该专利的独立权利要求6为：6-羟基-2-萘甲酸柱状晶体，其X射线衍射结果图具有图1.2.4.6或9所示的峰，涉案专利的年费已缴纳至2013年8月17日。2010年11月10日，上野制药株式会社和林通新材料公司签订《专利实施许诺合同书》，其中约定：上野制药株式会社承诺林通新材料公司就涉案专利权有独家制造、使用、销售、出口、进口的权利，但上野制药株式会社保留本专利的相关实施权；作为本合同规定的实施权对价，林通新材料公司在本合同签订日起30天以内一次性向上野制药株式会社支付500万日元；在本合同期内，林通新材料公司每年向上野制药株式会社支付250万日元的定额连续实施费，第一年度在本合同签订日起30天以内支付，第二年度以后为该年度合同签订日的相应日期内支付；在本合同期内，当第三者在中国国内对本专利有侵权行为时，上野制药株式会社同意由林通新材料公司单独进行对本专利的侵权停止及赔偿损失的要求，但是，在维权中所产生的费用及在维权时法庭宣判无效等产生的费用，由林通新材料公司全额承担；本合同的有效期，从本合同签订日起生效，至本专利权失效前有效。根据工商登记，林通新材料公司名称于2010年12月30日变更为思睿屹新材料公司，其一般经营项目为生产、销售6-羟基-2-萘甲酸。英特高分子材料公司成立于2000年8月28日，其一般经营项目范围于2010年8月11日经核准变更为：对羟基苯甲酸、尼泊金脂类钠盐、6-羟基-2-萘甲酸生产、销售；硫酸钾回收、销售；化工原料及产品（不含危险化学品及易制毒物品）销售；货物进出口（法律法规限制的除外，应当取得许可证的凭许可证经营）。庭审中，将被控侵权产品与涉案专利进行比对，思睿屹新材料公司认为被控侵权产品的图谱峰值与专利权利要求书中记载的独立权利要求6的图谱峰值的误差在合理范围之内，被控侵权产品具有思睿屹新材料公司涉案专利的必要技术特征。英特高分子材料公司认为被控侵权产品并不属于柱状晶体，且被控侵权产品的图谱与专利权利要求6中的5个图谱的代表性峰值均不相同，两者的误差已超过0.1或0.2，故被控侵权产品没有落入思睿屹新材料公司专利的保护范围。

二、法院裁判理由及结果

一审法院审理后认为，上野制药株式会社拥有的专利号为ZL00802360.3

"6－羟基－2－萘甲酸柱状晶体及其制备方法"发明专利权在有效期限内，法律状态稳定，并已履行了缴纳专利年费的义务，故该专利为有效专利，依法应受国家法律的保护。本案的争议焦点在于：（1）思睿屹新材料公司主体是否适格。英特高分子材料公司认为思睿屹新材料公司作为排他许可的被许可人，必须在专利权人同意的情况下才能起诉。但从思睿屹新材料公司和上野制药株式会社签订的《专利实施许诺合同书》看，双方已约定当第三者侵犯涉案专利权时思睿屹新材料公司有提起诉讼的权利，故英特高分子材料公司的抗辩不能成立，思睿屹新材料公司是本案适格的主体。（2）被控侵权产品是否落入思睿屹新材料公司专利的保护范围。英特高分子材料公司抗辩被控侵权产品并不是柱状晶体，且与涉案专利权利要求6的技术特征不相同，并没有落入涉案专利的保护范围。从浙江省科技咨询中心出具的司法鉴定书以及出庭鉴定人员的陈述来看，"柱状晶体"并非一个定义粉末晶体样品特征的专业名词，本案的被控侵权产品经鉴定为6－羟基－2－萘甲酸的晶体，而英特高分子材料公司亦没有提供相应的证据证明被控侵权产品并非柱状晶体，故英特高分子材料公司关于被控侵权产品并非柱状晶体而不侵权的抗辩不能成立。关于涉案专利的保护范围，根据权利要求6的记载，应为6－羟基－2－萘甲酸晶体的X射线衍射结果图具有图1.2.4.6或9所示的峰，而判定某一个晶体与另一个晶体是否相同的最直接手段是X射线衍射法，X射线衍射图谱对于晶体结构的表征具有指纹性，可以区别不同类型的晶体。通过比对X射线衍射图谱确定两者晶体是否相同时，应将X射线衍射图谱进行整体比对，比较二者的峰位置（2θ）、峰强度以及峰形是否匹配，其中峰位置尤其是小角度峰和强峰的峰位置匹配相对于峰强度的匹配具有更大的鉴定意义。因本案专利的说明书中仅记载了代表性X射线衍射角的数值，故要认定被控侵权产品是否落入涉案专利的保护范围，就要通过比对被控侵权产品的代表性X射线衍射角2θ的数值和涉案专利所记载的代表性X射线衍射角2θ的数值是否相同，如相同或等同，则被控侵权产品落入了涉案专利权利要求6的保护范围，否则，就应当认定未落入涉案专利权利要求6的保护范围。涉案专利权利要求6中图1.2.4.6.9中代表性X射线衍射角2θ的数值分别为17.37和21.94、17.32和21.88、17.28和21.84、17.28和21.82、17.56和

22.11，而法院保全的被控侵权产品经鉴定代表性 X 射线衍射角 2θ 数值为 17.486 和 21.963，浙江大学分析测试中心对英特高分子材料公司提交 6－羟基－2－萘甲酸粗品所作的检测报告载明该产品代表性 X 射线衍射角 2θ 数值为 17.457 和 22，经比较，法院保全的产品和英特高分子材料公司自行提交鉴定的产品与涉案专利权利要求 6 中图 1.2.4.6.9 中代表性 X 射线衍射角2θ 的数值差距在 0.1 或 0.2 之内，故应当认定英特高分子材料公司的抗辩不能成立，被控侵权产品已落入思睿屹新材料公司涉案专利的保护范围。（3）英特高分子材料公司在本案中应承担的民事责任。

英特高分子材料公司未经权利人许可，以经营为目的，生产、销售落入涉案专利保护范围的被控侵权产品，应承担相应的民事责任。思睿屹新材料公司要求英特高分子材料公司停止生产、销售被控侵权产品、赔偿损失的请求，应予以支持。关于思睿屹新材料公司要求英特高分子材料公司停止许诺销售、使用被控侵权产品的诉讼请求，现思睿屹新材料公司不能举证证明英特高分子材料公司存在许诺销售、使用被控侵权产品行为，故对该部分诉讼请求，不予支持。关于赔偿的具体数额，应当按照权利人因被侵权所受到的损失或者侵权人因侵权所获得的利益确定赔偿数额。本案中，思睿屹新材料公司认为以英特高分子材料公司出口的被控侵权产品数量 96 吨乘以思睿屹新材料公司每吨专利产品的合理利润 3 万元所得之积计算为 288 万元，已超过诉讼请求 200 万元。因思睿屹新材料公司关于每吨专利产品的合理利润为 3 万元的主张并没有提供充分、有效的证据支持，故思睿屹新材料公司按照其损失要求英特高分子材料公司赔偿 200 万元的诉讼请求，不予支持。但考虑到英特高分子材料公司有生产、销售被控侵权产品的行为，侵犯了思睿屹新材料公司的涉案专利权，法院综合考虑英特高分子材料公司侵权的范围、时间、性质以及涉案专利权的类别、维权的合理费用、专利许可使用费等因素，确定赔偿数额为 50 万元。综上，依照《专利法》第 11 条第 1 款［《专利法》（2020 年修正）第 11 条第 1 款］、第 59 条第 1 款［《专利法》（2020 年修正）第 64 条第 1 款］、第 65 条［《专利法》（2020 年修正）第 71 条］之规定，判决：（1）衢州英特高分子材料有限公司立即停止生产、销售落入 ZL00802360.3 号发明专利保护范围产品的行为；（2）衢州英特高分子材料有限公司于判决生效之日起10日内赔偿苏州思睿屹新材料股份有限公司经济损失50万元（含苏州思睿屹新材料股份有限公司为制止侵权行为所支付的合理费用）；（3）驳回苏州思睿屹新材料股份有限公司的其他诉讼请求。

一审宣判后，思睿屹新材料公司和英特高分子材料公司均不服，向浙江省高级人民法院提起上诉。二审期间，国家知识产权局专利复审委员会于2014年1月20日作出第21950号无效宣告请求审查决定，以涉案专利权利要求6不具备专利法规定的创造性为由，宣告涉案专利权利要求6无效。浙江省高级人民法院认为，从现有证据看，思睿屹新材料公司缺乏提起本案诉讼的权利基础，非本案适格权利人，无权就涉案专利独立权利要求6向英特高分子材料公司提起诉讼，主张相关权利。故依法裁定：（1）撤销浙江省金华市中级人民法院（2011）浙金知民初字第193号民事判决；（2）驳回思睿屹新材料公司的起诉。本案二审因思睿屹新材料公司在本案中提出诉请所依据的专利号为ZL00802360.3.名称为“6－羟基－2－萘甲酸柱状晶体及其制备方法”的发明专利的独立权利要求6被国家知识产权局专利复审委员会第21950号无效宣告请求审查决定宣告无效而将一审改判，该改判与本案一审判决思路没有对与错的区分。

三、判解及提示

本案争议涉及以下三个核心问题。

（一）专利排他实施许可的被许可人的界定及其提起诉讼的条件

专利实施许可合同中的被许可人作为利害关系人，可以向人民法院提起诉讼。其中，独占实施许可合同的被许可人可以单独向人民法院提起诉讼；排他实施许可合同的被许可人在专利权人不起诉的情况下，可以向人民法院提起诉讼；普通实施许可合同的被许可人在取得专利权人明确授权的情况下，可以向人民法院提起诉讼。经专利权人与被许可人签订实施许可合同后，被许可人可以在合同约定的许可期间合法实施专利，当专利被侵权时，实施许可合同的被许可人可以作为原告提起诉讼。这里主要分为三种情形：一是独占实施许可合同的被许可人在许可期间内和许可地域内，对侵害专利权的被告单独提起诉讼，即不需要专利权人同意或者授权。二是排他实施许可合同的被许可人在许可期间内和许可地域内，对侵害专利权的被告可以与专利权人共同提起诉讼；如果专利权人明确不提起诉讼，被许可人可以单独提起诉讼。三是普通实施许可合同的被许可人在许可期间内和许可地域内，需与专利权人共同对侵害专利权的被告提起诉讼，或者专利权人授权被许可人以专利权人名义针对侵权行为提起诉讼。从上述三种情形可以看出，专利实施许可合同的被许可人在侵权诉讼中具有原告主体资格的一种情形是独占实施许可被许可人以自己名义提起诉讼，另一种情形是在排他实施许可合同关系中专利权人明确不参加诉讼，排他实施许可被许可人可以自己名义提起诉讼。普通实施许可被许可人不能以自己的名义作为原告提起诉讼，即使经过专利权人授权也是以专利权人名义提起诉讼。本案专利权人上野制药株式会社和林通新材料公司（思睿屹新材料公司）签订的《专利实施许诺合同书》约定，上野制药株式会社承诺林通新材料公司就涉案专利权有独家制造、使用、销售、出口、进口的权利，但上野制药株式会社保留本专利的相关实施权。从该约定来看，思睿屹新材料公司符合排他实施许可合同约定的被许可人，可以以自己的名义提起诉讼，前提是在上野制药株式会社明确不提起诉讼，本案《专利实施许诺合同书》中已约定当第三方侵犯涉案专利权时思睿屹新材料公司有提起诉讼的权利，该约定不违反法律法规的禁止性规定，在无相反证据的前提下，应视为上野制药株式会社将提起诉讼的权利让渡给了思睿屹新材料公司。

（二）被控侵权产品及其制作方法是否落入案涉发明专利的保护范围

1. 技术性强产品比对时委托鉴定的范围

在本案审理过程中，因为被控侵权产品和涉案专利所保护的技术方案具有非常强的专业性，而且被控侵权产品系化工产品，进行技术比对必须借助于专门的分析测试仪器对产品样品进行测试和分析，故思睿屹新材料公司申请法院对被控侵权产品与涉案专利权利要求 6 具有相同的必要技术特征或者等同特征进行鉴定。思睿屹新材料公司提出的鉴定内容实质属于法律问题，法院不能将此委托给鉴定机关进行鉴定，法院只能对技术问题进行鉴定，如将产品的成分、含量或比例、产品的性能指标等委托鉴定。对于本案而言，参照案涉发明专利的技术保护方案，法院认为鉴定的范围是被控侵权产品是不是6－羟基－2－萘甲酸的柱状晶体，并对侵权产品进行X射线衍射分析，获得衍射图谱以及详尽的各峰数据。

2. 被控侵权产品与案涉发明专利权利要求6的比对问题

本案思睿屹新材料公司主张的案涉专利权利保护范围是权利要求6，6－羟基－2－萘甲酸柱状晶体，其X射线衍射结果图具有图1.2.4.6或9所示的峰，涉及柱状晶体，图1.2.4.6或9所示的峰和被控侵权产品比对的问题。对此问题，存在两种观点，一种观点认为，从法院委托的浙江省科技咨询中心出具的司法鉴定书来看，被控侵权产品是结晶的粉末样品，名称是6－羟基－2－萘甲酸的晶体，晶体与柱状晶体系不同的概念，并且前者的范围更宽。判定某一个晶体与另一个晶体是否相同的最直接手段是X射线衍射法，将被控侵权产品的图谱与案涉专利权利要求6的图谱进行整体比对，两者在峰值强度上存在较大的差异，有X射线衍射角的误差超出0.1或0.2的范围，故本案被控侵权产品的技术特征没有落入涉案专利的保护范围，应当驳回思睿屹新材料公司的诉讼请求。另一种观点认为，结合案涉司法鉴定书载明的情况及专家出庭陈述，“柱状晶体”并非一个定义粉末晶体样品特征的专业名词，案涉鉴定书没有否认被控侵权产品为柱状晶体，且本案的被控侵权产品经鉴定为6－羟基－2－萘甲酸的晶体，案涉专利保护的产品亦为6－羟基－2－萘甲酸，而柱状晶体的概念是针对一般6－羟基－2－萘甲酸产品的薄鳞片状而言的，故本案“晶体”和“柱状晶体”的问题不影响案涉侵权的构成。X射线衍射法核心要看是否在相同的峰位出现峰，而并不是单纯地比较每个峰位出现强度一样的峰。涉案专利权利要求6中图1.2.4.6.9中代表性X射线衍射角2θ的数值分别为17.37和21.94、17.32和21.88、17.28和21.84、17.28和21.82、17.56和22.11，而法院保全的被控侵权产品经鉴定代表性X射线衍射角2θ数值为17.486和21.963，浙江大学分析测试中心对英特高分子材料公司提交的6－羟基－2－萘甲酸粗品所作的检测报告载明该产品代表性X射线衍射角2θ数值为17.457和22，经比较，法院保全的产品和英特高分子材料公司自行提交鉴定的产品与涉案专利权利要求6中图1.2.4.6.9中代表性X射线衍射角2θ的数值差距在0.1或0.2之内。本案被控侵权产品图谱峰的强度与专利技术要求峰的强度存在一定的差距，根据专家的陈述，因产品纯度等因素的影响，会出现异于标准图谱的图谱，故不应过分强调峰的强度，但本案在专利图谱显示的峰位均出现了强峰。综合以上考量，应当认定被控侵权产品已落入思睿屹新材料公司涉案专利的保护范围。本案判决最终采用了第二种观点，认定侵权成立。

（三）英特高分子材料公司应承担的民事责任

本案英特高分子材料公司出口的被侵权产品数量明确，但其陈述案涉专利产品每吨的合理利润 3 万元缺乏由中立第三方如会计师事务所认定的可靠的相关依据，故本案没有支持思睿屹新材料公司主张的 200 万元赔偿的诉讼请求，而由法院酌情赔偿 50 万元。另外，2020 年前后实施的《民法典》第 1185 条、《专利法》第 71 条等，规定了侵犯知识产权（专利权）的惩罚性赔偿制度，当下的侵犯发明专利权诉讼中可以提出惩罚性赔偿的诉讼请求，是否获得支持由法院依据案件的审理情况，酌情确定。

涉外定牌加工出口企业涉外定牌加工出口行为抗辩应提交什么材料?

——义乌市洲赫电器有限公司与义乌市力天电器有限公司、虞某某、浙江万国进出口有限公司侵害商标权纠纷上诉案

裁判要旨

是否属于类似商品，要考量商品的功能、用途、销售渠道、消费对象、销售价格以及相关公众的认知等方面，综合作出判定；涉外定牌加工出口行为一般不会使消费者产生混淆，不构成商标侵权，但加工企业未提交国外商标权人的委托材料，应认定涉外定牌加工出口行为不成立，且加工企业本身负有谨慎的注意义务，否则，仍有可能构成商标侵权。

一、案例简介

上诉人（原审被告）义乌市洲赫电器有限公司（以下简称洲赫电器公司）与被上诉人（原审原告）义乌市力天电器有限公司（以下简称力天电器公司）、虞某某，原审被告浙江万国进出口有限公司（以下简称万国进出口公司）侵害商标权纠纷一案，不服浙江省义乌市人民法院的民事一审判决，向浙江省金华市中级人民法院提起上诉。

洲赫电器公司上诉称，原审判决认定事实错误、适用法律不当。理由如下：(1) 洲赫电器公司没有在中国市场上销售“YPD”标识的电蚊拍；洲赫电器公司实施涉外定牌加工出口的行为没有侵害力天电器公司、虞某某的注册商标专用权。(2) 力天电器公司、虞某某要求对其注册商标核定使用商品

之外的商品进行保护，没有法律依据。本案中，洲赫电器公司生产、出口的产品是“电蚊拍”，属于《商标注册用商品和服务国际分类表》第9类商品，与涉案注册商标商品类别不同类。（3）一审判决洲赫电器公司承担赔偿金额不合理，没有法律规定认定洲赫电器公司的责任。洲赫电器公司没有在中国市场实施“零售和批发且曾实施多次侵权行为”，原审认定案涉“侵权行为包括生产和销售”错误。综上，请求撤销原审判决，驳回力天电器公司、虞某某的诉讼请求，一审、二审诉讼费用由力天电器公司、虞某某承担。

力天电器公司、虞某某共同答辩称，一审判决认定事实清楚，适用法律正确，请求驳回上诉，维持原判。原审被告万国进出口公司未作答辩。

法院认定事实如下：虞某某系第5553518号“YPD”注册商标的注册人，该商标的核定使用商品为第21类：盆（容器）；家庭用陶瓷制品；肥皂盒；牙刷；化妆用具；捕虫器；蝇拍；隔热瓶；地毯拍打器（手工具）；家用宠物笼（截止），注册有效期限为自2009年9月7日起至2019年9月6日止。力天电器公司的法定代表人为虞某某，公司经营范围为低压电器、五金工具（不含电镀）、电蚊拍、灭蚊灯、灭蚊器、模具、家用取暖器、电阻器、照明器具、工艺品（不含电镀）、台扇、布制日用品制造销售；日用品批发零售，经营期限为2003年9月27日至2018年9月26日。2009年9月7日，虞某某、力天电器公司签订了商标使用许可合同，约定虞某某将第5553518号“YPD”注册商标以排他性许可使用的方式许可给力天电器公司在核定使用商品上使用，使用期限为2009年9月7日至2014年9月6日。洲赫电器公司的经营范围为吹风机、电筒、电蚊拍、饰品、五金工具（以上经营范围不含电镀）的加工与销售、货物进出口、技术进出口；经营期限自2009年8月25日至2019年8月24日。万国进出口公司的经营范围为货物进出口、技术进出口，日用百货、箱包、玩具、五金制品等批发；经营期限自2004年9月16日至2019年9月15日。2011年8月3日，义乌海关查扣了万国进出口公司向该关申报出口的37800个电蚊拍，该批电蚊拍及其包装袋上使用的“YPD”标识与虞某某涉案注册商标相同，包装袋显示其可用于捕杀蚊子和苍蝇。2011年8月5日，万国进出口公司向义乌海关提交被扣货物不侵权的书面说明及有关证据，并缴纳保证金申请反担保放行。2011年8月10日，义乌海关封存样品后作出解除扣留通知书，将上述被查扣货物放行。原审法院向义乌海关调取了被控侵权实物即海关封存的样品。另查明，洲赫电器公司系上述被查扣电蚊拍的生产商。2011 年 7 月 1 日，捷润商贸公司向义乌海关申报出口 15000 个电蚊拍，该批电蚊拍上使用的“YPD”标识与虞某某、力天电器公司涉案商标相同。虞某某、力天电器公司曾于 2011 年 7 月 25 日以捷润商贸公司侵害其涉案商标专用权为由起诉过该公司，原审法院于同年 11 月 23 日作出民事判决，判令捷润商贸公司停止销售侵害虞某某涉案商标专用权的商品的行为。后捷润商贸公司不服该判决提起上诉，其在二审中提交了洲赫电器公司出具的证明，证明捷润商贸公司销售的电蚊拍均源于洲赫电器公司，洲赫电器公司在阿里巴巴网站上设有销售平台，其销售的电蚊拍上印有“YPD”标识，销售模式包括批发和零售。洲赫电器公司的公司网站上有印有“YPD”标识的电蚊拍图片。

二、法院裁判理由及结果

原审法院审理后认为，本案争议主要在于：被控侵权产品电蚊拍与涉案注册商标核定使用商品是否属于类似商品；洲赫电器公司、万国进出口公司应否承担停止侵权并赔偿经济损失的民事责任。本案中，双方对被控侵权商品上使用的“YPD”商标与涉案注册商标相同均无异议，但双方对被控侵权商品与涉案商标核定使用商品是否属于类似商品存有争议。按照规定，类似商品是指在功能、用途、生产部门、销售渠道、消费对象等方面相同，或者相关公众一般认为其存在特定联系、容易造成混淆的商品。相关公众是指与商标所标识的某类商品或者服务有关的消费者和与前述商品或者服务的营销有密切关系的其他经营者。根据我国商标立法精神及相关规定，有关消费者是否容易混淆是判定商品是否类似的最终标准，而商品的功能、用途、生产部门、销售渠道、消费对象、销售价格及商标的显著性等均是判断商品是否类似的重要考量因素。本案中，涉案商标核定使用的商品包括“蝇拍”，而被控侵权商品现被通称为电蚊拍。从功能、用途看，在日常生活中，蝇拍的灭杀对象并不局限于苍蝇，其也可以用于捕杀蚊子，而电蚊拍除可用于捕杀蚊子外，也可用于捕杀苍蝇，本案被控侵权商品的包装袋也显示其可用于捕杀蚊子和苍蝇。从销售渠道看，蝇拍和电蚊拍在超市、便利店均有广泛销售，消费者同时接触两者的机会较大，容易使相关消费者将两者联系在一起。从消费对象看，因蝇拍、电蚊拍均属于日常生活用品，使用二者的均为广大普通消费者，而非特定人群。因此，二者在功能、用途、销售渠道、消费对象等方面均相同。从商品的销售价格看，蝇拍、电蚊拍均为价值低廉的商品，消费者在购买时往往会施以较低的注意力，更容易对二者的来源造成混淆，因此，判定二者类似的可能性更大。综上，如果“YPD”商标由不同主体注册并同时使用在蝇拍和电蚊拍上，消费者容易联想到它们之间存在某种特定联系，会对商品的来源产生混淆和误认。故被控侵权产品与涉案商标核定使用的商品构成类似。虞某某系“YPD”注册商标的专用权人，其在核定使用的商品范围内对上述商标所享有的专用权受法律保护。力天电器公司作为上述商标的排他使用被许可人，可以与虞某某共同就上述注册商标专用权被侵害的事实主张权利。按照规定，未经商标注册人的许可，在同一种商品或者类似商品上使用与其注册商标相同或者近似的商标以及销售上述商品的，均为侵犯注册商标专用权的行为。涉案电蚊拍与涉案商标核定使用商品属于类似商品且商标相同，在未经原告许可的情况下，洲赫电器公司生产和销售该产品、万国进出口公司销售该产品，其行为均侵害了涉案注册商标专用权，故对力天电器公司、虞某某要求洲赫电器公司停止生产和销售侵权产品、万国进出口公司停止销售侵权产品的诉讼请求，予以支持。关于赔偿责任问题，销售不知道是侵犯注册商标专用权的商品，能证明该商品是自己合法取得的并说明提供者的，不承担赔偿责任。本案中，因万国进出口公司销售的侵权产品系洲赫电器公司提供，且力天电器公司、虞某某亦无证据证明万国进出口公司明知或者应当知道其所销售的产品系侵权产品，万国进出口公司所销售的产品有合法来源，其无须承担赔偿责任。关于洲赫电器公司应承担的赔偿金额，因力天电器公司、虞某某未提供证据证明其在被侵权期间因侵权所受到的具体损失或侵权人所获得的具体利益，综合考虑涉案商标的知名度、侵权行为包括生产和销售，特别考虑到洲赫电器公司的侵权行为规模、销售行为包括零售和批发且其曾实施多次侵权行为等因素，酌定洲赫电器公司应付的赔偿金额为 10 万元。因力天电器公司、虞某某未提供证据证明洲赫电器公司、万国进出口公司系共同侵权，故其要求洲赫电器公司、万国进出口公司共同赔偿并互负连带责任的主张，于法无据，不予支持。洲赫电器公司以被控侵权商品与涉案商标核定使用商品不属于类似商品为由认为其行为不构成侵权，其抗辩意见与事实不符。洲赫电器公司辩称，其实施的行为系涉外定牌加工行为，并未侵害原告涉案商标专用权，该抗辩意见与查明的事实不符，不予采信。万国进出口公司辩称其仅系被控侵权产品的代理出口商，但其未提供证据予以证实，其抗辩意见不予采纳。综上，判决：（1）义乌市洲赫电器有限公司立即停止生产、销售侵害虞某某“YPD”注册商标专用权的商品的行为；（2）浙江万国进出口有限公司立即停止销售侵害虞某某“YPD”注册商标专用权的商品的行为；（3）义乌市洲赫电器有限公司于判决生效后5日内偿付义乌市力天电器有限公司、虞某某经济损失10万元（含为制止侵权行为所支付的合理费用）；（4）驳回义乌市力天电器有限公司、虞某某的其他诉讼请求。

二审法院审理后认为，被控侵权产品“电蚊拍”与涉案商标核定使用的商品“蝇拍”，两者均为生活日用品，用于捕杀蚊子、苍蝇，在超市及便利店均有广泛销售，销售价格较低，相关公众会认为两者具有特定联系。尤其是同时在蝇拍、电蚊拍上看到“YPD”商标时，相关公众很容易联想到它们来源于同一厂家。另外，经查阅《商标注册用商品和服务国际分类表》和《类似商品和服务区分表》（第九版），该表第9类中并没有“电蚊拍”这一商品类别，综上，原审法院从商品的功能、用途、销售渠道、消费对象、销售价格以及相关公众的认知等方面判定此两种商品属于类似商品并无不当。从原审查明的事实看，本案被控侵权产品系由洲赫电器公司生产、销售的事实清楚，洲赫电器公司不仅通过万国进出口公司销售被控侵权产品，还通过捷润商贸公司销售，且洲赫电器公司在阿里巴巴网站上设有销售平台，销售模式包括批发和零售，网站上的电蚊拍图片也印有“YPD”标识。未经商标注册人的许可，在同一种商品或者类似商品上使用与其注册商标相同或者近似的商标以及销售上述商品的，均为侵犯注册商标专用权的行为。因此，洲赫电器公司未经商标注册人许可，在其生产、销售的与涉案商标核定使用商品类似的商品“电蚊拍”中使用了与涉案商标相同的“YPD”标识，该行为已侵犯了力天电器公司、虞某某的注册商标专用权，洲赫电器公司主张其系涉外定牌加工不构成侵权的依据不足，应不予支持。关于赔偿数额，本案中，由于力天电器公司、虞某某不能举证证明其因侵权所受到的损失，亦无证据证明洲赫电器公司所获得的利益，故应根据本案相关情节酌情确定赔偿数额。原审法院综合考虑涉案商标的知名度、侵权情节、侵权规模等因素，酌情确定10万元的赔偿额并无不当。综上，依照《民事诉讼法》第153条［《民事诉讼法》（2023年修正）第177条］第1款第1项之规定，判决驳回上诉，维持原判。

三、判解及提示

对侵害注册商标专用权行为认定的过程，一般经过以下三个步骤：首先，确定注册商标专用权的权利范围。《商标法》（2019年修正）第56条规定："注册商标的专用权，以核准注册的商标和核定使用的商品为限。"依此规定，注册商标专用权的权利范围只限于核准注册的商标和该注册商标所核定使用的商品，即注册商标专用权的权利范围由两个方面因素来确定，核准注册的商标和该注册商标所核定使用的商品。其次，确定被控侵权的客体。被控侵权客体的确定也由两个方面的因素所决定，即被控侵权的商标和被控侵权的商标所使用的商品。确定被控侵权客体的意义，在于确定和固化被控侵权行为的载体，为下一步与商标权的保护范围的比对打下坚实基础。最后，将被控侵权客体与注册商标和该注册商标所核定使用的商品进行比较，认定被控侵权的商标与注册商标是否相同或者近似，以及被控侵权商标所使用的商品与该注册商标所核定使用的商品是否属于同一种类或者相类似。

（一）商品类似的判断

本案各方当事人对被控侵权产品上使用的标识"YPD"与案涉注册商标"YPD"相同并无异议，争议焦点之一在于被控侵权产品"电蚊拍"与涉案商标核定使用商品"蝇拍"是否属于类似商品。

1. 判定商品类似时应考量的因素

在审理侵害商标专用权的案件中，所涉及的商品是否同种或类似，是认定是否构成侵权行为的重要事实前提。根据最高人民法院《关于审理商标民事纠纷案件适用法律若干问题的解释》（2020年修正）第11条、第12条的规定，认定商品类似，应当从商品的功能、用途、生产部门、销售渠道、消费对象等方面进行判断；而认定服务类似，则应从服务的目的、内容、方式、对象等方面进行考察；同时，认定商品或者服务是否类似，还应当以相关公众对商品或者服务的一般认识综合判断。另外，受保护的商标的显著性强、知名度大，则类似商品的范围相对较宽。最高人民法院2009年4月下发的《关于当前经济形势下知识产权审判服务大局若干问题的意见》也明确了这项规则，“认定商品类似和商标近似要考虑请求保护的注册商标的显著程度和市场知名度，对于显著性越强和市场知名度越高的注册商标，给予其范围越宽和强度越大的保护”。

2.《商标注册用商品和服务国际分类表》《类似商品和服务区分表》在认定商品或服务相同或类似时所起的作用

根据最高人民法院《关于审理商标民事纠纷案件适用法律若干问题的解释》（2020年修正）第12条规定：“人民法院依据商标法第五十七条第（二）项的规定，认定商品或者服务是否类似，应当以相关公众对商品或者服务的一般认识综合判断；《商标注册用商品和服务国际分类表》《类似商品和服务区分表》可以作为判断类似商品或者服务的参考。”实际上，《商标注册用商品和服务国际分类表》只是商标注册中的一个工具性文件，该表多处的注释明确说明，某些不同类别的商品可以构成类似商品，而同类同组的商品也可判为类似商品，因此在判定是否类似商品时，仅可作为参考，不能作为认定的唯一依据。而《类似商品和服务区分表》是商标行政主管部门以《商标注册用商品和服务国际分类表》为基础，总结多年类似商品和服务划分的实践经验制定并对外公布的，具有一定的客观性、科学性和稳定性，当事人可以将该表作为证明商品或服务是否类似的证据。但该表在商标侵权纠纷案件中也只能作为判断商品或服务是否类似的参考，而不能作为判断类似的唯一标准。如果当事人提出与该表划分的不一致的关于商品类似或者不类似的相关证据，应当根据当事人提供的证据予以认定。在实践中，要尽量避免两种极端的做法：一是完全撇开《商标注册用商品和服务国际分类表》《类似商品和服务区分表》，仅由审判人员根据商品的功能、用途、销售渠道、消费对象等方面去认定商品或服务是否类似；二是完全将《商标注册用商品和服务国际分类表》《类似商品和服务区分表》作为认定商品或服务是否类似的绝对标准。本案中，被控侵权产品“电蚊拍”与涉案商标核定使用的商品“蝇拍”，两者均为生活日用品，均可用于捕杀蚊子、苍蝇，普通公众对“蚊拍”“蝇拍”并不会做不同类别的区分，二者在超市及便利店均有广泛销售，销售价格较低，相关公众会认为两者具有特定联系。尤其是同时在蝇拍、电蚊拍上看到“YPD”商标时，相关公众很容易联想到它们源于同一厂家。另外，查阅《商标注册用商品和服务国际分类表》和《类似商品和服务区分表》（第九版），该表第 9 类中并没有“电蚊拍”这一商品类别，综合考量案涉商品的功能、用途、销售渠道、消费对象、销售价格以及相关公众的认知等方面，判定案涉两种商品属于类似商品。

（二）涉外定牌加工出口行为的认定及是否侵权的判断

合法授权范围内的涉外定牌加工，是指境内生产厂家受境外注册商标权利人的委托生产使用该注册商标的商品，该商品全部销往境外而不在境内销售的一种加工生产方式。涉外定牌加工行为是否构成商标侵权的问题，司法实践中存在侵权与不侵权两种完全不同的观点。一种观点认为，根据商标法的规定，只要贴牌的商标相同或近似、商品相同或类似，就认定构成商标侵权；另一种观点认为，涉外定牌加工行为不属于商标法意义上的使用，全部商品出口，并未进入我国流通领域，不会发生混淆和误认的可能性，不构成侵权。经过多年的司法实践探索，法院对涉外定牌加工行为是否构成侵权的问题持灵活与谨慎的态度。从宏观的角度，对涉外定牌加工业务纠纷的解决，要坚持民法的诚实信用原则，以我国现行商标法为基本依据，亦要充分考虑我国经济发展水平和推动国际贸易发展的现实需求，遏制恶意抢注行为的发生，兼顾国内商标权人和加工企业及境外商标权人或商标使用权人的利益，依据个案的不同情形认定涉外定牌加工行为是否构成商标侵权。既要保护正当的涉外定牌加工国际贸易行为，又要防止境内外相应主体恶意抢注他人具有一定影响商标特别是驰名商标的不诚信行为的发生。在实际操作层面，认定涉外定牌加工是否侵权时，不简单化认定为侵权或不侵权，要考虑商标权人的中国市场份额是否被不正当挤占、其注册商标的商标识别功能是否受到损害、中国国内的消费者是否存在对该商品的来源发生混淆和误认的可能、加工方对定牌加工委托方的商标权等相关情况是否尽到合理审查义务、加工方是否有逃避法律责任的情况等。涉外定牌加工的商品一般均销往境外，相关商标并未在境内市场发挥识别商品来源的功能，境内相关公众对该商品来源不会产生混淆或误认，境内商标注册权人在境内的市场份额和竞争地位未受到影响，其相关权利并未受到实际侵害。行为人是受境外注册商标权利人委托生产使用该注册商标的商品，没有假冒注册商标的主观故意，也没有假冒注册商标的行为，因此对合法授权范围内的涉外定牌加工行为一般不宜以商标侵权来认定。同时，案件审理过程中，需要审核国内企业是否有境外商标标人的合法委托手续，国外企业是否有注册商标的相关手续等材料，同时需要审查国外企业是否存在抢注国内具有一定影响的商标特别是驰名商标，国内加工企业是否尽到合理的注意和避让义务，对驰名商标，加工企业尤其要给予充分的关注。贴牌加工企业与国外商标权人之间构成加工承揽合同法律关系，在贴牌加工中，承揽人应当对定作人是否享有注册商标专用权进行审查。若承揽人根据定作人的指示，在加工制造的商品上使用与他人注册商标相同或相近似的商标，但并未经过注册商标专用权人的许可，则应当认定承揽人未尽到合理注意义务，该加工制造行为构成商标侵权，应当承担侵权责任。但若承揽人不知道其加工制造的产品是侵犯注册商标专用权的，并能够提供定作人及其在中国境内商标权利证明的，不承担侵权责任。对境内受托方超出涉外订单范围生产该注册商标的商品，且确有充足证据证实已在或将在境内销售的部分，由于已侵犯或势必会侵犯境内相关权利人的商标专用权，可能会构成商标侵权。本案被控侵权产品由洲赫电器公司生产，其在本案中并未提交其所陈述的境外商标权人的授权委托材料，且其所生产的案涉产品除出口外，还通过捷润商贸公司及洲赫电器公司在阿里巴巴网站上设立的销售平台销售，销售模式包括批发和零售，网站上的电蚊拍图片也印有“YPD”标识。本案洲赫电器公司主张其系涉外定牌加工不构成侵权的依据不足，法院未予支持。

美术作品相似是不是构成著作权侵权判定的充分条件？

——傅某某与叶某某著作权侵权纠纷上诉案

裁判要旨

美术作品相似并不是著作权侵权判定要求的实质性相似的充分条件，即使不排除后作品有借鉴前作品创意的行为，如果这种相似表现为思想的范畴，不能认定为抄袭了原作独特的表达形式，不能认定为侵权成立。

一、案例简介

上诉人（原审被告）傅某某为与被上诉人（原审原告）叶某某著作权侵权纠纷一案，不服浙江省义乌市人民法院的民事一审判决，向浙江省金华市中级人民法院提起上诉。

傅某某上诉称：（1）叶某某以他的《激浊扬清》作品在《浙中新报》《义乌商报》上公开过为由，指控傅某某创作的农民画《激浊扬清》侵害其作品复制权。事实上，《浙中新报》《义乌商报》上的作品能够反映出来的作品构图只是一个农妇在摇风车，不是一男一女；叶某某向法院提供的作品并未公开过。（2）原审法院判定傅某某侵犯了叶某某的复制权实属荒谬。（3）傅某某《激浊扬清》作品是根据义乌农民生产生活而创作。义乌农民有在风车上书写"激浊扬清"字样的传统习俗，夫妻两人用风车扇谷是当地农村十分熟悉的现实生活；在书画界，将作品以《激浊扬清》命名，并表达廉政这一主题是书画家惯常做法。（4）傅某某《激浊扬清》作品与叶某某的作品完全不同，更不可能构成实质性相似。叶某某作品用写实的手法，人物造型更接近生活，傅某某作品采用了夸张的手法，画面更活泼欢快。叶某某作品和选举有关，表达留下的是人民公仆，去除腐败分子（黑色小人）的主题，傅某某作品描述的只是农村扇谷的生活场景。两幅作品在构图、色彩、人物造型、构成元素等方面均不相近似。（5）由“激浊扬清”联想到“反腐倡廉”是一件很自然的事情。如果说两幅画具有一点儿相似性，原因在于两幅画均来源于写有“激浊扬清”字样的风车这样一种事实，这就类似于三个画家在不同的时间内比照同一个模特写生，作品很可能会具有一些相似性。（6）本案两幅作品的“创意”也显然不同。叶某某作品，立意单刀直入，主题鲜明，但把观众的想象空间侵蚀殆尽；傅某某作品寓意具有多维性，观众可以发挥想象。两幅涉诉画作之“创意”水平的高下，大赛组委会已有定论。

叶某某答辩称：叶某某作品的创作目的是告诫竞选当上村长的儿子要廉洁选举、廉政为民。义乌市纪委筹备举办廉政农民画大赛，把此作品拿去作为向上级汇报的示范作品，所以一直存放在义乌市纪委监察局宣教室。之后，廉政农民画大赛组委会委托叶某某组织义乌廉政农民画培训班，才从纪委宣教室拿回，放在培训班内作为示范作品。经义乌市纪委和后宅街道纪委领导的同意，叶某某把此作品张贴在后宅街道宅二村居委会叶氏宗祠墙上作廉洁选举宣传。《义乌商报》《浙中新报》在报道的图片上没有把作品中的男配角拍进去，一审判决已经明确“该差异系因作品的载体不同造成的”。叶某某原审起诉状上也只强调主要人物农妇和两幅作品主要构图的雷同，没有提及男配角；傅某某作品中的那个男的动作，根本是违反生活实际的臆造，傅某某作品中的男的是帮倒忙。叶某某已在原审起诉状上明确，其把《激浊扬清》作品大同小异地分别画在义乌新火车客站、稠城街道东象山村等地的墙上，这种大同小异就是指有的地方没有男配角，有的地方画了一个和两个男配角。

法院认定事实如下：叶某某为宣传廉洁选举创作完成了美术作品《激浊扬清》，该作品分别在义乌市稠城街道东象山村、《义乌商报》、《浙中新报》等地或媒体上公开过。叶某某涉案作品《激浊扬清》主要构图为一男一女扇谷（女左男右），其中女人头披头巾、身系围裙、右手摇风车，男人颈背草帽、双手持畚斗；风车木漏斗上写有“激浊扬清”四个字，风车下端稻谷出口处为金色的稻谷、装稻谷的篮筐及“人民公仆”四个字，风车尾部扇出黑色小人，小人身上写有“腐败分子”四个字。为参加义乌廉政农民画大赛，傅某某绘制了美术作品《激浊扬清》，后该作品获大赛一等奖。傅某某涉嫌侵权作品《激浊扬清》主要构图为：一男一女扇谷，其中女人头披头巾、身系围裙在左，男人颈背草帽在右；风车木漏斗上写有“激浊扬清”四个字，风车下端稻谷出口处为金色的稻谷及装稻谷的篮筐，风车尾部扇出黑色瘪谷、谷秕。此外，风车左上方木漏斗内装有金色稻谷，稻谷上有 6 只小鸟，风车左上方还画有一轮太阳。将叶某某、傅某某两人的涉案作品进行对比，两者的相同之处为：题目均为《激浊扬清》，构图均为一男一女扇谷（女主男辅），其中女人头披头巾、身系围裙在左，男人颈背草帽在右，风车木漏斗上写有“激浊扬清”四个字，风车下端稻谷出口处为金色的稻谷及装稻谷的篮筐。另查明，义乌人骆光荣著、作家出版社出版的《义乌民俗图说》第 26 页有“农妇手摇风车扇谷”图；义乌人方铎良、方红兴分别在义乌市后宅街道大傅宅村、义乌市后宅街道李祖村的墙壁上画过“农妇手摇风车扇谷”图；骆光荣《义乌民俗图说》中的“农妇手摇风车扇谷”图风车上没有文字，方铎良、方红兴墙壁画的风车上写有“扬清”二字。此外，义乌人方健华家中的风车上写有“杨清激濁”四个字，以上作品均与廉洁选举无关。叶某某在东象山村墙壁上画了构图有一个女性人物的《激浊扬清》作品。叶某某在画布上创作完成了构图有一个女性人物的《激浊扬清》作品，该作品在义乌市后宅街道宅二村展出，《浙中新报》《义乌商报》对其进行了图文报道，该作品在义乌市后宅街道宅二村展出后，叶某某在此作品原构图的基础上，在该幅画的右边增加了一个男性人物。

二、法院裁判理由及结果

原审法院审理后认为，叶某某绘制的《激浊扬清》图与他人创作的“农妇手摇风车扇谷”图相比有其独特的表现方式，他人创作的“农妇手摇风车扇谷”图仅为农村生活的写照，并无特定含义，而叶某某将“风车扇谷”与廉洁选举相结合，力图通过该作品表达他的特定思想，因此，叶某某作品《激浊扬清》具有独创性，符合作品的构成要件，应受著作权法保护。著作权法保护的是作品独特的表达方式，而非表达出来的思想。该案中，傅某某的行为是否构成侵权关键在于两幅作品中相同或实质性相似的部分是思想还是表达方式。叶某某认为被控侵权作品与其涉案作品的创意（用风车扇谷来表现廉洁选举）相同，而创意属于思想范畴，不受著作权法保护。虽然风车扇谷表现廉洁选举的创意人人都可以使用，但该创意的表现手法可以多样。两幅作品素材选择均为风车、一男一女，画面设计均为女左男右、女主男辅，人物着装均为女人头披头巾身系围裙、男人颈背草帽。就美术作品而言，素材的选择、画面的设计以及人物着装的安排等方面都是作者表达其特定思想的具体表现形式，而这些表现形式在他人作品中并未集中出现过，应属于叶某某作品具有独创性的表达方式。因傅某某《激浊扬清》作品使用了叶某某作品中具有独创性的表达方式，两幅作品在整体上构成实质性相似，且叶某某作品在傅某某创作涉嫌侵权作品之前已公开，应推定傅某某接触了叶某某的《激浊扬清》作品，结合傅某某未提供证据证明其行为属于合理使用等因素，应认定傅某某侵害了叶某某《激浊扬清》作品的复制权，叶某某关于判令傅某某停止侵害其《激浊扬清》作品复制权的行为并赔偿经济损失的主张，合法有据，予以支持。因叶某某未提供证据证明其实际损失和傅某某的侵权所得，根据涉案作品类型、傅某某侵权行为性质、后果等因素，特别考虑到傅某某曾因涉嫌侵权作品获得5000元奖金的事实，酌定傅某某就该案应赔偿数额为7000元。综上，判决：（1）傅某某立即停止侵害叶某某《激浊扬清》作品复制权的行为；（2）傅某某于该判决生效之日起5日内赔偿叶某某7000元（含合理费用）；（3）驳回叶某某的其他诉讼请求。

二审法院审理后认为，要判断傅某某是否侵犯了叶某某涉案作品的著作权，需要判断傅某某创作涉嫌侵权作品前是否接触过叶某某涉案作品以及傅某某涉嫌侵权作品是否与叶某某涉案作品构成实质性近似。对傅某某是否接触过叶某某涉案作品的问题：傅某某与叶某某都是义乌本地农民，有画农民画的共同爱好，发生纠纷前有过交往；叶某某在义乌市后宅街道宅二村公开了其《激浊扬清》作品，当地媒体《义乌商报》《浙中新报》对其进行了图文报道，结合本案认定的傅某某与叶某某作品创作时间的事实，可以推定傅某某在其创作涉嫌侵权作品前接触过叶某某公开在宅二村的涉案作品。对傅某某涉嫌侵权作品是否与叶某某提交一审法院原件的作品（构图去掉男性人物后的涉案作品）构成实质性相似的问题：（1）从作品是否受保护的要素看，两幅作品题材都是“农村风车扇谷”；主题都是用风车扇谷及风车上的“激浊扬清”文字，表达除劣留优的寓意；作品反映事实都是农民用风车扇谷；但著作权法对题材、主题、事实等不予保护，两者之间的这些相似或者相同不能构成著作权侵权的理由。对美术作品而言，著作权法主要保护作品色彩、线条、构图结构等。从色彩看，两幅作品除谷物采用金色、围裙采用蓝色，二者近似外，构图的主要部分如背景、风车、人物服装等色彩明显不同。从构图线条看，两幅作品区别较大，叶某某作品线条平直，傅某某作品线条圆润；傅某某作品中“激浊扬清”字样类似隶书，叶某某作品中字体类似草书。从构图结构看，两幅作品都是风车前有一妇女在摇风车，右手展臂摇动风车扇柄，左手前伸，风车漏斗上有“激浊扬清”字样，有一定的相似性；但这种相似的原因在于“农村风车扇谷”现实是这种情形。傅某某和叶某某都画了风车扇谷这一题材，任何人都不可能凭空杜撰，这种结构上近似的情形，也不能作为构成著作权侵权的根据；傅某某在一审中提交的其他人创作的风车扇谷作品也大致是这种结构；并且叶某某作品中只有一个女性人物在扇谷，傅某某作品除此以外，还有一个男性人物在摇风车。（2）从作品受保护的要件来看，独创性是作品受保护的实质性条件。这里的独创性不是思想的独创性，任何作者都有利用另一部作品中反映的主题、题材、观点思想等进行再创作的权利。如果说带有“激浊扬清”风车扇谷表达廉洁选举有独创性，法律也只能对其表达形式上的独创性进行保护，对这一主题任何人都有充分的自由空间进行再创作；并且傅某某作品的廉政主题与叶某某廉洁选举主题也并不完全一致。本案中，即使不排除傅某某有借鉴叶某某作品“用带有‘激浊扬清’字样的风车扇谷表达除劣留优”寓意的行为，也不能就此认定傅某某侵犯了叶某某涉案作品的著作权。著作权法保护的独创性是思想表达形式的独创性，现实生活中有扇谷的风车及在风车上书写“激浊扬清”字样的现实，用“激浊扬清”表达廉政是书画界的常用手法，由此看来，叶某某涉案作品的独创性主要体现为该作品色彩、线条、构图元素、造型整体形成的表达形式及其用风车扇走腐败分子、留下人民公仆的特有表达形式。如判决书前文所述，傅某某涉嫌侵权作品的色彩、线条与叶某某的区别明显。就作品构图元素造型来讲，叶某某作品中留下的是人民公仆（稻谷上写有人民公仆字样），用风车扇去的是写有腐败分子的黑色小人，傅某某作品留下的是饱满稻谷，扇去的是瘪谷、谷秕；叶某某作品中有两个稻谷箢篼，作品左边另有竖写的较为突出的“激浊扬清”黑色文字，傅某某作品中有一个箢篼，没有除风车上的文字以外的其他文字，另有小鸟、太阳、竹子、风车漏斗上的稻谷等。叶某某作品给人一种“写实”的视觉感受，傅某某作品给人一种“夸张”的视觉感受。傅某某没有抄袭叶某某用风车扇走腐败分子、留下人民公仆这种独特的表达形式，两幅作品在具体表达上不构成实质性相似。原审法院认定两幅作品构成实质性相似，傅某某侵害了叶某某涉案作品的复制权，判令傅某某停止侵权并赔偿经济损失的判决缺乏事实和法律依据，应予纠正。综上，傅某某没有侵害叶某某涉案作品著作权，傅某某的上诉理由成立，予以支持。依照《民事诉讼法》第153条［《民事诉讼法》（2023年修正）第177条］第1款第3项之规定，判决：（1）撤销义乌市人民法院（2011）金义知初字第273号民事判决；（2）驳回叶某某的诉讼请求。

三、判解及提示

本案主要涉及以下三个方面的问题。

（一）双方当事人争诉的应是著作权哪项权项

叶某某最初以傅某某侵犯著作权为由向一审法院提起诉讼，一审开庭时合议庭要求叶某某明确傅某某侵犯了其著作权的哪项权项，叶某某认为侵犯其作品的复制权和展览权，后撤回了对展览权的诉讼请求。一审法院最终以傅某某侵犯了叶某某作品的复制权为由，判决傅某某承担停止侵权、赔偿损失等责任。二审法院对是否应将本案定性为侵犯作品复制权存在争议。一种意见是复制权是一个广义的概念，排除本案是否构成侵权本身，一审法院将本案定性为侵犯作品复制权并无不妥。另一种意见认为，本案当事人争议的应是修改权，而非复制权。世界知识产权组织出版的《版权和邻接权法律》对复制的解释是，把一部作品或作品的一个重要部分以任何形式，包括录音、录像等制成一份或一份以上的复制品，最普通的一种复制是将作品另行印刷出一版。《著作权法》（2020 年修正）第 10 条第 5 项规定，复制权，即以印刷、复印、拓印、录音、录像、翻录、翻拍、数字化等方式将作品制作一份或者多份的权利。根据上述规定，本案复制权侵权的基础在于两幅作品在线条、色彩等方面是否构成相似。从案件审理情况来看，争议双方都认为其作品除了“风车、手摇、激浊扬清文字”等要素近似外，还是存在较大差异的，傅某某的作品已经形成了新的作品，认定是否侵害修改权或改编权为宜。考虑到著作权权能的复杂性及当事人诉讼能力的问题，本案审理时实际上采用了第二种观点，但在判决书中对此不予过多评价。

（二）本案是否需要发回重审

一审法院确定的本案案由是侵犯作品复制权、发行权纠纷，二审法院认为本案应定为侵犯作品改编权更为合适。按照审判惯例，二审改变案由，本案应发回重审，但本案一审法院虽然以侵犯作品复制权、发行权作为案由，在审理时实际上是以侵犯作品修改权或改编权进行审理的，且二者侵权认定标准都是接触加上实质性相近似，故二审改变一审认定的案由并不影响当事人实体和程序性权利，且二审法院采用了复制权、发行权、改编权的上位概念著作权，故本案不再发回重审。

（三）两幅作品是否构成实质性相近似

本案中推定傅某某接触到叶某某的作品并没有争议，最主要的争议在于两幅作品是否构成实质性相近似。分析两幅作品的相同之处与不同之处。两幅作品有一些相近之处：首先，从立意来看，两幅作品都是用带有“激浊扬清”字样的风车扇谷表现去除坏的、留下好的这样一种主题，但主题属于思想的范畴，著作权法对此并不予以保护。其次，两幅作品的构图结构有一定的相似性，都是在风车前有人在摇风车，风车上有谷，风车下也有谷。但这些相似性因为有现实的表现，农村生活扇谷本来就是这种场景，一般是女的用扫帚扇谷，这种结构的相似性不构成著作权侵权要求的实质性相似。最后，风车上书写有“激浊扬清”四个字，初步来看，在风车上写“激浊扬清”四个字具有一定的独创性，但这种独创性如果考虑到现实生活中的风车原型，则这种独创性较低，现实生活中在义乌农村，农民有在风车上书写“激浊扬清”字样的习俗，且二位农民画家都是义乌本地农民，对这种风车很可能都见过，且其他画家也画过带有“激浊扬清”字样的风车。故这种相似性也不能构成著作权侵权要求的实质性相似。两幅作品有一些不相近似，首先，色彩，两幅作品的色彩除了围裙都用了近似的蓝色，其他色彩相差较大，而色彩在美术作品中对人感官具有较强的冲击力。其次，人物不同，叶某某作品是一个女主人公在扇谷，而傅某某作品有两个人在扇谷。最后，线条不同，叶某某作品线条具有较强的写实色彩，傅某某作品线条圆润，夸张。总体而言，两幅作品的相似性是源于现实，这就类似不同的人对不同的人进行写生，由于写生对象都是人，可能会表现出一定的相似性，但这种相似性不足以构成著作权侵权要求的实质性相近似，叶某某指控傅某某侵权不成立。

境外经营法律风险防范类

国外法人的工作人员以国外法人的名义从事法人所指定的经营活动时责任承担主体是谁?

——吴某某与全某某国际货物买卖合同纠纷上诉案

裁判要旨

国外法人的工作人员以国外法人的名义从事法人所指定的经营活动，是履行职务的行为，买卖合同的相对人起诉法人工作人员要求个人承担责任的，被告主体不适格。

一、案例简介

上诉人（原审原告）吴某某为与被上诉人（原审被告）全某某国际货物买卖合同纠纷一案，不服浙江省义乌市人民法院的民事一审判决，向浙江省金华市中级人民法院提起上诉。

吴某某上诉称，全某某具有本案诉讼主体资格。（1）本案诉争交易发生在吴某某与全某某之间。两人自 2005 年以来一直有贸易往来，每次交易从看样、订货、交付、付款均在两人之间完成，全某某从未提起过其仅仅是 MENINA MADURACONF. LTDA 公司的员工，其所从事的是职务行为。相反，全某某均是以合同买方的角色履行合同。（2）即使全某某是巴西 MENINA MADURACONF. LTDA 公司员工，受公司委托与吴某某发生业务关系，由于其在履行合同过程中从未向吴某某提起过其是受巴西 MENINA MADURACONF. LTDA 公司的委托参与买卖活动，依据我国法律规定，受托人因委托人的原因对第三人不履行义务，受托人应当向第三人披露委托人，第三人因此可以选择受托人或者委托人作为相对人主张其权利。具体到本案，基于吴某某的选择，全某某也具有诉讼主体资格。原审法院认定事实不清，导致错误判决，请求二审法院依法撤销原审裁定并依法改判。

全某某答辩称：（1）公司注册登记基本情况、法定代表人 SONIA SO YON JOON KIM 的资料、公司章程及 MENINA MADURACONF. LTDA 公司出具的情况说明等一系列公证认证文件形成了完整的证据链，证明 MENINA MADURACONF. LTDA 公司真实存在及全某某系该公司在中国的一名雇员，代表公司进行签订合同等一系列行为，该行为系职务行为。按照国际贸易交易习惯，签订合同一方主体应该审核另一方交易主体，作为本案主要证据的订货合同是一份由 MENINA MADURACONF. LTDA 公司提供的格式合同并且加盖了 MENINA MADURACONF. LTDA 公司的公章，故吴某某不可能不注意或者忽略合同签订一方主体是 MENINA MADURACONF. LTDA 公司这一事实，进而推翻了吴某某在上诉状中声称交易发生在吴某某和全某某之间，吴某某从不知道全某某是 MENINA MADURACONF. LTDA 公司职员这一说法。（2）吴某某将职务行为和法律所规定的代理相混淆。本案中全某某作为 MENINA MADURACONF. LTDA 公司的一名员工以公司的名义对外签订购货合同，系履行其职务行为。根据我国法律规定，员工和公司之间的关系，从来就不是委托和受委托关系，是职务行为关系。

法院认定事实如下：全某某系巴西 MENINA MADURACONF. LTDA 公司员工，根据该公司要求，全某某持该公司印章在义乌国际商贸城订购货物，包括下单、收取货物及支付货款。2008 年 7 月、8 月，全某某代表该公司向吴某某订购了货物一批，在全某某向吴某某所下的订单中均有吴某某个人签名及盖有巴西 MENINA MADURACONF. LTDA 公司认可的公司印章。至 2009 年 12 月 23 日，全某某确认巴西 MENINA MADURACONF. LTDA 公司尚欠吴某某货款人民币 617602 元。2010 年 7 月 23 日，巴西 MENINA MADURACONF. LTDA 公司出具情况说明，对全某某的公司员工身份及全某某在义乌市场上订购货物所欠货款均予以认可，并承诺由公司承担所欠货款的支付责任。该案在审理过程中，经法院释明后，吴某某不同意追加巴西

MENINA MADURACONF. LTDA公司为本案当事人参加诉讼，坚持要求由全某某承担付款责任。二审经审理查明，原审认定事实部分巴西公司的名称书写有误，其全称应为 M M MENINA MADURA CONFECCOES LTDA. ME，而不是 MENINA MADURACONF. LTDA。

二、法院裁判理由及结果

原审法院审理后认为，全某某作为巴西 MENINA MADURACONF. LTDA 公司的员工，在代表该公司与吴某某从事业务活动时，所产生的法律后果依法应由巴西 MENINA MADURACONF. LTDA 公司承担，就本案所涉货款，吴某某可向巴西 MENINA MADURACONF. LTDA 公司主张权利，现其以全某某为被告提起本案诉讼，属被告主体不适格。综上，裁定驳回吴某某的起诉。

二审法院审理后认为，本案争议在于与吴某某进行商品买卖交易的主体是全某某个人还是公司，亦即全某某作为原审被告主体是否适格。本案中，吴某某提交的订货单中均盖有 M M MENINA MADURA CONFECCOES LTDA. ME 公司认可的公司印章，该公司也认可在该订货单中签字的全某某系该公司员工，对所欠货款也均予以认可，因此，可以认定全某某系作为 M M MENINA MADURA CONFECCOES LTDA. ME 公司的员工与吴某某发生业务往来，所产生的法律后果应该由 M M MENINA MADURA CONFECCOES LTDA. ME 公司承担，就本案所涉货款，吴某某可向 M M MENINA MADURA CONFECCOES LTDA. ME 公司主张权利，现吴某某以全某某作为原审被告提起诉讼，属被告主体不适格。故吴某某的上诉理由依据不足，不予支持。综上，原审法院认定事实清楚，适用法律正确，依照《民事诉讼法》第 170 条［《民事诉讼法》（2023 年修正）第 177 条］第 1 款第 1 项之规定，裁定驳回上诉，维持原裁定。

三、判解及提示

本案最主要的争议在于被告（被上诉人）的主体资格问题，也是涉外买卖合同纠纷中较为常见的纠纷类型。国际买卖合同是至少一方涉外当事人之间就货物买卖等形成的一致意思表示。国际货物买卖合同的当事人可以是公民、法人或其他组织。涉外买卖合同纠纷涉及国际管辖、外籍当事人难以找到、诉讼程序烦琐等情形，在特定情形下主体的确定对当事人权益的最终有效维护会产生决定性的影响。

(一) 职务行为的界定

个人以公司名义订立的国际买卖合同的法律后果由个人承担，还是由个人所在的法人或者其他组织承担的问题，需要先判决该个人的行为是否为职务行为，如果是职务行为，一般由个人所在的法人或其他组织来履行合同约定的义务及相关法律责任。狭义的职务行为，一般是指国家机关工作人员行使职务权力和履行职责的活动，与工作人员的个人行为相对应。广义的职务行为，除上述职务行为之外，还包括劳动合同、劳务合同等关系中的受雇个体从事用人单位或个体指派的与其职责相应的相关事务，这种行为在社会及国际贸易中广泛存在。

(二) 职务行为的责任承担主体

按照我国的相关法律规定及审判实践，法人对其法定代表人和其他工作人员的经营活动，承担民事责任。法人工作人员往往无须对职务行为的后果承担责任，也就是说，员工执行职务是没有法律风险的。法定代表人和其他工作人员的行为是职务行为还是个人行为，当事人对自己提出的诉讼请求所依据的事实或者反驳对方诉讼请求所依据的事实有责任提供证据加以证明。

(三) 本案中全某某的行为是否因属职务行为而免责

行为人行为构成职务行为，一般应具备以下三个要件：(1) 具有法定代表人或工作人员的身份；(2) 以法人或其他组织及个体的名义；(3) 在授权范围内。按照上述要件进行判断时，本案还是存在一定争议的，就第一个要件，全某某自称其是 M M MENINA MADURA CONFECCOES LTDA. ME 公司工作人员，M M MENINA MADURA CONFECCOES LTDA. ME 公司也提交说明材料，认可全某某系其工作人员的身份，但全某某未提交有证据效力的劳动合同、社会保险缴纳等证据，如果全某某与公司串通，存在损害他人权益的道德风险，全某某对该要件的举证并不充分。对第二、第三个要件，吴某某提交的订货单中均盖有 M M MENINA MADURACONFECCOES

LTDA. ME公司认可的公司印章，该公司对其所欠货款也均予以认可，该要件相对充分。国际贸易过程中，当事人对主体的判断应具有较强的风险意识，吴某某提交的订货单中均盖有 M M MENINA MADURA CONFECCOES LTDA. ME 公司认可的公司印章，其应对主体问题给予足够的关注，在存在争议的可能情形下，交易时可以要求合同相对方予以明确。在没有明确的前提下，一般个人买卖交易时，不会要求公司在其合同、订货单等交易材料上盖章。从相关证据来看，本案交易也不符合吴某某构成善意第三人、表见代理等情形。本案吴某某也提出了隐名代理情形下，相对第三人可以选择委托人或受托人主张权利的意见，但实施该意见的前提是全某某和 M M MENINA MADURA CONFECCOES LTDA. ME 公司之间存在隐名代理关系，本案并无相应的证据。综合上述分析，采用民事诉讼优势证据及高度盖然性原则，合议庭认为，可以认定全某某系作为 M M MENINA MADURA CONFECCOES LTDA. ME 公司的员工与吴某某发生业务往来，所产生的法律后果应该由 M M MENINA MADURA CONFECCOES LTDA. ME 公司承担。

案外人能否为案件当事人履行法院调解协议提供担保?

——金华市华润贸易有限公司与 Bidolakh Vasily 合同纠纷案

裁判要旨

案件审理过程中，案外人同意为当事人履行调解协议提供担保的，人民法院应当准许，并在调解书中予以列明。

一、案例简介

原告金华市华润贸易有限公司（以下简称华润贸易公司）为与被告 Bidolakh Vasily（彼多拉赫·瓦西里）［担保人 Chen Mou（陈某）］合同纠纷一案，向浙江省金华市中级人民法院提起民事诉讼。

华润贸易公司起诉称，华润贸易公司、Bidolakh Vasily 于 2011 年 12 月 12 日签订《付款协议书》，约定案外人俄罗斯 ARCADE MANAGEMENT LLC 公司在 2012 年 1 月 30 日前不付清美金 1199207.57 × 6.295 元 = 7549011.65 元人民币货款，则由 Bidolakh Vasily 承担全部清偿责任。现 ARCADE MANAGEMENT LLC 公司未在 2012 年 1 月 30 日前付清上述货款，所以，该货款依约应由 Bidolakh Vasily 偿还。

Bidolakh Vasily 未提交答辩意见。

法院认定的事实如下：法院在审理华润贸易公司与 Bidolakh Vasily 合同纠纷一案中，因 Bidolakh Vasily 持有普通出国护照，华润贸易公司向法院提出申请，请求不准 Bidolakh Vasily 出境，并已提供相应担保。法院认为，本案中华润贸易公司的申请符合《外国人入境出境管理法》第 23 条第 2 项的规定，应予以支持。故裁定：限制 Bidolakh Vasily 出境，并发出边控对象通知书，报送边控函至浙江省高级人民法院，对 Bidolakh Vasily 持有的护照 64NO0881620 实行边控。

二、法院裁判理由及结果

在本案审理过程中，双方当事人自愿达成《和解协议》，案外人陈某自愿作为担保人参与和解。根据最高人民法院《关于人民法院民事调解工作若干问题的规定》第 11 条之规定，法院确认陈某的担保人地位。同时，三方均申请法院依法确认该和解协议的效力并制作民事调解书。该申请符合最高人民法院《关于人民法院民事调解工作若干问题的规定》第 4 条之规定，法院予以准许。三方当事人和解协议第 8 条约定，三方均同意在本和解协议生效后 3 日内向金华市中级人民法院申请依法确认该和解协议的效力及制作民事调解书。金华市华润贸易有限公司在收到民事调解书后 3 个工作日内向金华市中级人民法院申请解除限制 Bidolakh Vasily 出境的措施。

三、判解及提示

本案是华润贸易公司申请法院采取限制出境措施，督促 Bidolakh Vasily 履行合同约定的义务的经典案例。

（一）限制出境（边控）的适用

限制出境措施也称为边控措施，是指在案件审理、执行过程中，为保障审理、执行顺利进行，人民法院依法通知有关当事人或者其他利害关系人，在结案前不得离境、扣留被申请人出入境证件或通知边防机关限制其一定期限内不得出境的强制性措施。

1. 法律依据

《民事诉讼法》（2023 年修正）第 266 条规定，被执行人不履行法律文书确定的义务的，人民法院可以对其采取或者通知有关单位协助采取限制出境，在征信系统记录、通过媒体公布不履行义务信息以及法律规定的其他措施。该条从文义来看，主要指执行领域。2009 年 1 月 1 日生效的最高人民法院

《关于适用民事诉讼法执行程序若干问题的解释》第 36 条至第 38 条［最高人民法院《关于适用民事诉讼法执行程序若干问题的解释》（2020 年修正）第 23 条至第 25 条］对限制出境措施适用进行了比较详细的规定。上述执行领域的限制出境相关规定，民事审判领域予以参考。《出境入境管理法》第 26 条规定，外国人有未了结的民事案件，人民法院决定不准出境的，不准出境。

2. 适用程序

启动方式，限制出境措施的启动方式以当事人的书面申请为原则，以法院依职权主动实施为例外。根据《第二次全国涉外商事海事审判工作会议纪要》规定，当事人在向法院提出申请的同时，法院可以责令申请人提供有效的担保，申请人拒不提供担保的，法院可以裁定驳回其申请。至于担保的方式、数额、是否属可靠担保等，应根据案件的具体情况，由受理申请的法院审查决定。对是否需要交纳费用的问题，法院的做法不统一，最高人民法院《第二次全国涉外商事海事审判工作会议纪要》规定，法院采取限制出境措施过程中产生的费用，由申请人预交，最终应判令由败诉一方当事人负担，故有的法院收取费用；多数法院认为，2006 年修正的《诉讼费用交纳办法》及相关司法解释没有规定申请限制出境需要交纳申请费，因此不需要交纳费用。按照最高人民法院、最高人民检察院、公安部、国家安全部《关于依法限制外国人和中国公民出境问题的若干规定》第 4 条规定，“对有未了结民事案件需要在边防检查站阻止出境的，应向本省、自治区、直辖市公安厅、局交控”。即限制出境的决定机关为省级公安机关，只能通过有关省、自治区、直辖市公安厅、局办理交控手续。所以，在司法实践操作中一般由法院层报省高院，由省高院向省公安机关发函并移交法院裁定、通知书等法律文书，再由省级公安机关通知口岸所在地省级公安机关布控。

3. 实体审查条件

对限制出境的申请，法院会从提出方式、当事人信息、适用对象等方面作形式性审查，也要从合法性、必要性等方面进行实质性审查。按照“有未了结民事案件不能出境”的文义表达，限制出境适用于诉前阶段。民事诉讼是以立案作为诉讼程序的起点，案件一经立案受理只要未执行完结就处于未了结的状态。审判实践中通常认为限制出境措施如同财产保全一样，在立案阶段、诉讼过程、执行阶段中均可以适用。实质审查要注重限制出境措施适用的必要性。如果被申请人有借出境逃避民事责任的可能，不采取限制出境措施，可能会使法院判决难以执行，损害权利人的权利，则可以适用限制出境。但通过调查，被申请人有其他财产，按照银行存款查询、冻结等常规执行手段即可避免法院判决难以执行的，就不必适用限制出境措施。本案华润贸易公司在本案立案审理后，提出对 Bidolakh Vasily 实施限制出境的措施，并提供了担保，符合上述规定的适用条件，法院采取限制出境措施后，Bidolakh Vasily 在出境被拒的情形下，积极与法院、华润贸易公司联系，在其提供担保的前提下，各方达成调解协议，限制出境措施起了立竿见影的效果，本案有效地维护了当事人的合法权益。

（二）案外人提供担保的适用

本案 Bidolakh Vasily 在出境时被拒，其本人一下子又拿不出履行案涉债务的资金，案外人陈某自愿作为担保人参与调解。对此情形，较为少见，合议庭起初认为第三人非本案诉讼当事人的，其参与调解的效力如何，在执行时是否能够得到认可有所顾忌。经查阅相关法律，合议庭对此情形予以肯定的确认。最高人民法院《关于人民法院民事调解工作若干问题的规定》第 4 条（2020 年修正后第 9 条）明确，调解协议约定一方提供担保或者案外人同意为当事人提供担保的，人民法院应当准许。就此情形，从理论上讲，也能视为并没有增加案外人，在调解过程中，案件当事人可以对其履行义务提供担保，案外人提供担保的情形与当事人提供物保的情形并无实质上的差别。民事诉讼以意思自治为重要原则，第三人在各方同意参加诉讼之后达成调解协议，系各方权利处分的体现，法院对此应予确认。

刑事篇

组织体系法律风险防范类

单位犯罪情形下负责人构成犯罪是否要求负责人具备获利的构成要件？

——楼某某、义乌高瑞置业有限公司、贝某某、陈某、陈某某、楼洪某非法采矿上诉案

裁判要旨

在工程施工过程中，没有取得采矿许可证而采挖砂石，为获利将所采矿石进入流通领域构成非法采矿罪；单位犯罪情形下，负责人构成犯罪并不要求其具备获利的构成要件。

一、案例简介

楼某某、义乌高瑞置业有限公司（以下简称高瑞置业公司）、贝某某、陈某、陈某某、楼洪某非法采矿一案，楼某某不服浙江省义乌市人民法院的刑事一审判决，向浙江省金华市中级人民法院提起上诉。

楼某某上诉提出：（1）楼某某等人未主动授意他人挖掘及出售砂石，案涉砂石的挖掘及出售均系他人为谋私利、擅自决策的结果。且客观上高瑞置业公司或楼某某均未收到任何砂石款，楼某某本人无主观非法采矿的目的，即使存在一定的监管过失，也不应承担非法采矿的刑事责任。根据现有证据也无法证明楼某某曾授意或追认案涉挖掘及出售砂石行为。（2）高瑞置业公司出售砂石，并非为获取砂石本身的价值，而是在无处堆放、堆放成本过高等情况下“先卖出（后买回）”，不符合非法采矿罪的主观要件。（3）非法采

矿罪的成立，以“应办却未办”采矿许可证为前提。依照国土资源部（现为自然资源部）复函的规定，高瑞置业公司在已经获得批准的建设用地上，因工程施工而动用砂石，本就无须办理采矿许可证，本案欠缺成立非法采矿罪的客观要件。即便在所涉项目建设之初工程审批尚未完成，也应属于行政管理层面的问题，而不应贸然动用刑法。且该项目之所以推进缓慢，所需证照久拖未批，根本原因在于出让人方面一再更改市政建设的规划。（4）查询浙江省2001年以来非法采矿罪的判例，现有刑事判决中，并无一例将“建设用地上施工时动用砂石”的行为认定为非法采矿，原判适用法律错误。请求撤销原判，改判楼某某无罪。

楼某某的辩护人辩护提出，原判认定楼某某构成非法采矿罪事实不清、法律适用错误，量刑亦与客观行为及情节不符。（1）是否取得建设工程规划许可证、施工许可证不是非法采矿罪构成要件，仅系行政管理层面问题。且政府在项目处置期间已经明确同意砂款折抵工程款，不应再刑事介入。（2）在案涉建设用地上施工动用砂石无须办理采矿许可证。高瑞置业公司没有牟利的意思表示，也无客观获利。前期施工必然会带出砂石，因无处堆放故高瑞置业公司采取先卖后买的方式处理。司法实践中也没有将建设用地上施工时动用砂石的行为认定为非法采矿的先例。（3）高瑞置业公司及楼某某没有开采砂石的主观故意，亦未从中获利，不构成非法采矿单位犯罪。挖掘及出售砂石是龚某某个人行为，现有证据无法证实楼某某曾授意或追认。楼某某至多存在监管过失，原判判处其有期徒刑3年8个月明显过重。（4）原判作出后楼某某有举报他人犯罪线索的立功情节。请求作出公正判决，依法从轻处理。

法院认定事实如下：2011年4月25日，浙江高瑞投资有限公司受让取得义乌市中心区11号街坊地块，并与原义乌市国土资源局（出让人）签订《国有建设用地使用权出让合同》，约定出让人同意在受让人交清全部出让价款之日将出让宗地交付给受让人。同年5月10日，浙江高瑞投资有限公司成立全资子公司即高瑞置业公司。同年5月24日，高瑞置业公司（乙方）与原义乌市国土资源局（甲方）签订《国有建设用地使用权出让合同变更协议》，约定甲方同意原合同受让人变更为高瑞置业公司，原合同其他条款不变。同年下半年，时任高瑞置业公司董事的楼某某、贝某某、陈某等人为单位利益，在未交清国有建设用地使用权出让价款，未办理建筑工程规划许可证、建筑工程施工许可证，亦未取得采矿许可证的情况下，决定开挖及销售地块内的砂石矿。嗣后龚某某（负责工程的副总，另案处理）与陈某某、楼洪某分别协商以砂石款折抵工程款，由陈某某负责 11－5 地块，楼洪某负责 11－2 地块，具体负责开挖、销售砂石、收取卖砂款事宜。其间，陈某安排工程部人员在《土石方工程施工合同》（版本 1）中增设一条由开挖方支付保证金的条款，以防止砂石被过多销售影响公司经济利益，并作为公司代表签署该合同。2012 年年中，贝某某为规避公司违法销售砂石一事，在陈某签订的合同版本 1 的基础上增加不实条款形成合同版本 2 及版本 3，并要求陈某某、楼洪某签署修改后的合同。2011 年 11 月至 2013 年 3 月，陈某某、楼洪某分别向高瑞置业公司交纳保证金 180 万元、100 万元后对各自地块进行施工，并出售砂石矿。经鉴定，陈某某共开挖建筑用砂石矿资源量为 31.94 万立方米，价值 1541.68 万元；楼洪某共开挖建筑用砂石矿资源量为 10.12 万立方米，价值 475.44 万元。案发后，陈某某、楼洪某分别退出违法所得 883 万元、475.44 万元。2019 年 12 月，贝某某向公安机关举报同监室在押犯李某某信用卡诈骗的犯罪事实。2020 年 10 月 26 日，李某某因信用卡诈骗罪被原审法院判处有期徒刑。2021 年 2 月 7 日，贝某某亲属于某退出违法所得 658.68 万元。高瑞置业公司对非法采矿罪自愿认罪认罚，同意公诉机关提出的对其判处罚金 200 万元的量刑建议，且在认罪认罚具结书上签字具结。贝某某对非法采矿罪自愿认罪认罚，同意公诉机关提出的对其判处有期徒刑 3 年 6 个月至 4 年，并处罚金的量刑建议，且在认罪认罚具结书上签字具结。陈某自愿认罪认罚，同意公诉机关提出的对其判处有期徒刑 3 年至 3 年 6 个月，并处罚金的量刑建议，且在认罪认罚具结书上签字具结。陈某某自愿认罪认罚，同意公诉机关提出的对其判处有期徒刑 3 年至 3 年 6 个月，并处罚金的量刑建议，且在认罪认罚具结书上签字具结。楼洪某自愿认罪认罚，同意公诉机关提出的对其判处有期徒刑 3 年，并处罚金的量刑建议，且在认罪认罚具结书上签字具结。

二、法院裁判理由及结果

原审法院审理后认为，高瑞置业公司及其单位直接负责的主管人员楼某某、贝某某、陈某和陈某某、楼洪某均构成非法采矿罪，且情节特别严重。高瑞置业公司，贝某某、陈某、陈某某、楼洪某到案后如实供述自己的罪行，且自愿认罪认罚，依法可以从轻处罚。贝某某检举揭发李某某的犯罪行为，查证属实，属立功，依法可以从轻处罚。贝某某、陈某某、楼洪某主动退出违法所得，可酌情从轻处罚。据此，以非法采矿罪判处义乌高瑞置业有限公司罚金人民币200万元；判处楼某某有期徒刑3年8个月，并处罚金人民币20万元；判处贝某某有期徒刑3年，缓刑5年，并处罚金人民币20万元；判处陈某有期徒刑3年，缓刑4年，并处罚金人民币15万元；判处陈某某有期徒刑3年，缓刑4年，并处罚金人民币15万元；判处楼洪某有期徒刑3年，缓刑3年，并处罚金人民币8万元。

二审法院审理后认为，关于楼某某及其辩护人所提高瑞置业公司不构成非法采矿罪且楼某某对采矿行为不知情的辩解及辩护意见，经查，原国土资源部《关于开山凿石、采挖砂、石、土等矿产资源适用法律问题的复函》明确："建设单位因工程施工而动用砂、石、土，但不将其投入流通领域以获取矿产品营利为目的，或就地采挖砂、石、土用于公益性建设的，不办理采矿许可证，不缴纳资源补偿费。"但本案中，案涉《国有建设用地使用权出让合同》明确约定，在受让人高瑞置业公司交清全部出让价款之日将出让宗地交付给受让人，而高瑞置业公司在开采砂石时并未交清土地出让价款，亦未取得工程项目的建设工程规划许可证、建设工程施工许可证，即高瑞置业公司在受让宗地未符合交付条件，案涉项目未具备动工条件，也未办理采矿许可证的情况下，开采砂石且进行出售，不符合前述复函规定的不办理采矿许可证的情形，已经构成非法采矿罪。其所称高瑞置业公司仅因砂石无处堆放暂时进行处理，而非出售用于牟利的意见，经查与事实不符，不予采纳。关于楼某某对高瑞置业公司非法采矿是否明知的问题，其在侦查阶段以及审查起诉阶段均供述，开采砂石出售经过其本人同意，该供述可与证人黄某某、叶某某、吴某某的证言与贝某某的供述相印证，故对楼某某及其辩护人所提对高瑞置业公司采矿行为不知情的辩解及辩护意见，不予采纳。

本案被告单位高瑞置业公司及单位直接负责的主管人员楼某某、贝某某、陈某，以及陈某某、楼洪某违反矿产资源法的规定，未取得采矿许可证擅自采矿，其行为均已构成非法采矿罪，且情节特别严重。关于楼某某的辩护人所提楼某某有立功情节的辩护意见，经与公安机关核实，其举报的犯罪线索尚未查实。原判根据各被告人的犯罪事实、性质、情节和认罪悔罪表现，所作量刑并无不当，楼某某的辩护人所提量刑过重的辩护理由，不能成立。综上，依照《刑事诉讼法》第236条第1款第1项之规定，裁定驳回上诉，维持原判。

三、判解及提示

矿产资源是国民经济和社会发展的重要物质基础，属于国家所有。我国对矿产资源的开发实行严格的管理，禁止无证开采和超越批准的矿区范围采矿。本案高瑞置业公司等开采砂石的行为比较特殊，也比较典型，是当前非法采矿罪的典型形式。

（一）正常的因工程需要而采挖砂石的认定

国土资源部《关于开山凿石、采挖砂、石、土等矿产资源适用法律问题的复函》明确："建设单位因工程施工而动用砂、石、土，但不将其投入流通领域以获取矿产品营利为目的，或就地采挖砂、石、土用于公益性建设的，不办理采矿许可证，不缴纳资源补偿费。"实践中，为了满足施工过程中需要用到的建筑砂石所进行的采挖，不认定为犯罪。本案中《国有建设用地使用权出让合同》明确约定，在受让人高瑞置业公司交清全部出让价款之日将出让宗地交付给受让人，而高瑞置业公司在开采砂石时并未交清土地出让价款，亦未取得工程项目的建设工程规划许可证、建设工程施工许可证，即高瑞置业公司在受让宗地未符合交付条件，案涉项目未具备动工条件，本案不符合因工程需要而采挖砂石的前提条件。即使本案不考虑土地出让金的问题，构成工程需要采挖砂石不构成犯罪应满足案涉工程自用或者公益性建设需要，本案砂石让两位土石方工程经理出售用于折抵工程款，在未办理采矿许可证的情形下，本案不符合因工程需要而采挖砂石的实质条件，已构成非法采矿罪。

（二）单位犯罪下获利情形与是否构成犯罪关联性认定

单位犯罪是指公司、企业、事业单位、机关、团体为单位谋取非法利益或者以单位名义，经单位集体研究决定或者由负责人员决定，故意或者过失实施的犯罪。本案砂石款用来折抵高瑞置业公司应予支付的工程款，实际获利者是高瑞置业公司，应视为其变相地收取了砂石款，单位犯罪情形下，并没有负责人或其他管理人员获利的构成要件要求，本案楼某某及其辩护人所述的高瑞置业公司未收到砂石款与事实不符，其所述的楼某某未获利不影响本案的定罪。

本案高瑞置业公司是案涉土地的受让主体，因工程需要采挖砂石也较为普遍且不认为是犯罪。本案其开采矿石具有一定的现实合理性，甚至在时机成熟的情形下有一定的必要性，不同于常规意义上的非法采矿，但从现实来看，司法机关对非法采矿罪的认定是“没有取得采矿许可证就是非法采矿”，一旦企业存在未批先采的行为，就很可能被认定为非法采矿并被追究刑事责任。因此，在这种司法现实下，作为建筑企业，还是要严格遵守矿产资源开采的相关规定，增强合规意识，规范开采活动，尽量杜绝违规操作，避免触碰刑法的红线。

将职务侵占的款项用于破坏选举等非法活动是否数罪并罚？

——杜某某职务侵占、破坏选举，王晓某、杜益某、杜加某破坏选举上诉案

裁判要旨

行为人利用职务便利及恶势力的特有控制力，将村委会的款项支出用于自己特定用途，与常见的侵占村委会的款项并无不同，构成职务侵占罪；将职务侵占的款项用于破坏选举等非法活动的，不属于想象竞合犯，亦不构成吸收犯、牵连犯等犯罪形态，应该数罪并罚。

一、案例简介

杜某某职务侵占、破坏选举，王晓某、杜益某、杜加某破坏选举一案，上诉人东阳市杜班建材有限公司、杜某某、王某某、王晓某、杜益某不服浙江省义乌市人民法院的刑事一审判决，向浙江省金华市中级人民法院提起上诉。

杜某某上诉提出：（1）案涉选举补贴经过审批，杜某某没有非法占有行为，不构成职务侵占罪。（2）杜某某帮儿子拉票的情节并不严重，不构成破坏选举罪。

杜某某辩护人提出：（1）关于职务侵占罪。发放选举误工补贴是湖沧村的惯例，也是经过严格程序进行，经村“两委”讨论决定，经村干部签字以及在东阳市江北街道办事处财务备案，符合报销程序。（2）关于破坏选举

罪。从技术上讲，杜某某不可能做到只发放给投给杜益某票的选民，其他人不发放，杜某某没有采取暴力、威胁、欺骗、贿赂等手段，妨害选民的意志。即使杜某某的行为同时构成职务侵占罪和破坏选举罪，也符合想象竞合犯，应从一重罪处理。

王晓某上诉及其辩护人提出，原审认定王晓某犯破坏选举罪错误。王晓某不知道杜某某、杜益某有贿选的情况，王晓某的行为未达到情节严重的程度。

杜益某上诉及其辩护人提出，杜益某参与的东阳市人大代表的选举过程虽存在违规行为，但给选民发放100元是惯常做法，不构成犯罪。杜益某在人大代表选举中没有实施暴力、威胁、欺骗等妨害选民行使选举权的行为，情节不严重，不构成犯罪、不应追究刑事责任。如果认定其构成破坏选举罪，应属于坦白情况，依法可以从轻处罚。

法院认定事实如下：1996年，杜某某当选浙江省东阳市江北街道湖沧村支部书记后，利用手中权力安排大量亲信入党，并安排王某某及徐某浩等亲信担任支部委员，逐渐控制了湖沧村党支部。之后，杜某某排除异己，又陆续安排杜加某及王思某、朱某某、王大某、王朝某、王国某、王双某等人为村民小组组长，进而掌控湖沧村。在之后的选举中，杜某某利用小组长对村民的控制，肆意操控村委，安排楼某某、杜王某、王狄某等亲信进入村委任职，至此杜某某彻底把控了湖沧村村委。为了将湖沧村沦为其敛财工具，杜某某先后安排王国某、楼某某担任财务，方便其侵吞村集体资产。在之后的二十多年中，杜某某把持基层组织，肆意罢免村委干部。2014年杜某某被东阳市纪委立案调查后，其又扶持儿子即杜益某、女儿杜高某成为湖沧村委书记、村委会主任。其间，杜某某为巩固其把持的基层组织，雇凶伤人，排除异己。以杜某某为首，杜加某、王某某、王晓某、杜益某等人为成员的恶势力犯罪团伙，在把持东阳市江北街道湖沧村基层组织期间，侵占村集体资产、非法占用农用地、故意毁坏财物，利用杜某某实际控制的东阳市杜班建材有限公司（以下简称杜班建材公司）实施非法采矿的犯罪活动，通过贿选等方式破坏选举，严重破坏了当地的政治、经济和社会生活秩序。（1）职务侵占部分。2011年年底，杜某某在杜益某参选东阳市第十四届人民代表大会代表的过程中，在湖沧村村“两委”开会时指示湖沧村8名小组组长即杜加某等人采用财物许诺的方式对小组内选民进行拉票，承诺投票给杜益某的选民每人有100元补贴。后于2012年2月，杜某某以发放选举工资为由，从村集体列支132300元，并以每人100元的标准发放给投票给杜益某的选民，对于投票给其他人员的选民则不予发放。(2) 破坏选举部分。2011年年底，东阳市第十四届人民代表大会代表推选工作中，杜益某未能被推选为东阳市人大代表候选人。杜某某、杜益某经合谋后准备冲选。杜某某在湖沧村村“两委”开会时指示湖沧村8名小组组长即杜加某等人采用财物许诺的方式对小组内选民进行拉票，杜某某、杜益某承诺投票选杜益某为东阳市人大代表的选民每张票兑现100元或一桶煤气，同时承诺村民给予别的参选候选人相同标准好处。其间，杜加某积极向小组内卢跃某、王子某等人进行拉票贿选。后杜某某、杜益某安排王朝某、王国某、王双某等人挨家挨户上门，利诱选民、分发写有杜益某名字的名片，选民的选票由雇用的代表填写或填写后由雇用的代表过目。另外，杜某某、杜益某还指使王晓某等人协助贿选，并且安排人员到同个选区其他村拉选票，同样承诺给选民每张票兑现现金100元或者煤气票、嘉华酒店抵扣票等。其间，王晓某在明知杜益某存在拉票贿选的情况下，不仅要求自家人给杜益某投票，还帮杜益某联系了社姆新村上社姆自然村的小队长张某某、狮山杜村的村委会主任杜江某等人为杜益某拉票，后杜益某送给张国某6条香烟让其帮忙在下社姆村拉票贿选。2012年杜益某冲票当选东阳市第十四届人大代表。同年5月，杜某某、杜益某以庆祝“杜班建材公司”开业两周年和嘉华酒店装修重新开业之喜为由对本区内投票给杜益某的选民兑现了100元现金以及食用油一桶或嘉华酒店优惠券的选举酬金（该笔款项由杜某某以发放工资为由从村财务支出），对其他选区的选民同样分发了100元现金或者嘉华酒店优惠券。本案还涉及其他主体及其他犯罪事实。湖沧小区、湖沧村和界上虞等村在2007年至2017年的人大代表选举中会给参加选举的人员发放误工工资（补贴）。

二、法院裁判理由及结果

原审法院审理后认为，被告人杜某某利用职务上的便利，将村集体财产非法占为己有，数额较大，其行为已构成职务侵占罪。杜某某、杜益某、王晓某在选举东阳市人民代表大会代表时，以贿赂手段破坏选举，妨害选民和代表自由行使选举权和被选举权，情节严重，其行为均已构成破坏选举罪。公诉机关指控杜某某利用职务便利，将以低价向村集体或村民购买的土地使用权据为己有或以明显低于市场交易价转卖给自己的亲属的事实、杜某某用村集体财产发放 8800 元给帮助贿选的杜加某等人的事实构成职务侵占罪证据不足，不予支持；指控杜加某犯破坏选举罪不当，不予支持。杜某某、杜加某、王某某、王晓某、杜益某等人把持基层组织，在一定区域内多次实施违法犯罪活动，扰乱社会秩序，造成恶劣的社会影响，系恶势力犯罪团伙，各原审被告人及其辩护人提出本案不构成恶势力犯罪团伙的辩解及辩护意见，均不予采纳。在破坏选举罪的共同犯罪中，杜某某、杜益某起主要作用，系主犯；王晓某起次要、辅助作用，系从犯，依法应当从轻处罚。辩护人徐某某提出指控杜某某职务侵占村民土地使用权部分不构成职务侵占罪、辩护人林某某、苑某提出杜加某的行为不构成破坏选举罪的辩护意见有理，均予以采纳。综上，判决：……（2）杜某某犯职务侵占罪，判处有期徒刑 10 个月；犯破坏选举罪，判处有期徒刑 8 个月……（5）王晓某犯破坏选举罪，判处有期徒刑 7 个月……（6）杜益某犯破坏选举罪，判处有期徒刑 8 个月……

二审法院审理后认为，关于上诉理由及辩护人关于职务侵占罪的辩护意见，经查，湖沧村从集体列支 132300 元选举补贴给村民，该款项支出有村支委徐某浩签字，并在上卢管理处备案。从杜某某的身份、恶势力团伙之首的身份认定，杜某某、杜益某的供述，证人楼某某的证言等证据材料来看，杜某某在湖沧村村“两委”会议上指示湖沧村 8 名小组组长采用财物许诺的方式对小组内选民进行拉票，承诺投票给杜益某的选民每人有 100 元补贴，该款项使用目的系为杜益某拉票。按照常理，即使先发补贴，再参加选举，选民也有权决定是否选拉票的被选举人。本案即使如杜某某辩护人所述，没有投票给杜益某的村民只要参加选举，也拿到 100 元补贴，经杜某某在村会议及选举过程中对村民的承诺，案涉选举补贴已发挥其为杜益某助选的作用，原审将该款项认定为杜某某职务侵占的款项并无不当。并且，杜益某本人的供述称，湖沧村有组长统计投票给杜益某的人员并据此发放补贴。关于破坏选举罪。经查，杜某某在湖沧村村“两委”开会时指示湖沧村8名小组组长采用财物许诺的方式对小组内选民为杜益某竞选东阳市市级人大代表拉票，杜某某、杜益某安排王朝某、王国某、王双某等人上门利诱大量选民，王晓某在明知杜某某、杜益某存在贿选的情况下，积极要求自家人为杜益某投票，并帮助杜益某联系社姆新村上社姆自然村的小队长张某某、狮山杜村的村委会主任杜江某等人为杜益某拉票，最终使杜益某冲票当选东阳市第十四届人大代表，情节严重，原审认定杜某某、杜益某、王晓某构成破坏选举罪事实清楚，证据确实充分。杜某某、杜益某、王晓某对此犯罪的上诉意见及其辩护人所提的辩护意见不能成立，不予采纳。杜某某非用自己的财产贿选，本案职务侵占罪与破坏选举罪不符合想象竞合犯的特征。综上，杜某某所提上诉意见及其辩护人所提案涉职务侵占犯罪的辩护意见不成立，不予采纳。杜某某利用职务上的便利，将村集体财产为己所用，数额较大，其行为已构成职务侵占罪。杜某某、杜益某、王晓某在选举东阳市级人民代表大会代表时，以贿赂手段破坏选举，妨害选民和代表自由行使选举权和被选举权，情节严重，其行为均已构成破坏选举罪。杜某某、王某某、王晓某、杜益某、杜加某等人把持基层组织，在一定区域内多次实施违法犯罪活动，扰乱社会秩序，造成恶劣的社会影响，系恶势力犯罪团伙，各上诉人（单位）及其辩护人提出本案不构成恶势力犯罪团伙的辩解及辩护意见，均不予采纳。杜某某、王某某、王晓某、杜加某均一人犯数罪，依法均应当数罪并罚。原审关于主从犯、累犯、漏罪等的认定事实清楚，证据充分，予以认定。综合原审认定王晓某在破坏选举罪的从犯身份及其该案的犯罪事实，原审对其破坏选举罪判处7个月过重，对王晓某提出的请求二审对其从轻处罚的上诉理由予以采纳。对本案检察员的意见予以采纳。依照《刑法》第26条第1款，《刑事诉讼法》第236条第1款第2项等规定，判决：（1）维持浙江省义乌市人民法院（2020）浙0782刑初747号刑事判决第2项、第5项、第6项有关杜某某犯职务侵占罪，杜某某、杜益某犯破坏选举罪部分的量刑；（2）撤销浙江省义乌市人民法院（2020）浙0782刑初747号刑事判决第5项有关王晓某破坏选举罪、决定执行部分的量刑；（3）王晓某犯破坏选举罪，判处有期徒刑6个月……

三、判解及提示

本案就杜某某职务侵占、破坏选举，王晓某、杜益某、杜加某破坏选举行为涉及的争议较多，主要有以下几个方面。

（一）对杜某某应认定为职务侵占罪还是贪污罪

村干部的身份比较特殊，侵占村里的钱款既可能构成职务侵占罪，也可能构成贪污罪，对此应予以甄别。全国人民代表大会常务委员会《关于〈中华人民共和国刑法〉第九十三条第二款的解释》明确，村民委员会等村基层组织人员协助人民政府从事下列行政管理工作时，属于《刑法》第 93 条第 2 款规定的“其他依照法律从事公务的人员”：（1）救灾、抢险、防汛、优抚、扶贫、移民、救济款物的管理；（2）社会捐助公益事业款物的管理；（3）国有土地的经营和管理；（4）土地征收、征用补偿费用的管理；（5）代征、代缴税款；（6）有关计划生育、户籍、征兵工作；（7）协助人民政府从事的其他行政管理工作。村民委员会等村基层组织人员从事前款规定的公务，利用职务上的便利，非法占有公共财物、挪用公款、索取他人财物或者非法收受他人财物，构成犯罪的，适用《刑法》第 382 条和第 383 条贪污罪、第 384 条挪用公款罪、第 385 条和第 386 条受贿罪的规定。根据《村民委员会组织法》的规定，村民委员会是村民自我管理、自我教育、自我服务的基层群众性自治组织。村民委员会成员除上述履行职务的行为之外，其从事的管理工作并不是以“公职人员”的身份，其利用职务便利，侵占村委会的钱款的，构成职务侵占罪。本案杜某某作为村委会干部，在本案使用资金的行为符合“利用职务上的便利”这一构成要件，处分了这些资金的所有权和处分权，占有资金的目的在于使用，其与杜某某占有这些资金并无区别，损害了村委会的财产权。其侵占的款项又不属于上述规定的情形，仅是案涉村委会自治管理的财产，应认定为职务侵占罪。

（二）杜某某辩护人提出的本案杜某某属于职务侵占罪与破坏选举罪的想象竞合犯是否成立的问题

杜某某的辩护人称杜某某本案职务侵占罪与破坏选举罪如果在构成犯罪的前提下，属想象竞合犯，应择一重罪处之。合议庭一致意见认为，本案明显不属于想象竞合犯的情形，如果其辩护意见为本案构成牵连犯，倒有一定迷惑性。想象竞合犯是基于一种罪过，实施一种犯罪行为，同时侵犯数个犯罪客体、触犯数个罪名的情况。牵连犯是行为人实施某一犯罪，而其手段行为或者结果行为又触犯其他罪名的情况。从两种犯罪形态的定义中可看出，想象竞合犯实际上只有一种危害行为，而牵连犯则有数种行为，如方法行为、结果行为、目的行为等。想象竞合犯是实质的一罪，牵连犯则可能是处断的一罪。本案杜某某身份比较特殊，被法院认定为恶势力之首，加上其曾任村书记、村主任的身份，村里事务基本上由杜某某把控，虽然选举补贴经过村务会议讨论，也在上卢管理处备案，但实际上该款项的支出为杜某某所操纵，用于其儿子杜益某人大代表的选举。从整个过程来看，杜某某在实施破坏选举目的行为的过程中，其采用了利用其职务便利及其恶势力之首的控制力使用了村里资金的手段，本案存在两种犯罪行为，更类似具有牵连犯的特征，辩护人所述的本案符合想象竞合犯的特征缺乏事实依据。

（三）本案杜某某按照一罪处理还是数罪并罚的问题

对此，案件审理过程中存在两种不同意见：一种意见认为，杜某某的行为应以职务侵占罪一罪处理。主要理由如下：杜某某职务侵占行为目的是破坏选举，按照刑法中关于吸收犯、牵连犯的理论，按照一罪处理即可。另一种意见认为，杜某某的行为同时构成职务侵占罪和破坏选举罪，并应实行数罪并罚。

1. 该情形是否构成吸收犯

吸收犯是刑法理论上存在较大争议的一个概念，系指数个不同的犯罪行为，依据日常一般观念或法条内容，其中一个行为当然为他行为所吸收，只成立吸收行为的一个犯罪；事实上数个不同的犯罪行为，其一行为吸收其他行为，仅成立吸收行为的一个罪名。[①] 按照理论界的共识，成立吸收犯需以存在数个犯罪行为为前提，数个犯罪行为需具有一定的从属性或者阶段性关系。司法实践中，吸收犯的主要情形有两种，一是主行为吸收次行为。二是实行行为吸收预备行为。在吸收关系中，一般前行为是后行为的必经阶段，

① 参见马克昌：《犯罪通论》，武汉大学出版社1999年版，第664~666页。

后行为是前行为发展的自然结果。本案中杜某某职务侵占行为与破坏选举行为属于两个相互独立的行为，不存在依附从属关系。职务侵占所涉的资金由行为人掌控，该罪已经构成，之后的破坏选举不是职务侵占行为的必然结果；破坏选举所使用的资金正常情形下应是行为人的合法资金，其与职务侵占缺乏必然联系，不属于主、次行为，更不属于实行行为与非实行行为。杜某某所实施的职务侵占和破坏选举两个行为是针对不同对象分别进行的，在刑法上分别予以定罪处罚并不违背禁止重复评价的刑法适用原则。至于职务侵占的款项可能基于破坏选举的动机，但动机在刑法对犯罪行为评价即定罪上不具有决定性意义，而仅是量刑上的考虑因素。杜某某的破坏选举行为不能被职务侵占行为所吸收，本案不属于吸收犯的情形。

2. 本案是否构成牵连犯

按照上述牵连犯的定义，牵连关系，是以牵连意图为主观形式，以因果关系为客观内容所构成的数个相对独立的犯罪有机统一体。即牵连犯的目的行为，与成为其方法或结果的犯罪行为之间在客观上存在内在的必然联系，并且主观上存在犯意的继续。并不是行为人所犯的二罪，只要形式上具有“手段或结果”的关系，就构成牵连犯。如果行为之间形式上有手段和目的的关系，但两行为之间实际上并无内在、必然联系的，不能构成牵连犯。本案杜某某为了进行非法活动而职务侵占，表面上看，前行为和后行为围绕一个目的而进行，但它们之间并无内在的必然联系，进行破坏选举活动所需资金并不一定要通过职务侵占的方法解决。职务侵占后进行破坏选举的，并不具有牵连犯特征。

3. 本案是否数罪并罚

职务侵占之后又进行破坏选举活动，同时符合两个罪的犯罪构成，应当认定为实质上的数罪，实行并罚。我国刑法理论通说认为，区分一罪与数罪的标准是行为符合刑法规定的犯罪构成的个数。行为人基于一个故意或过失，实施一个行为，具备一种犯罪构成，系一罪；行为人基于两个以上的故意或者过失，实施两个以上的行为，具备两个以上犯罪构成，系数罪。从职务侵占罪和破坏选举罪的构成要件来看，前罪的主体为国家工作人员，后罪的主体则不限于国家工作人员；前罪的客观方面表现为利用职务上的便利，将公司、企业等的财产为己所用，而后者则影响他人的选举权和被选举权，破坏人大选举秩序。因此，本案杜某某职务侵占和破坏选举犯罪为实质上的两罪，又不属于吸收犯、牵连犯等情形，应实行数罪并罚。

另外，最高人民法院《关于审理挪用公款案件具体应用法律若干问题的解释》（法释〔1998〕9 号）第 7 条第 2 款规定，挪用公款进行非法活动构成其他犯罪的，依照数罪并罚的规定处罚。职务侵占罪与挪用公款罪具有实质不同，但犯罪情形具有一定的近似性，对本案的处理亦有一定参考意义。

为单位利益实施诈骗是否影响参与人员诈骗罪的构成？

——杨某某、周某某、章某、薛某某、陈某污染环境、诈骗，义乌市朋昌环保科技有限公司、邵某某、丁某某、洪某某污染环境及附带民事公益诉讼上诉案

裁判要旨

为单位利益实施诈骗不影响参与人员诈骗罪的构成；被害人陷入错误认识作出财产处理与合同签订和履行没有实质因果关系，不符合合同诈骗罪的构成要件；减少支出与非法获利没有实质的区别，不影响诈骗罪的构成。

一、案例简介

杨某某、周某某、章某、薛某某、陈某污染环境、诈骗，义乌市朋昌环保科技有限公司（原名称义乌绿威环保科技有限公司，以下简称朋昌环保公司）、邵某某、丁某某、洪某某污染环境及附带民事公益诉讼一案，朋昌环保公司、杨某某、周某某、章某、薛某某、陈某、邵某某不服浙江省永康市人民法院的一审刑事附带民事判决，向浙江省金华市中级人民法院提起上诉。

杨某某上诉提出，对污染环境罪认罪悔罪，但法院未从宽处理。杨某某不构成诈骗罪，主客观方面均不符合诈骗罪的构成要件，主观上不能认定其具有诈骗罪意义上的“非法占有他人财产的目的”，客观上没有侵害污泥处置单位的财物所有权，杨某某个人没有获利。本案所谓的被害单位没有陷入错误认识并进而作出财产处分，而是对误差不计较，本案被害单位实际并未

作出也不可能作出转移财产的财产处分行为，也没有证据证明被害单位陷入错误认识而作出处分。污泥处置单位自身没有财物被直接骗取，其还有获利。案涉污泥运输等过程中会使重量减少，处置单位对此损耗予以理解和认可。本案少写污泥吨数是一种违反民法诚信原则的不诚信行为，最多是一种民事欺诈，不构成犯罪。其辩护人提出，杨某某的行为不符合诈骗罪的构成要件，至多属于民事欺诈行为，一审判决未正确区分民事欺诈和刑事诈骗，以刑法手段干预民事纠纷，违反了刑法的谦抑性原则。

周某某上诉提出，其不构成诈骗罪。周某某主观上没有非法占有的故意，本案没有被害人，不存在被骗取的财物。其辩护人提出，原审将民事欺诈认定为犯罪违反了刑法的谦抑性原则。

章某上诉提出，章某不构成诈骗罪。本案系民商事合同履行过程中的违约行为，不应认定为诈骗。其辩护人提出，案涉污泥运输过程中存在客观损耗，在案涉小联单上扣减污泥数量是对损耗的估算，相对方也认为误差不大，一审判决对此事实未予论证，直接认定章某等人虚构事实、隐瞒真相，是事实认定错误，违背常识常理。

薛某某上诉提出，原审认定薛某某构成诈骗罪错误。本案转移联票上的“大改小”无论从哪个角度均不构成诈骗罪，该行为与处置“固废”行为一脉相承，涉及想象竞合犯、法条竞合、牵连犯和吸收犯的争议，在本案构成污染环境罪的前提下，不能再定诈骗罪。其辩护人提出，原审认定薛某某等人为谋取个人利益从中骗钱等事实缺乏证据证明，薛某某等人案涉行为不构成诈骗罪，不符合诈骗罪的构成要件。

陈某上诉提出，原审量刑过重，本人主动投案并如实供述，系自首。本案不符合诈骗罪的构成要件，请求二审法院依法改判。其辩护人提出，本案陈某主观上没有非法占有他人财物的故意，客观上没有实施原审判决认定的诈骗行为，原审认定其构成诈骗罪，事实不清，证据不足。陈某向公安机关主动投案，归案后如实供述自己的罪行，符合自首的规定。

邵某某针对本案是否适用缓刑提起上诉，朋昌环保公司认为本案不构成单位犯罪故提起上诉。

法院认定事实如下：2017 年 1 月以来，杨某某在担任朋昌环保公司经理期间，与薛某某、周某某、章某、陈某商量，将公司处置的绍兴印染污泥通过寻找相关处置点的方式进行处置，在处置过程中，利用“圆腾金华运输微信群”将金华余通砖瓦厂、金华市石牌新型建材厂（以下简称石牌建材厂）等具体倾倒、填埋点的位置告诉绍兴圆腾运输有限公司（以下简称圆腾运输公司）傅某华、刘某宁等人，由其安排驾驶员前往倾倒、填埋。杨某某为方便绍兴印染污泥倾倒、填埋顺利开展，进行了人员分工：陈某为副总经理，负责公司污泥处置；薛某某为公司财务经理，负责做账、开发票等工作；章某为公司派驻绍兴业务员，负责为公司寻找印染污泥的货源和运输安排及污泥利用处置转移联单的开票；周某某为业务经理，负责为公司寻找印染污泥的处置场地和联系印染污泥运输车队。洪某某受杨某某指使为该公司寻找印染污泥处置场地、联系运输车队及带路。丁某某受周某某指使联系石牌建材厂为该公司的印染污泥处置场地。朋昌环保公司及上述被告人通过事先商量、分工协作和寻找倾倒、填埋场地，将圆腾运输公司运来的4940吨绍兴印染污泥分别违法倾倒、填埋在金华市金东区曹宅镇神塘殿南侧地块（神塘殿）、金华市金东区傅村镇后畈村红星地产南面（后畈）等地，造成当地环境严重污染。经浙江省环境保护科学设计研究院评估，固废清理处置费用共计2683804元。同时，杨某某、周某某、薛某某、陈某、章某通过改写浙江省污泥利用处置转移联单，将车辆运往金华市新厦墙体材料厂、金华市顺牌砖瓦厂、武义县王宅镇要巨红砖厂等地处置的印染污泥的数量少写，致使少付1801.28吨处置费给相关处置单位。另查明，义乌绿威环保科技有限公司（以下简称义乌绿威公司）于2020年3月5日变更公司名称为朋昌环保公司。2017年2月底以来，杨某某为谋取非法利益，同周某某、薛某某商量后，指使章某在填写“浙江省污泥利用处置转移联单”过程中，用小票将每车转移联单大票上的吨数少0.5吨至1吨运往金华市新厦墙体材料厂、金华市顺牌砖瓦厂、武义县王宅镇要巨红砖厂等地处置，从中骗取钱财，其中陈某于2017年7月入职，于2017年8月、9月参与诈骗。经永康五金会计师事务所有限公司执行商定程序报告审查，义乌绿威公司同一天、同一司机名字、同一车牌号（1张大票对应1张小票，2张大票对应2张小票）2017年2月27日至10月25日的大票与小票的吨位差额为1801.28吨。经查，2017年2月

27 日至 10 月 25 日至少骗得人民币 12.1 万元，其中 2017 年 8 月至少骗得人民币 0.8 万元，2017 年 9 月至少骗得人民币 2.7 万元，2017 年 10 月至少骗得人民币 1.1 万元。邵某某于 2021 年 6 月 23 日向永康市检察院缴纳生态环境修复费用等 730797.74 元。

二、法院裁判理由及结果

原审法院审理后认为，杨某某、周某某、章某、薛某某、陈某以非法占有为目的，采用虚构事实、隐瞒真相手段，骗取他人财物，其中杨某某、周某某、章某、薛某某属数额巨大，陈某属数额较大，其行为均已构成诈骗罪。公诉机关指控的罪名成立，其提请原审法院依法判处各被告人（单位）的意见，予以支持，但指控陈某诈骗数额巨大不当，依法予以纠正。杨某某、周某某、章某、薛某某、陈某一人犯两罪，依法实行数罪并罚。朋昌环保公司、石牌建材厂、杨某某、周某某、章某、薛某某、陈某、邵某某、丁某某、洪某某非法处置污染印泥，严重污染环境，损害社会公共利益，依法应承担侵权责任。公诉机关在发现附带民事公益诉讼各被告损害社会公益的违法行为后在《检察日报》进行公告，公告期满后相关组织没有提起民事公益诉讼，现永康市人民检察院依法提起附带民事公益诉讼，是依法维护社会公共利益的一种方式，主体适格，程序合法。永康市人民检察院作为公益诉讼起诉人要求刑事附带民事公益诉讼 10 名被告在省级媒体上赔礼道歉；由朋昌环保公司对固废清理处置费用、生态环境损害费用、鉴定评估费用共计 4161543.94 元（已扣除圆腾公司各司机自愿支付的部分）承担赔偿责任，共同实施侵权行为的被告，在其实际参与非法处置印染污泥范围内，对固废清理处置费用、生态环境损害费用、鉴定评估费用承担连带责任的诉讼请求，根据相关法律规定，合法有据。综上，判决：（1）朋昌环保公司犯污染环境罪，判处罚金人民币 40 万元。（2）杨某某犯污染环境罪，判处有期徒刑 4 年，并处罚金人民币 18 万元；犯诈骗罪，判处有期徒刑 3 年 3 个月，并处罚金人民币 4 万元，决定执行判处有期徒刑 6 年 6 个月，并处罚金人民币 22 万元。（3）周某某犯污染环境罪，判处有期徒刑 3 年 6 个月，并处罚金人民币 12 万元，犯诈骗罪，判处有期徒刑 3 年 3 个月，并处罚金人民币 4 万元，决定执行判处有期徒刑6年，并处罚金人民币16万元。（4）章某犯污染环境罪，判处有期徒刑3年6个月，并处罚金人民币12万元，犯诈骗罪，判处有期徒刑3年3个月，并处罚金人民币4万元，决定执行判处有期徒刑6年，并处罚金人民币16万元。（5）薛某某犯污染环境罪，判处有期徒刑3年2个月，并处罚金人民币10万元，犯诈骗罪，判处有期徒刑3年，并处罚金人民币3.5万元，决定执行判处有期徒刑5年6个月，并处罚金人民币13.5万元。（6）陈某犯污染环境罪，判处有期徒刑3年8个月，并处罚金人民币15万元，犯诈骗罪，判处有期徒刑1年，并处罚金人民币1万元，决定执行判处有期徒刑4年4个月，并处罚金人民币16万元。（7）邵某某犯污染环境罪，判处有期徒刑3年，并处罚金人民币5万元。（8）丁某某犯污染环境罪，判处有期徒刑1年10个月，并处罚金人民币3万元。（9）被告人洪某某犯污染环境罪，判处有期徒刑1年8个月，并处罚金人民币3万元。（10）责令附带民事公益诉讼被告义乌市朋昌环保科技有限公司、金华市石牌新型建材厂、杨某某、周某某、章某、薛某某、陈某、邵某某、丁某某、洪某某于判决发生法律效力之日起30日内在省级新闻媒体上公开赔礼道歉。（11）义乌市朋昌环保科技有限公司向附带民事公益诉讼起诉人永康市人民检察院支付社会公共利益损失赔偿款（含固废清理处置费用、生态环境损害费用、鉴定评估费用）人民币4161543.94元，由杨某某、周某某、章某、薛某某、陈某对前述款项承担连带赔偿责任，由金华市石牌新型建材厂、邵某某、丁某某在人民币730797.74元范围内承担连带赔偿责任，由洪某某在人民币1462189.58元范围内承担连带赔偿责任；前述款项限判决发生法律效力之日起30日内履行完毕。（12）从章某处扣押的5400元、冻结的39309.01元，用于赔偿社会公共利益损失。

二审法院审理后认为，关于上诉理由及辩护人的辩护意见：（1）关于本案朋昌环保公司构成污染环境罪，原审认定的涉案数额依据充分。（2）关于杨某某、周某某、薛某某、章某、陈某等人是否构成诈骗罪及具体量刑的问题。经查，被告人杨某某等5人在案涉污泥最终处置人不知情的情况下，利用开具浙江省污泥利用处置转移联单的机会少写污泥吨数以此少付污泥处置费用，从中获利，主观上具有非法占有的目的，其行为符合诈骗的构成要件。

关于杨某某等5人及其辩护人所述的案涉污泥最终处置人没有受骗及少写吨数是否合理的问题。经查，本案杨某某等人协商并实施了在开具浙江省污泥利用处置转移联单“大转小”的时候少写污泥吨数，对此事实各污泥最终处置人均不知情，已经陷入错误认识并基于该错误认识作出了财产处分。杨某某等5人及其辩护人所述的案涉污泥运输过程中会存在蒸发等情形而少写吨数的上诉理由缺乏事实依据。关于本案诈骗行为应认定为合同诈骗罪还是诈骗罪的问题。本案杨某某等5人商量并实施了将浙江省污泥利用处置转移联单上少写污泥吨数，致使污泥最终处置人陷入错误认识，原审法院将本案诈骗行为按照诈骗罪定罪并无不当。经核算，原审法院根据会计师事务所依照相关程序所出具的报告，按照事实不清有利于被告人的原则认定的诈骗数额没有损害各被告人的合法权益。综上，被告人杨某某、周某某、薛某某、章某、陈某所提上诉意见及其辩护人所提案涉诈骗犯罪的辩护意见不成立，不予采纳。（3）关于是否应对邵某某适用缓刑的问题，该案为“5·21”系列案件之一，社会反响强烈。邵某某本案认罪、悔罪情节尚无法突破最高院、省高院对污染环境犯罪情节严重的主犯一般不适用缓刑的总体指导意见。

朋昌环保公司、被告人杨某某、周某某、章某、薛某某、陈某、邵某某、丁某某、洪某某违反国家规定，非法倾倒、处置印染污泥，严重污染环境，其行为均已构成污染环境罪。朋昌环保公司、石牌建材厂、杨某某、周某某、章某、薛某某、陈某、邵某某、丁某某、洪某某非法处置污染印泥，严重污染环境，损害社会公共利益，依法应承担侵权责任。根据被告人（单位）朋昌环保公司、杨某某、周某某、章某、薛某某、陈某、邵某某、丁某某、洪某某犯罪的性质、手段、金额及具体的量刑情节，原判量刑适当，对民事公益诉讼部分的处理合法有据。朋昌环保公司、杨某某、周某某、章某、薛某某、陈某、邵某某的上诉理由不成立，均不予采纳。依照《刑事诉讼法》第236条第1款第1项之规定，本案经法院审判委员会讨论决定，裁定驳回上诉，维持原判。

三、判解及提示

本案最主要的争议是杨某某等人是否构成诈骗罪，存在两种观点，一种观点认为本案构成诈骗罪。

（1）为单位利益实施诈骗是否符合诈骗罪的构成要件

我国现行法律未规定单位犯诈骗罪，作为单位负责人或其他经手人员为单位利益，以单位的名义实施诈骗行为，诈骗所得归单位所有的情形下，根据罪刑法定原则，单位诈骗不构成单位犯罪。最高人民法院《关于审理诈骗案件具体应用法律的若干问题的解释》（法发〔1996〕32 号）（已于 2013 年 1 月 18 日废止）第 1 条明确，单位直接负责的主管人员和其他直接责任人员以单位名义实施诈骗行为，诈骗所得归单位所有，数额在 5 万元至 10 万元以上的，应当依照《刑法》第 151 条的规定追究上述人员的刑事责任；数额在 20 万元至 30 万元以上的，依照《刑法》第 152 条的规定追究上述人员的刑事责任。该规定虽然已废止，但审判实践中仍然参照该规定的精神处理相关案件。杨某某等 5 人及其辩护人所述的其个人未直接获利不构成犯罪，杨某某等 5 人为单位获利实施诈骗行为，与个人为自己获利实施诈骗行为在本质上一致，均导致了法益所有者污泥最终处置人财产的丧失或者减少，侵害了其法律所保护的财产所有权。《刑法》第 266 条只针对侵害公私财产法益的诈骗行为，没有将“单位”的侵害行为排除在外。杨某某等人为单位利益实施诈骗行为，单位成员承担刑事责任的基础在于其意志相对独立性和与单位利益相对一致性，虽然杨某某等人的意志和行为通过决策程序被朋昌环保公司的意志和行为吸收，但并不代表杨某某等人的个人意志和行为能力不存在，其具有相对独立性，在案涉诈骗犯罪其他要件成立的前提下，应追究杨某某等 5 人的诈骗犯罪的刑事责任。

（2）关于本案诈骗行为应认定为合同诈骗罪还是诈骗罪的定性问题

合同诈骗故意产生的时间既可能是行为人实施行为的最初，也可能产生在其他合法行为进行的过程中。诈骗犯罪的犯罪故意产生于行为之初，其犯罪的临界点都是发生在虚构事实、隐瞒真相等诈骗手段实施之前。合同诈骗与诈骗区别的关键点在于是否利用合同进行诈骗。行为人单方面伪造合同文本获取他人信任，借以骗取财物的行为不符合合同诈骗罪的构成要件，只能看作普通诈骗中的不同作案方式、手段。合同诈骗的犯罪主体既包括自然人，也包括单位。诈骗罪的犯罪主体只能是自然人，不包括单位。本案杨某某等

5 人商量并实施了将浙江省污泥利用处置转移联单上少写污泥吨数，致使污泥最终处置人陷入错误认识，该少写污泥吨数的行为与朋昌环保公司和各污泥最终处置人签订、履行污泥处置合同的行为缺乏诈骗罪构成要件意义上的实质联系，各污泥最终处置人陷入错误认识作出财产处理与本案合同签订和履行没有实质因果关系，本案应以诈骗罪定罪。

（3）减少支出是否符合诈骗罪的构成要件

本案杨某某等 5 人少写污泥吨数，从而少支出污泥处理费用，与虚构事实隐瞒真相后获得非法利益并没有实质区别，不影响本案诈骗罪的构成。

（4）本案相关受害人是否陷入错误认识

本案杨某某等人协商少写污泥吨数，对此事实各污泥最终处置人均不知情，薛某某、章某等人的供述笔录也明确提及少写污泥吨数的情形不是每单均做，在试探出最终处置人不过磅的情形下才敢少写，目的系为单位增加利润，且不可能让砖瓦厂知道。本案有受害人的询问笔录提及，两家污泥最终处置人在抽查过磅过程中发现存在实际污泥吨数多的情形，并认为数额不大，不予计较。但本案诈骗罪的构成核心是浙江省污泥利用处置转移联单“大转小”时少写污泥吨数，包括该两家在内的污泥最终处置人对此事实均不知情，已经陷入错误认识并基于该错误认识作出了财产处分。本案污泥最终处置人知道其所处置的污泥多于浙江省污泥利用处置转移联单记载的污泥数量与本案在浙江省污泥利用处置转移联单“大转小”时少写污泥吨数系不同范畴。本案少写污泥吨数的案涉污泥运输时在封闭的车厢里运输，且由圆腾运输公司直接从绍兴运给污泥最终处置人，未在朋昌环保公司停留、中转，故杨某某等 5 人及其辩护人所述的案涉污泥运输过程中会存在蒸发等情形而少写吨数的上诉理由缺乏事实依据。

另一种观点认为，本案不构成诈骗罪。

（1）本案被害人应为污泥最终处置人即各砖瓦厂，其受欺骗处分自己的财产的事实不明显，从本案公安机关对相关主体所作的笔录来看，至少金华市顺牌砖瓦厂和武义县王宅镇要巨红砖厂知道其处理的污泥吨数可能会多于浙江省污泥利用处置转移联单记载的吨数，但其认为适当的差额属于正常，不予计较，对此种情形予以默认。

（2）本案少写污泥吨数的行为按照民事欺诈处理即可。缺斤少两在买卖等商业领域并不罕见，本案的社会危害性并不算大，考虑到被害人实际上可能对污泥数量少写的情况也不太在意，刑法不应过于扩张，按照刑事处罚审慎的原则，可不追究杨某某等5人诈骗罪的刑事责任。

本案经审判委员会讨论之后，最终按照第一种观点作出了判决，认定诈骗罪成立。

本案还涉及对邵某某是否适用缓刑的问题。邵某某在本案中认罪、悔罪，除自己进行污泥处置、修复环境之外，又交纳了较大数额的生态环境修复费用，但法院考量《关于办理环境污染刑事案件有关问题座谈会纪要》对污染环境犯罪主犯审慎适用缓刑的精神，本案涉及污泥多，社会反响强烈，最终没有对其适用缓刑，体现了法院对污染环境犯罪依法严惩的态度。

共同犯罪人未参与全部犯罪事实是否因此应认定其为从犯？

——兰溪市骅骝黄砖瓦厂、方某某、叶某某、翁某某、孙某某、周某某、王某某、方晓某、杜某某、冯某某、陈某某、施某某、秦某、陈华某、叶某、黄某某、赵某某、黄锦某污染环境暨附带民事公益诉讼上诉案

裁判要旨

根据被告在犯罪过程中所起的作用综合评定其涉及的犯罪数量；未参与全部犯罪事实，积极参与部分犯罪事实，应对其参与部分承担责任，但不因此认定其为从犯；刑事附带民事责任不完全等同于民事责任；在共同犯罪中，对未判处刑罚的企业可以一并附带提起民事诉讼。

一、案例简介

兰溪市骅骝黄砖瓦厂（以下简称骅骝黄砖瓦厂）、方某某、叶某某、翁某某、孙某某、周某某、王某某、方晓某、杜某某、冯某某、陈某某、施某某、秦某、陈华某、叶某、黄某某、赵某某、黄锦某污染环境暨附带民事公益诉讼一案，叶某某、翁某某、周某某、王某某、杜某某、冯某某、施某某、陈某某、叶某、骅骝黄砖瓦厂不服浙江省永康市人民法院的一审刑事附带民事判决，向浙江省金华市中级人民法院提起上诉。

叶某某上诉提出：（1）绍兴圆腾运输有限公司（以下简称圆腾运输公司）应当承担侵权责任。依据案涉证据，圆腾运输公司三个股东明知违法倾

倒的事实，其与股东应承担侵权责任。(2) 浙江省生态环境科学设计研究院的《评估报告》缺乏客观性，不应采信。(3) 法院判决应当承担的民事侵权责任方式不合法理。其附带民事公益诉讼委托代理人提出，法律规定共同侵权应共同担责，圆腾运输公司应承担共同侵权责任。

翁某某上诉提出，其系骅骝黄砖瓦厂职工，不知情，受派遣，被动参与有关违法活动，在本案中系从犯，原审量刑过重。对公益诉讼处置费不知情，连提异议的机会都没有。其辩护人提出，翁某某是骅骝黄砖瓦厂职工，原审已认定其是受方某某委托，寻找污泥处置场地，有一定职务行为性质，起辅助作用，应认定为从犯。

周某某上诉提出，其只参与600吨左右的数量，另外4500吨左右的污泥没有参与，也不知情。希望二审法院予以从轻判处。其辩护人提出，原审法院未认定周某某为从犯错误，其利用夜间赚取外快，在整个案件中起次要、辅助作用，应认定为从犯。原审法院认定周某某参与倾倒废物7000余吨数额错误，原审法院以周某某只要参与其中一次到某倾倒点的倾倒，就将该倾倒点所有废物倾倒计到其身上，而且不分主从，缺乏公正性。原审法院对周某某量刑过重，检察院未对圆腾运输公司及其司机提起民事诉讼，其以自愿支付97万元款项为限承担赔偿责任并换取免予刑事处罚，而本案各被告人却要对剩余损失51257725.36元共同承担民事责任，原审法院的处理方式对本案各被告人显失公平。

王某某上诉提出，其系受同案犯孙某某的欺骗及教唆下犯罪，在其过程中有终止犯罪的行为。与方某某互不认识，除孙某某外，不认识其他人，对控方指控的其受方某某委托有异议。方某某是翁某某的老板，翁某某是孙某某的老板，王某某是孙某某的场地介绍人，没有证据证明其参与了除帮孙某某介绍的四倾倒点外的其他场地，所涉污泥4700吨，所得仅有5万余元。其辩护人提出，对原审认定的王某某构成污染环境罪的定性没有异议。对原审认定的王某某受方某某委托找场地有异议，王某某不认识方某某，是在孙某某的要求下，并在其保证污泥是一般固废的情况下，才提供给孙某某填埋场地。王某某有从轻处罚的法定情形。王某某在共同犯罪中起次要、辅助作用，归案后，如实供述，积极悔罪，认罪态度好，请求对王某某从轻处罚。

杜某某上诉提出，对本案倾倒污泥数量的问题，检方公诉的数量跟实际数量相差离谱。本案杜某某与同案犯相比较，应属从犯，应按照从犯量刑。其辩护人提出，和叶某相比，原审对杜某某的量刑过重，原审认定的处置费用过高并且不合理。

冯某某上诉提出，本案冯某某属于从犯，应予以减轻处罚。其辩护人提出，应认定冯某某为从犯，其为6起犯罪行为寻找污泥倾倒点，仅参与少部分犯罪，仅参与6个场地的部分带车行为，原审要求其承担此6个场地的所有损失费用的连带责任过于苛刻。

陈某某上诉提出，原审对陈某某的量刑过重，陈某某在本案中所起的作用小，本案中陈华某、秦某均是其上线，黄某某负责填埋，陈某某量刑与本案其他人相比偏重。其辩护人提出，陈某某对案涉环境污染懊悔不已，陈某某刑期和罚金数额与陈荣华、秦某、杜某某、冯某某、方晓某等相比偏重。

施某某上诉提出，施某某犯罪情节较轻，有悔罪表现，没有再犯罪的危险，依法可以判处缓刑。施某某与本案其他犯罪人员事前均不认识，只与案涉倾倒点负责人郑某某认识，与本案主犯没有犯罪合意。施某某承担民事赔偿部分的责任过重。其辩护人提出，应对施某某适用缓刑，施某某在本案中所起的作用较小，与本案主犯无犯罪合意，对原审要求其承担民事赔偿部分的连带责任有异议。

叶某上诉提出，叶某作为骅骝黄砖瓦厂非正式工作人员，对其既判处刑事责任，又要其承担民事责任，双罚制有悖于相关法律规定。其辩护人（委托代理人）提出，本案要求叶某就社会公共利益赔偿款51257725.36元承担连带赔偿责任事实及法律依据不足。

骅骝黄砖瓦厂上诉提出，在永康市人民检察院撤回对骅骝黄砖瓦厂刑事起诉后，原审未驳回对其的民事诉讼，程序违法。原审一方面在公诉案件审理中同意公诉人以“证据不足”撤回对骅骝黄砖瓦厂污染环境的指控，另一方面在附带民事部分审理时认定其是污染环境的侵权人，在关键事实认定上自相矛盾，应予以改判纠正。本案已查明18起违法倾倒、填埋印染污泥均是各被告人所实施的自然人犯罪行为，非法利益也是各被告人收取，其行为代表其自己，而不是单位，相应责任应由各被告人承担，不应牵扯到骅骝黄砖瓦厂。原审一方面判决叶某某、叶某个人对本案附带民事诉讼侵权后果承担赔偿责任，同时将叶某某、叶某等人作为骅骝黄砖瓦厂的工作人员参与、配合本案侵权而判决其承担赔偿责任，采用了民事赔偿责任上的双罚制，没有法律依据。退一步讲，不论骅骝黄砖瓦厂是否应承担本案侵权赔偿责任和原审认定的事实是否错误，仅从原审认定的本案侵权行为具体事实来看，不应将与骅骝黄砖瓦厂及与其相关人员无关的犯罪事实产生的后果由骅骝黄砖瓦厂承担。其委托代理人提出，原审法院在本案永康市人民检察院撤回对骅骝黄砖瓦厂涉嫌污染环境罪的起诉后，未依法裁定驳回其对骅骝黄砖瓦厂的附带民事诉讼，审判程序严重违法。原审一方面在公诉案件审理同意公诉人以"证据不足"撤回对骅骝黄砖瓦厂污染环境的刑事指控，另一方面又在附带民事部分审理时认定其为污染环境的侵权人，认定该节关键事实存在矛盾，不符合法律逻辑，应予改正。本案自然人在实施犯罪行为时的身份仅代表其个人，而不代表骅骝黄砖瓦厂，相应责任应由个人承担。除原审认定的6起具体犯罪事实外，其他犯罪事实与骅骝黄砖瓦厂无关，判决骅骝黄砖瓦厂承担全部18起犯罪的连带赔偿责任没有事实依据。原审根据案涉鉴定结论判决各被告人承担本案18起环境污染事实造成的损失2334万余元明显违背客观事实。原审对骅骝黄砖瓦厂提出的重新鉴定申请不予理睬，程序违法。原审根据鉴定结论判决各被告人合计承担本案18起环境污染案件造成的损失也明显违背客观事实。原审根据该鉴定结论判决各被告人合计承担本案18起环境污染事实造成调查检测和环境损害鉴定评估费损失合计596万余元剥夺了当事人申请鉴定的合法权利，程序违法，适用法律错误。本案将必要共同诉讼人分案审理于法无据，本案附带民事诉讼审理时缺乏必要共同被告，民事部分审判程序违法，认定事实不清，应发回重审。

法院认定事实如下：2016年下半年，方某某入股叶某某办的骅骝黄砖瓦厂，经兰溪市环保局批准许可骅骝黄砖瓦厂可从事污泥处置业务。2017年下半年，方某某、叶某某看到处置绍兴印染污泥有利可图，将骅骝黄砖瓦厂处置的绍兴印染污泥通过寻找相关处置点的方式进行处置，在处置过程中，利用"圆腾金华运输微信群"将永康市象珠镇派溪吕村吕山（二利）永康市西城街道藻塘村（藻塘）等具体倾倒、填埋点的位置告诉圆腾运输公司，傅某某、刘某某等人安排驾驶员前往违法倾倒、填埋。方某某、叶某某为方便绍兴印染污泥倾倒、填埋工作顺利开展，进行人员分工：方某某主要负责经营管理；叶某为会计，负责印染污泥处置台账的收集、做账等工作；方某某委托翁某某、周某某、孙某某、王某某寻找印染污泥处置场地、联系运输车队并接车带路、望风。方晓某、杜某某、冯某某、秦某、陈华某、赵某某等人协助翁某某，负责给圆腾运输公司运输印染污泥车队接车带路和望风。骅骝黄砖瓦厂及上述被告人通过事先商量、分工协作，利用夜间，多次将圆腾运输公司运来的21140吨绍兴印染污泥分别违法倾倒、填埋在金华市婺江思雨茶叶专业合作社与高铁之间空地（天晟）、兰溪市上华街道寺前村西威克船厂北侧姚庆奶（另案处理）寻找的空地（西威克）、永康市西城街道藻塘村陈某某租的基本农田（藻塘）等18个点位，严重污染环境。经浙江省环境保护科学设计研究院评估，18个倾倒点位的固废清理处置费用合计22889173.58元。另查明，本案各被告因向天晟、西威克、公铁、塘山、北山公墓、罗店、下建卅、竹园下、二利、藻塘、黄泥塘、东莹、移动西、下张14个点位非法倾倒、填埋印染污泥的侵权行为，经浙江省环境保护科学设计研究院评估，造成社会公共利益损失合计52057859.845元（其中，固废清理处置费用22120673.58元、生态环境损害费用23977186.265元、调查检测和环境损害鉴定评估费用5960000元）。在本案审理过程中，圆腾运输公司的莫某利、曾某勇等20名司机已与永康市人民检察院签订和解协议，自愿支付清理费用及评估费用合计人民币97万元。2018年8月13日，永康市公安局查封方某某位于兰溪市马涧镇马五行政村繁荣路××号房屋一幢。同年11月28日，永康市人民检察院分别从赵某某、黄锦某处扣押5万元。同年4月29日，永康市人民检察院分别从陈华某、黄某某处扣押30万元、20万元。本案审理过程中，叶某主动向原审法院预交赔偿款30万元。永康市人民检察院在履行职责中发现骅骝黄砖瓦厂、叶某某、方某某、翁某某、孙某某、周某某、方晓某、杜某某、冯某某、王某某、陈某某、秦某、赵某某、黄锦某、叶某、施某某、陈华某、黄某某等人污染环境的行为损害社会公共利益。永康市人民检察院于2019年3月5日立案，同月15日履行公告程序。施某某于2021年6月21日向永康市人民法院缴纳暂扣款300000元，2021年6月22

日缴纳刑事处罚罚没收入30000元；叶某某于2021年6月24日向永康市人民检察院缴纳暂扣款800000元。

二、法院裁判理由及结果

原审法院审理后认为，叶某某、方某某、翁某某、孙某某、周某某、王某某、方晓某、杜某某、冯某某、陈某某、施某某、秦某、陈华某、叶某、黄某某、赵某某、黄锦某违反国家规定，非法倾倒、处置印染污泥，严重污染环境，其行为均已构成污染环境罪。公诉机关指控的罪名成立，提请原审法院依法判处各被告人的意见，予以支持。在共同犯罪中，施某某、秦某、陈华某、叶某、黄某某、赵某某、黄锦某起次要辅助作用，系从犯，均依法予以减轻处罚。黄某某有自首情节，翁某某、周某某、孙某某、方晓某、杜某某、冯某某、陈某某、施某某、秦某、陈华某、叶某、赵某某、黄锦某归案后能如实供述自己的罪行，均依法予以从轻处罚。叶某某、王某某当庭自愿认罪，酌情予以从轻处罚。陈华某、叶某、黄某某、赵某某、黄锦某主动预缴部分赔偿款，酌情予以从轻处罚。关于民事公益诉讼部分，18名被告非法倾倒、填埋印染污泥的行为，损害了社会公共利益，依法应承担相应的民事侵权责任。公诉机关在发现刑事附带民事公益诉讼各被告损害社会公共利益的违法行为后在《检察日报》进行公告，公告期满后相关组织没有提起民事公益诉讼，现永康市人民检察院依法提起附带民事公益诉讼，是依法维护社会公共利益的一种方式，主体适格，程序合法。永康市人民检察院作为公益诉讼起诉人要求刑事附带民事公益诉讼18名被告在省级媒体上赔礼道歉；由骅骝黄砖瓦厂对固废清理处置费、生态环境损害费、鉴定评估费合计51257725.36元（已扣除圆腾运输公司各司机自愿支付的部分）承担赔偿责任。共同实施侵权行为的被告，在其实际参与的范围内承担连带责任的诉讼请求，合法有据，予以支持。各被告辩护人提出与上述相符的辩护意见，予以采纳。综上，判决：（1）方某某犯污染环境罪，判处有期徒刑5年，并处罚金人民币25万元；（2）叶某某犯污染环境罪，判处有期徒刑4年6个月，并处罚金人民币20万元；（3）翁某某犯污染环境罪，判处有期徒刑4年，并处罚金人民币10万元；（4）孙某某犯污染环境罪，判处有期徒刑3年6个月，并处罚金人民币5万元；（5）周某某犯污染环境罪，判处有期徒刑3年6个月，并处罚金人民币5万元；（6）王某某犯污染环境罪，判处有期徒刑3年6个月，并处罚金人民币5万元；（7）方晓某犯污染环境罪，判处有期徒刑3年，并处罚金人民币5万元；（8）杜某某犯污染环境罪，判处有期徒刑3年，并处罚金人民币5万元；（9）冯某某犯污染环境罪，判处有期徒刑3年，并处罚金人民币5万元；（10）陈某某犯污染环境罪，判处有期徒刑3年，并处罚金人民币5万元；（11）施某某犯污染环境罪，判处有期徒刑2年6个月，并处罚金人民币3万元；（12）秦某犯污染环境罪，判处有期徒刑2年6个月，并处罚金人民币3万元；（13）陈华某犯污染环境罪，判处有期徒刑2年6个月，缓刑3年，并处罚金人民币3万元；（14）叶某犯污染环境罪，判处有期徒刑2年6个月，缓刑3年，并处罚金人民币3万元；（15）黄某某犯污染环境罪，判处有期徒刑2年，缓刑2年6个月，并处罚金人民币3万元；（16）被告人赵某某犯污染环境罪，判处有期徒刑1年6个月，缓刑2年，并处罚金人民币3万元；（17）黄锦某犯污染环境罪，判处有期徒刑1年6个月，缓刑2年，并处罚金人民币3万元；（18）禁止陈华某、叶某、黄某某、赵某某、黄锦某在缓刑考验期内从事处置危险废物有关的经营活动；（19）责令刑事附带民事公益诉讼被告兰溪市骅骝黄砖瓦厂、叶某某、方某某、翁某某、孙某某、周某某、方晓某、杜某某、冯某某、王某某、陈某某、秦某、赵某某、黄锦某、叶某、施某某、陈华某、黄某某于本判决生效后30日内在省级新闻媒体上公开赔礼道歉；（20）由兰溪市骅骝黄砖瓦厂向刑事附带民事公益诉讼起诉人永康市人民检察院支付社会公共利益损失赔偿款（含固废清理处置费、生态环境损害费、鉴定评估费）51257725.36元，叶某某、方某某、叶某对前述款项承担连带赔偿责任，翁某某在人民币34503807.21元范围内承担连带赔偿责任，孙某某在人民币14295571.91元范围内承担连带赔偿责任，周某某在人民币18817830.47元范围内承担连带赔偿责任，杜某某在人民币25219236.47元范围内承担连带赔偿责任，冯某某在人民币27291359.39元范围内承担连带赔偿责任，方晓某在人民币8473528.92元范围内承担连带赔偿责任，王某某在人民币7666211.17元范围内承担连带赔偿责任，施某某在人民币16745707.55元范围内承担连带赔偿责任，陈某某、秦某、陈华某、黄某某、赵某某、黄锦某在人民币5427591.82元范围内承担连带赔偿责任，前述款项限判决生效后30日内履行完毕；（21）分别从陈华某处扣押的30万元，从黄某某处扣押的20万元，从叶某处扣押的30万元，从赵某某、黄锦某处扣押的5万元，用于赔偿社会公共利益损失。

二审法院审理后认为，关于上诉理由及辩护人的辩护意见，经查：（1）关于本案被告人参与非法倾倒、填埋污泥数量的问题。本案的污泥填埋点或污泥处置方案等被确定后，在填埋点寻找者、方案制定者未制止本案其他犯罪参与主体按照之前倾倒污泥的流程在此填埋点、按照污泥处置方案倾倒污泥的前提下，理应对该填埋点、按照相应污泥处理流程所涉及的所有污泥负责。原审法院根据杜某某、周某某、冯某某等人在填埋点寻找、污泥倾倒及填埋等方面参与度或者所起的作用，根据运输车辆GPS的轨迹解读电子数据、卡口视频分析、污泥利用处置转移联单、各被告人的供述和现场辨认、环保部门的现场勘查笔录等证据综合认定杜某某、周某某、冯某某等人涉案倾倒污泥数量符合本案的客观事实，杜某某、周某某、冯某某及其辩护人所提出的其对部分污泥倾倒不知情对其应承担责任的污泥数量认定过多的上诉理由及辩护意见不能成立，不予采纳。（2）关于本案主从犯的认定问题。本案翁某某、杜某某、冯某某、王某某均多次参与印染污泥违法倾倒、填埋或倾倒点寻找、带车等工作，行为积极，参与的污泥数量大，原审未将其认定为从犯符合本案的客观事实及法律规定，本案翁某某、杜某某、冯某某、王某某及其辩护人所提出的其系从犯的上诉理由及辩护意见不能成立，不予采纳。（3）关于本案的量刑问题。从王某某、陈某某、施某某及其他被告人在本案污泥倾倒处置所起的作用、其所涉案的污泥数量、悔罪、采取补救措施等情况综合来看，原审对王某某、陈某某、施某某的量刑不存在明显不当之情形，王某某、陈某某、施某某及其辩护人提出的与其他同案犯相比，量刑过重的问题缺乏事实依据，不予采纳。（4）关于浙江省生态环境科学设计研究院案涉评估报告的效力问题。浙江省生态环境科学设计研究院受金华市生态环境局委托，就案涉固废清理处置费用、生态环境损害费用等进行鉴定，其具有相应鉴定资质，未发现其在鉴定过程中存在鉴定程序违法等可以否决其效力的情形，其作出的案涉鉴定报告合法、有效，可以作为本案判决的判断依据。倾倒点不同，地理环境不一样，对环境的影响不尽相同，浙江省生态环境科学设计研究院对每个倾倒点认定的每吨污泥所产生的处置、损害费用不尽相同符合客观规律。叶某某、叶某上诉所述、杜某某上诉所述及其辩护人提出的不应采信浙江省生态环境科学设计研究院案涉评估报告缺乏事实及法律依据，不予采纳。（5）关于圆腾运输公司是否应承担责任及对本案叶某某等主体责任承担是否造成影响的问题。原审法院（2019）浙0784刑初496号刑事附带民事判决已对圆腾运输公司等主体的责任作出处理，该案主体及本案主体在执行过程中可对其应该承担的责任作出总的协调。叶某某、骅骝黄砖瓦厂上诉提出，叶某某辩护人提及的圆腾运输公司等主体未承担民事责任加重其责任承担的问题缺乏事实依据，不予支持。（6）关于是否应对施某某适用缓刑的问题。本案施某某系本案污染环境犯罪的从犯，综合考量同案犯其他从犯所受刑罚的情况、施某某缴纳污染环境暂扣款、罚金的情况，决定对其适用缓刑。（7）本案原审在准许永康市人民检察院撤回对骅骝黄砖瓦厂的刑事起诉的前提下，是否可以处理针对骅骝黄砖瓦厂的附带民事诉讼的问题。最高人民法院《关于适用〈中华人民共和国刑事诉讼法〉的解释》第181条规定，被害人或者其法定代理人、近亲属仅对部分共同侵害人提起附带民事诉讼的，人民法院应当告知其可以对其他共同侵害人，包括没有被追究刑事责任的共同侵害人，一并提起附带民事诉讼，但共同犯罪案件中同案犯在逃的除外。本案骅骝黄砖瓦厂作为案涉污染环境侵权责任的主要主体，原审法院将其与叶某某、方某某等人在民事公益诉讼部分一并处理符合法律规定。骅骝黄砖瓦厂上诉及其辩护人提出的不应在本案中对其作出实体判决的意见，不予采纳。（8）关于本案民事连带责任的承担问题。叶某作为骅骝黄砖瓦厂工作人员，在其构成犯罪对其判处刑罚的前提下，过错明显，不影响其民事责任的承担，原审法院判决叶某对公共利益赔偿款承担连带责任并无不当。

叶某某、方某某、翁某某、孙某某、周某某、王某某、方晓某、杜某某、冯某某、陈某某、施某某、秦某、陈华某、叶某、黄某某、赵某某、黄锦某违反国家规定，非法倾倒、处置印染污泥，严重污染环境，后果特别严重，原审按照污染环境罪对其定罪符合法律规定。经审核，原审认定的主从犯、坦白、庭审中认罪等法定或酌定量刑情况等问题符合本案的客观事实。鉴于叶某某在二审审理期间与公益诉讼起诉人浙江省永康市人民检察院就民事部分进行和解协商及其向永康市人民检察院缴纳公益诉讼暂扣款80万元的情况，决定在其原判刑期的基础上减轻4个月。关于民事公益诉讼部分，案涉浙江省生态环境科学设计研究院案涉评估报告合法有效，原审法院依据该评估报告及各被告参与非法倾倒案涉污泥的情况，对骅骝黄砖瓦厂等被告判决其承担相应责任及责任限额符合本案的客观事实及相关法律规定。骅骝黄砖瓦厂上诉及其辩护人提出的不应在本案中对其作出实体判决等意见，不予采纳。本案除施某某之外的其他当事人所提上诉理由、辩解及其辩护人所提出的辩护意见，均不予采纳。综上，依照《刑法》第338条、第25条第1款、第23条、第67条第3款、第72条、第73条第2款、第73条第3款、第52条、第53条、第64条、第36条第1款等规定，判决：(1) 驳回被告人翁某某、周某某、王某某、杜某某、冯某某、陈某某、叶某、骅骝黄砖瓦厂的上诉；(2) 维持浙江省永康市人民法院（2019）浙0784刑初497号刑事附带民事判决第1、3、4、5、6、7、8、9、10、12、13、14、15、16、17、18、19、20、21项；(3) 撤销浙江省永康市人民法院（2019）浙0784刑初497号刑事附带民事判决第2、11项；(4) 被告人叶某某犯污染环境罪，判处有期徒刑4年2个月，并处罚金人民币20万元；(5) 被告人施某某犯污染环境罪，判处有期徒刑2年6个月，缓刑4年，并处罚金人民币3万元。

三、判解及提示

本案涉及主体众多，案情事实复杂，但争议点相对集中，主要体现为以下几个方面：

（一）污泥数量的认定

本案各被告对其涉及的污泥数量均提出异议，法院对污泥数量的认定不以其直接倾倒进行认定，而是根据其在本案犯罪过程中所起的作用综合评定，比如，对某一污泥倾倒点所涉及的污泥，如果该倾倒点系某一被告人所寻找确定，在没有出现其出面制止、其他主体也找到该倾倒点、排除其他主体也来倾倒等意外事情发生的情形下，则由其对此污泥倾倒点所涉污泥负总量责任。既解决了本案所涉污泥点众多，参与主体复杂，对倾倒点取证困难等问题，也体现了政法机关对恶意污染环境的犯罪行为在法律规定范围内严厉打击的态度。

（二）主从犯的认定

我国《刑法》第27条规定，在共同犯罪中起次要或者辅助伤的，是从犯。从犯包括两类共同犯罪人：第一，在共同犯罪中起次要作用的犯罪分子，即次要实行犯。这类共同犯罪人虽然直接实施了具体犯罪构成客观要件的行为，但在整体犯罪活动过程中较之主犯所起的作用要小，主要表现在本人不主动发起犯意，在共同犯罪行为实施过程中积极性不高，行为强度不大，对造成犯罪结果所起的作用不大或根本未对犯罪结果有任何作用，等等。第二，在共同犯罪中起辅助作用的犯罪分子。根据分工分类法，这类犯罪分子实为帮助犯。这类共同犯罪人不直接实施具体犯罪构成客观要件的行为，而只是为共同犯罪的实施准备工具、创造条件，包括犯罪行为实施之前的帮助行为和犯罪行为实施时的帮助行为。通常表现为准备或提供犯罪工具，排除犯罪障碍，指示犯罪地点和犯罪对象，打探和传递有利于犯罪实施和完成的信息，在犯罪实施过程中把门望风，等等。本案翁某某、杜某某、冯某某、王某某均多次参与印染污泥违法倾倒、填埋或倾倒点寻找、带车等工作，行为积极，参与的污泥数量大，不符合上述提及的次要实行犯或帮助犯的特征，对其积极参与部分犯罪事实的情形，应对其参与部分承担责任，但不因此认定其为从犯。

（三）单位员工构成犯罪时民事责任的认定

理论及实务的观点认为，刑事责任与民事责任两者背后的法理基础不同，并行不悖。但如果履行单位的职责，在单位承担民事责任的情形下，员工是否承担责任的问题，还是存在一定争议。本案骅骝黄砖瓦厂侵权，承担民事责任并无争议，其员工叶某等称，其作为骅骝黄砖瓦厂工作人员，履行职务行为，不应重复承担民事责任。在民事责任的领域，如果属于职务行为，相应民事责任由单位承担。但本案涉及犯罪，刑事附带民事诉讼有其自身的特点，并不完全等同于民事诉讼。相关主体过错明显，如果造成他人损失的，属于侵权，应承担侵权赔偿责任。《民法典》第1165条规定，行为人因过错侵害他人民事权益造成损害的，应当承担侵权责任。依照法律规定推定行为人有过错，其不能证明自己没有过错的，应当承担侵权责任。第 1172 条规定，二人以上分别实施侵权行为造成同一损害，能够确定责任大小的，各自承担相应的责任；难以确定责任大小的，平均承担责任。本案根据叶某等人在共同犯罪中的地位、作用及刑罚情况确定其对损害结果的原因力的大小，以按份责任为基础，以连带责任为保障，按其作用大小确定其应承担责任的民事赔偿数额。

（四）对未判处刑罚的企业提起附带民事诉讼的问题

最高人民法院《关于适用〈中华人民共和国刑事诉讼法〉的解释》第 160 条第 2 款规定，人民法院准许人民检察院撤回起诉的公诉案件，对已经提起的附带民事诉讼，可以进行调解；不宜调解或者经调解不能达成协议的，应当裁定驳回起诉。本案永康市人民检察院撤回对骅骝黄砖瓦厂涉嫌污染环境罪的公诉，原审法院继续审理涉及其的附带民事诉讼。骅骝黄砖瓦厂据此提出本案原审程序违法。最高人民法院《关于适用〈中华人民共和国刑事诉讼法〉的解释》第 181 条规定，被害人或者其法定代理人、近亲属仅对部分共同侵害人提起附带民事诉讼的，人民法院应当告知其可以对其他共同侵害人，包括没有被追究刑事责任的共同侵害人，一并提起附带民事诉讼，但共同犯罪案件中同案犯在逃的除外。二审法院认为，前述第 160 条规定应该主要适用单一主体犯罪的情形，对共同犯罪的情形应适用第 181 条规定。本案骅骝黄砖瓦厂作为案涉污染环境侵权责任的主要主体，原审法院将其与叶某某、方某某等人在民事公益诉讼部分一并处理符合法律规定。否则，承担连带责任的主体未进入诉讼程序，有违诉讼程序的正义及经济原则。

近些年，政法机关以习近平生态文明思想为指导，深入践行绿水青山就是金山银山理念，多措并举，构筑生态环境的保护网络。司法实践中，对包括跨市排放、倾倒、处置有放射性的废物、含传染病病原体的废物、有毒物质或者其他有害物质的环境污染犯罪行为从重处罚，对主犯一般不适用于缓刑，污染环境者不但被判刑、支付罚金，还要承担相应的损害赔偿责任。

制度体系法律风险防范类

如何认定销售假冒注册商标的商品罪的既遂?

——李某、王某某销售假冒注册商标的商品上诉案

裁判要旨

个人在履行职务行为过程中超出职务范围所从事的行为构成犯罪的，不构成单位犯罪；个人协助假冒商品的销售者进行出口报关行为，在商品已完成装柜的情形下，构成销售假冒注册商标的商品罪的既遂。

一、案例简介

李某、王某某销售假冒注册商标的商品一案，王某某不服浙江省义乌市人民法院的刑事一审判决，向浙江省金华市中级人民法院提起上诉。

王某某上诉提出：（1）其是履行职务，与李某无共同犯罪故意；（2）其不明确知道李某销售的是假冒他人注册商标的商品，之前的一些口供不真实；（3）其不具备报关资质，没有刻意虚假报关；（4）本案货物没有出口，造成危害较小，其系初犯，平时表现良好，请求从轻处罚。王某某的辩护人辩护提出：（1）一审认定事实有误，不应简单根据王某某口供来认定其明知涉案太阳镜是假冒的；（2）一审未认定王某某犯罪未遂错误；（3）王某某的行为是违反行政法规的行为，不构成犯罪，即使构成犯罪，一审量刑过重，其情节轻微，可依法免除刑事处罚；（4）王某某协助公安机关抓获李某，应当认定为立功。综上，请求二审法院改判。

法院认定事实如下，一土耳其外商到义乌市国际商贸城 H 区 23114 号商

位向李某采购假冒“GUCCI”“ARMANI”等品牌的太阳镜。李某从一男子处（另案处理）采购了假冒“GUCCI”“ARMANI”“RAYBAN”等商标的太阳镜共计49200副并出售给该土耳其外商，该外商将这些太阳镜交由莫达饰品公司义乌代表处出关，由该代表处翻译兼业务员王某某具体负责报关出口等事务。李某将涉案太阳镜送至王某某告知的装柜场所，并在装柜时告知王某某其所交付的货物为仿牌太阳镜，要王某某小心点，王某某将该批货物装柜并在报关时予以瞒报。之后，义乌海关工作人员在对王某某负责装柜出关的货柜进行查验时查获了该假冒“GUCCI”“POLICE”“ARMANI”“LV”“D&G”“FENDI”“Dior”“PRADA”“RAYBAN”“CHANEL”“米老鼠”等商标的太阳镜49200副，该批太阳镜经鉴定价值为218100元。

二、法院裁判理由及结果

原审法院审理后认为，李某销售明知是假冒他人注册商标的商品，数额较大，其行为已构成销售假冒注册商标的商品罪。王某某在李某告知其所送交装柜的货物是仿牌太阳镜的情况下，既未对货物进行查验，也未将该情况向公司进行反映，而仍将货物装柜并在报关时予以瞒报，主观上具有帮助李某销售假冒注册商标的商品的故意，王某某的行为也已构成销售假冒注册商标的商品罪。公诉机关指控成立，应予支持。李某与王某某构成共同犯罪，王某某系从犯，依法应当从轻处罚。李某犯罪后自动投案并如实供述所犯罪行，系自首，依法可从轻处罚。李某的辩护人认为，李某系初犯，有自首情节，且认罪悔罪，请求能对李某从轻处罚并适用缓刑，该辩护意见予以采纳。该辩护人还认为，李某的犯罪行为应认定为犯罪未遂，该辩护意见与法院查明的事实不符，不予采信。王某某及其辩护人共同辩称，王某某不知道仿牌与假冒的关系，主观上没有帮助李某销售假冒太阳镜的故意，且其系莫达饰品公司义乌代表处的翻译，对涉案假冒太阳镜装柜报关出口系根据公司老板的指示履行职务，如果构成犯罪也应当认定莫达饰品公司构成单位犯罪并追究刑事责任，同时认为王某某的犯罪情节显著轻微，请求对其免予刑事处罚，该辩护意见与法院查明的事实不符，不予采纳。综上，判决：（1）李某犯销售假冒注册商标的商品罪，判处有期徒刑2年，缓刑3年，并处罚金8万元；

(2) 王某某犯销售假冒注册商标的商品罪，判处有期徒刑1年6个月，缓刑2年，并处罚金5万元；(3) 扣押在案的假冒注册商标的太阳镜49200副，予以没收。

二审法院审理后认为，关于上诉理由和辩护意见，经查：(1) 王某某是否知道涉案太阳镜是假冒的问题。王某某在侦查机关多次讯问及一审庭审中，都供述其知道涉案太阳镜是仿牌，与同案犯李某供述其告诉过王某某涉案太阳镜是假冒的情况能相互印证，足以认定其知道涉案太阳镜是假冒的。(2) 王某某是否构成犯罪的问题。王某某明知涉案太阳镜是仿牌，仍实施组织涉案货物装柜等协助报关行为，其行为已构成销售假冒注册商标商品罪的共同犯罪，有无报关资格，不影响对其定罪处罚。(3) 本案是否属于犯罪未遂。涉案太阳镜已由李某销售给他人，装柜后，在后续的出关过程中被海关查获，属于犯罪既遂。(4) 王某某是否构成立功。王某某向侦查机关指认同案犯李某的电话号码、照片等基本情况，依法不构成立功。(5) 关于量刑。一审综合王某某的犯罪事实、认罪悔罪表现、系从犯等情况，依法对其从轻处罚并适用缓刑，量刑并无不当。综上，上诉人王某某及辩护人的意见不能成立，不予采纳。原判认定的事实清楚，证据充分，定罪准确，量刑适当，审判程序合法。综上，依照《刑事诉讼法》第189条第1项之规定，裁定驳回上诉，维持原判。

三、判解及提示

本案有以下两大争议点。

(一) 本案王某某所述的单位犯罪是否成立的问题

司法实践中，认定销售假冒注册商标的商品罪是否构成单位犯罪时，有以下要点：

1. 销售假冒注册商标的商品罪的犯罪主体有单位

《刑法》第30条规定，公司、企业、事业单位、机关、团体实施的危害社会的行为，法律规定为单位犯罪的，应当负刑事责任。也就是说，单位构成犯罪要有法律的明确规定。《刑法》第220条规定，单位可成为销售假冒注册商标的商品罪的犯罪主体。对单位判处罚金，并对其直接负责的主管人员和其他直接责任人员，依照《刑法》第 214 条的规定处罚。

2. 认定单位成立销售假冒注册商标的商品罪需要满足的要件

首先，构成单位犯罪的除外情形。根据最高人民法院《关于审理单位犯罪案件具体应用法律有关问题的解释》第 2 条、第 3 条的规定，个人为进行违法犯罪活动而设立的公司、企业、事业单位实施犯罪的，或者公司、企业、事业单位设立后，以实施犯罪为主要活动的，不以单位犯罪论处。盗用单位名义实施犯罪，违法所得由实施犯罪的个人私分的，以个人犯罪论处。其次，销售假冒注册商标的商品的单位行为要体现单位整体意志，犯罪利益整体归属于单位。单位内部领导、员工等个别成员意志不是单位整体意志，个别成员意志的简单相加亦不构成单位整体意志，而是包括单位领导集体在内的所有参与的成员在领导、决策、指挥、执行进程中形成的体现单位整体性的意志。构成单位犯罪要有为单位利益实施具有社会危害性的行为，此为核心要件。一般情形下，单位法定代表人等领导层组织公司人员实施销售假冒注册商标的商品的行为，可能构成该罪。

3. 单位构成销售假冒注册商标的商品罪的量刑

《刑法》第 31 条规定，对于单位犯罪，实行双罚制，对单位判处罚金，并追究其直接负责的主管人员和其他直接责任人员的刑事责任。依据最高人民法院、最高人民检察院《关于办理侵犯知识产权刑事案件具体应用法律若干问题的解释》第 15 条规定，单位实施《刑法》第 213 条至第 219 条规定的（销售假冒注册商标的商品的）行为，按照本解释规定的相应个人犯罪的定罪量刑标准的 3 倍定罪量刑。本案王某某直接接触案涉假冒物品的销售者李某，在报关装柜环节由李某告知王某某案涉物品系假冒的相关情形，案涉证据无法证明莫达饰品公司义乌代表处知道案涉物品系假冒及莫达饰品公司义乌代表处非法获利的情形，其收取相关费用系正常的职务收费，本案认定王某某与李某构成共同犯罪系基于王某某帮助李某实施销售假冒注册商标的商品的行为，与莫达饰品公司义乌代表处无关，本案不构成单位犯罪。

（二）本案王某某所述的其与李某构成犯罪未遂是否成立的问题

销售假冒注册商标的商品罪既、未遂的认定是案件审理的难点，理论及实务中存在的争议较多。销售假冒注册商标的商品罪的实行行为是行为人销售行为，包括批发、零售、推销、代售、涉外贩卖等情形。审判实践中会出现销售行为的较多情形，概括起来有5种：第一种是行为人与买方签订了交易合同，行为人已交付货物，买方已付款；第二种情形是行为人与买方签订了交易合同，行为人已交付货物，买方未付款；第三种情形是行为人与买方签订了交易合同，行为人未交付货物，买方已付款；第四种情形是行为人与买方签订了交易合同，行为人未交付货物，买方未付款；第五种情形是行为人尚未找到买方。上述第一种情形构成犯罪既遂，对此没有争议。第五种情形是构成犯罪未遂还是犯罪预备，存在争议。持犯罪预备观点的认为，行为人在找出买方之前，均是在为销售做准备，找到买方才能认为销售行为已经着手，故在找到买方之前成立犯罪预备。持犯罪未遂观点的认为，销售假冒注册商标的商品罪是情节犯，行为人采购明知是假冒注册商标的商品，在数量较大的情形下，其目的只能是用于销售，购买行为成为销售的一个前提环节。此种犯罪已经着手实施，由于意志以外的原因未将假冒商品交易出去应该属于犯罪未遂。审判实务中，一般按照犯罪未遂处理此种情形。第二、三、四种情形交易均未实际履行完毕，其中第三、四种情形均未交付，有观点认为此种情形亦构成犯罪既遂，主要理由如下，首先，按照民法的相关规定，买卖合同是诺成性合同，一般情形下，双方当事人意思表示一致，合同即成立，至于合同价款、交付构成合同义务，不影响合同的效力。其次，签订销售假冒注册商标的商品合同，已经破坏了市场竞争规则和秩序，可能会危害消费者的合法权益，即侵害了销售假冒注册商标的商品罪所保护的法益。如果此种观点成立，同理，则第二种情形亦构成犯罪既遂。合议庭讨论后认为，虽然犯罪情形下，交易合同归于无效，但相关理论对犯罪构成的研讨显然具有参考价值。按照民法理论，一般情形下，所有权的转移以交付为标志，商品交付后，标的物灭失等风险由买受人承担，故第二种情形与第三、四种情形存在质的区别，第三、四种情形是构成犯罪既遂还是未遂还是存在讨论的空间。第二种情形标的物已交付给买受人，买受人有处分标的物的实体权利，销售金额作为一个可量化的指标已经明确具体，应认为犯罪行为已完成，此种情形构成犯罪既遂。从审判实践来看，亦与上述理论相契合，一般按照商品是否交付、出关货物以货物是否装入货柜为分界点来简单区分犯罪的既、未遂。本案李某将案涉商品销售给土耳其外商，该外商将这些商品指定由莫达饰品公司义乌代表处出关，该代表处翻译兼业务员王某某负责报关出口等事宜，案涉商品装柜完成后、出关过程中案发，不能认定王某某、李某犯罪未遂。

值得注意的是，《刑法修正案（十一）》（2021 年 3 月 1 日起施行）将销售假冒注册商标的商品罪中的“销售金额数额较大”修改为“违法所得数额较大或者有其他严重情节”，并修改了量刑标准，以便严惩犯罪行为。

如何认定级别相同的同种类的保护动物数量？

——葛某某、陆某、蒋某某、陈某某危害珍贵、濒危野生动物上诉案

裁判要旨

对同种类的野生保护动物，如果保护级别相同，法律对其保护力度应一致，在涉及量刑的具体数量认定上，应允许级别相同的同种类的保护动物数量叠加。

一、案例简介

葛某某、陆某、蒋某某、陈某某危害珍贵、濒危野生动物一案，葛某某不服浙江省金华市婺城区人民法院的刑事一审判决，向浙江省金华市中级人民法院提起上诉。

葛某某上诉提出，2016 年葛某某购买猴子的本意并非用于交易，而是想买下来给其中两只生病的治病，卖家表示买走健康的赠送生病的。因看猴子可怜留在店内，并无打算出售，否则不会把 2018 年买的猴子养在宠物店二年多一直未售卖。社会上养猴成风，对非法买卖野生动物危害性的认识不足。陆某来店里串门看见猴子后，主动拍照发朋友圈出售，并称在农业局有关系能够办证合法买卖，便先后给陆某 6 只猴子幼崽。猴子售卖均由陆某操作，钱款金额由陆某决定，陆某主观上动机更加直接。一审认定情节特别严重依据不足，量刑过重。葛某某的辩护人提出，葛某某参与买卖的 8 只猴子中，3 只因逃脱或死亡无法鉴定，根据最高人民法院《关于审理破坏野生动物资源

刑事案件具体应用法律若干问题的解释》第3条规定，非法猎捕、杀害、收购、运输、出售不同种类的珍贵、濒危野生动物，其中两种以上分别达到附表所列“情节特别严重”数量标准一半以上的，属于“情节特别严重”。本案中，未鉴定的3只猴子品种无法确定，不能与猕猴的数量一起相加，葛某某的行为不能被认定为“情节特别严重”。

法院认定事实如下：2016年，葛某某明知猴子为国家保护动物，仍从一男子（另案处理）处以2000元的价格购买了7只猴子，并与陆某及梅某（另案处理）约定由葛某某提供猴子，陆某、梅某自行在微信朋友圈发布猴子的相关视频进行销售，销售价格自定，出售后再支付葛某某费用。为打消购买者的顾虑，便于销售猴子，陆某从淘宝上联系制作假证的人员（另案处理），通过微信购买数本伪造的“国家重点保护野生动物驯养繁殖许可证”，在卖猴子过程中配套销售。具体事实如下：2016年12月，陆某从被告人葛某某处拿了1只猴子，不带证出售给李某某。该猴子被扣押，经鉴定为豚尾猴，属国家一级保护动物。2016年12月，范某某（另案处理）通过微信联系沈某某（另案处理）欲购买猴子，梅某、沈某某从葛某某处拿了1只猴子。该猴子被扣押，经鉴定为豚尾猴，属国家一级保护动物。2016年12月至2017年1月，方某（另案处理）联系梅某欲购买猴子，后梅某从葛某某处拿了1只猴子送往方某处，后因猴子生病，方某将猴子送还至葛某某处。2017年1月20日，被告人陆某、葛某某将5只猴子运送到陆某位于金华市婺城区白龙桥怡村的宠物店进行销售。5只猴子中有2只猴子在宠物店饲养过程中死亡，有2只由朱某某、吴某某购买，经鉴定为猕猴，属国家二级重点保护动物。2017年3月，周某某（另案处理）通过微信联系蒋某某欲购买猴子，蒋某某与陈某某帮忙联系陆某购买。同年3月11日，陆某从葛某某处拿了1只猴子，并购买了2本伪造的“国家重点保护野生动物驯养繁殖许可证”，配套出售给陈某某，陈某某转手出售给蒋某某，蒋某某转手出售给周某某。后该猴子在饲养过程中逃跑。2018年七八月，方某将1只猴子出售给葛某某。现该猴子被扣押，经鉴定为猕猴（短尾猴或藏酋猴），属国家二级重点保护动物。综上，葛某某参与买卖猴子8只，陆某参与买卖猴子4只，陈某某、蒋某某参与买卖猴子1只。

二、法院裁判理由及结果

原审法院审理后认为，葛某某、陆某、陈某某、蒋某某违反野生动物保护法规，非法收购、运输、出售珍贵、濒危野生动物，其行为均已构成危害珍贵、濒危野生动物罪，其中葛某某情节特别严重，陆某情节严重。部分系共同犯罪。蒋某某曾因故意犯罪被判处有期徒刑，刑满释放后5年内再犯应当判处有期徒刑以上刑罚之罪，系累犯，依法从重处罚。陆某在判决宣告以前一人犯数罪，应数罪并罚。葛某某、陆某、陈某某、蒋某某具有坦白情节、自愿认罪认罚，均可从轻处罚。陆某、蒋某某、陈某某退出违法所得，均可酌情从轻处罚。葛某某、陆某已缴纳生态修复赔偿金，均可酌情从轻处罚。综上，判决：（1）葛某某犯危害珍贵、濒危野生动物罪，判处有期徒刑10年3个月，并处罚金人民币100000元；（2）陆某犯危害珍贵、濒危野生动物罪，判处有期徒刑5年，并处罚金人民币50000元，与其他犯罪数罪并罚，决定执行有期徒刑5年6个月，并处罚金人民币62000元；（3）蒋某某犯危害珍贵、濒危野生动物罪，判处有期徒刑1年，并处罚金人民币10000元；（4）陈某某犯危害珍贵、濒危野生动物罪，判处有期徒刑8个月，并处罚金人民币8000元；（5）追缴违法所得，上缴国库。

二审法院审理后认为：针对葛某某的上诉理由及其辩护人的辩护意见，（1）关于葛某某是否存在非法收购、运输、出售珍贵、濒危野生动物行为的问题。根据葛某某及陆某的供述，证人梅某、方某、邱某某的证言，手机支付宝及微信支付账单截图等证据，可以证实葛某某于2016年从他人处以每只2000元的价格非法收购了7只猴子，交由陆某、梅某销售。陆某先后共出售4只，在饲养过程中死亡2只。陆某、梅某出售猴子后向葛某某支付每只5000元至8000元不等的费用。为便于交易，2017年1月，葛某某及陆某曾将5只猴子从临海市运送至陆某位于金华市婺城区白龙桥怡村的宠物店内。2018年，方某将1只猴子作价3500元出售给葛某某。综上，葛某某参与非法买卖猴子共8只，其关于收购猴子并非用于出售、陆某操作猴子出售事宜等上诉理由不能成立。（2）关于葛某某是否知晓猴子系国家重点保护野生动物的问题。根据葛某某的供述，其明知猴子系国家保护动物，不能买卖，但因买卖猴子利润较高，存在侥幸心理，故交由陆某、梅某联系出售。陆某亦供述葛某某曾对其表示猴子系国家保护动物，不能买卖。即使葛某某确不知晓猴子的具体保护等级，亦不影响对其行为性质的认定。（3）关于葛某某非法收购、运输、出售珍贵、濒危野生动物的行为是否属于情节特别严重的问题。葛某某参与买卖的 8 只猴子中，经鉴定，2 只为国家一级保护野生动物豚尾猴，3 只为国家二级保护野生动物猕猴，其余 3 只因逃脱或死亡无法鉴定。但根据《国家重点保护野生动物名录》，所有灵长目猴科均为国家二级以上重点保护野生动物。根据存疑有利于被告人原则，对该 3 只逃脱或死亡的猴子按照国家二级保护野生动物量刑。而最高人民法院《关于审理破坏野生动物资源刑事案件具体应用法律若干问题的解释》对附录所列的二级保护猴科动物保护力度相同，故该3 只猴子可与已鉴定的 3 只猕猴按照同一品种计算。据此，葛某某非法收购、运输、出售珍贵、濒危野生动物的数量已达到上述司法解释第 3 条规定的“情节特别严重”标准，应判处 10 年以上有期徒刑，并处罚金或者没收财产。原判鉴于葛某某归案后能如实供述，已缴纳生态修复赔偿金，同时综合考虑葛某某犯罪事实、性质、情节和社会危害程度等因素，判处葛某某有期徒刑 10 年 3 个月，并处罚金人民币 100000 元并无不当。

本案中，葛某某、陆某、蒋某某、陈某某在明知猴子系国家重点保护野生动物的情况下，未经野生动物保护主管部门批准，实施非法收购、运输、出售珍贵、濒危野生动物的行为，违反了我国保护环境的基本国策，破坏了生物多样性和生态平衡，其行为已触犯刑律，构成危害珍贵、濒危野生动物罪，其中葛某某情节特别严重。葛某某的上诉理由及其辩护人的辩护意见均不能成立，不予采纳。据此，依照《刑事诉讼法》第 236 条第 1 款第 1 项之规定，裁定如下：驳回葛某某的上诉，维持原判。

三、判解及提示

本案对葛某某是否构成危害珍贵、濒危野生动物罪情节特别严重的情形存在两种观点：一种观点认为，最高人民法院《关于审理破坏野生动物资源刑事案件具体应用法律若干问题的解释》第 3 条规定，非法猎捕、杀害、收购、运输、出售珍贵、濒危野生动物具有下列情形之一的，属于“情节严重”：（1）达到本解释附表所列相应数量标准的；（2）非法猎捕、杀害、收购、运输、出售不同种类的珍贵、濒危野生动物，其中两种以上分别达到附表所列“情节严重”数量标准一半以上的。非法猎捕、杀害、收购、运输、出售珍贵、濒危野生动物具有下列情形之一的，属于“情节特别严重”：（1）达到本解释附表所列相应数量标准的；（2）非法猎捕、杀害、收购、运输、出售不同种类的珍贵、濒危野生动物，其中两种以上分别达到附表所列“情节特别严重”数量标准一半以上的。本案中，葛某某参与买卖的 8 只猴子中，2 只为国家一级保护野生动物豚尾猴，3 只为国家二级保护野生动物猕猴，其余 3 只因逃脱或死亡无法鉴定，2 只豚尾猴构成上述规定的情节特别严重数量标准一半以上，但对猕猴而言，5 只以上达到上述标准，本案只有 3 只猕猴，尚无证据证明 3 只因逃脱或死亡的猴子是豚尾猴或者猕猴，不符合上述“情节特别严重”的规定，葛某某辩护人的辩护意见成立，应按照情节严重对葛某某量刑。另一种观点认为，本案 3 只猴子因逃脱或死亡无法鉴定，猴子均为二级以上保护动物，此 3 只猴子中如果有一只豚尾猴，则应对葛某某按照情节特别严重进行量刑，如果是其他二级保护动物，法律对其保护力度应一致，犯罪行为侵犯的法益相当，如果机械地适用法条，会出现罪责刑不能相适应的情况，比如案涉 10 只猕猴构成情节特别严重，如果被告人涉及的猴子种类达 20 种以上，每种均为 4 只（假定 5 只为一半以上），这种情形不按照情节特别严重处理明显不当。本案原审认定葛某某构成情节特别严重，在该档较轻幅度内量刑符合罪、责、刑相适应的原则。最终，法院按照第二种观点作出判决。

野生动物资源是生态环境体系的重要组成部分。保护野生动物，特别是拯救珍贵、濒危野生动物，有利于保护自然资源和生物多样性，维持生态平衡，促进人与自然和谐共生。本案对 3 只因逃脱或死亡的猴子作出对被告人有利的推定，在法律适用上，考量到原审判决的情形、立法本意等本案的客观情形，作出了量刑较重的判决，也体现了法院目前对生态环境司法保护从严的态度。

经政府同意未办理采伐许可证而采伐林木是否影响滥伐林木罪的构成?

——杜加某、杜某某滥伐林木上诉案

裁判要旨

是否违反森林法的规定主要涉及行政管理的问题，适用被告人行为时的规定，新《森林法》有关采伐许可证的修改本身不影响行为人之前是否违反森林法的认定；仅有所谓的政府同意未办理采伐许可证不影响滥伐林木罪的认定。

一、案例简介

杜加某、杜某某滥伐林木一案，杜某某不服浙江省义乌市人民法院的刑事一审判决，向浙江省金华市中级人民法院提起上诉。

杜某某上诉提出，砍伐林木经过政府同意并在政府指导下开展“清表”工作，即使存在瑕疵，不应把责任推到包括杜某某在内的个人身上，本案不构成滥伐林木罪。杜某某辩护人提出，关于滥伐林木罪。湖沧村在征收土地上伐木是根据政府的要求进行土地清表，经过政府同意，不是杜某某或其他村民的个人行为。案涉滥伐林木地块已经是建设用地，不再是林地，按照《森林法》（2019 年修订）的规定，不需要办理采伐许可证，杜某某不构成滥伐林木罪。

法院认定事实如下：1996 年，杜某某当选浙江省东阳市江北街道湖沧村支部书记后，利用手中权力安排大量亲信入党，并安排王某某及徐某浩等亲信担任支部委员，逐渐控制了湖沧村党支部。之后，杜某某通过人事安排等手段，巩固其把持的基层组织，雇凶伤人，排除异己。以杜某某为首，杜加某、王某某、王晓某、杜益某等人为成员的恶势力犯罪团伙，在把持东阳市江北街道湖沧村基层组织期间，侵占村集体资产、非法占用农用地、故意毁坏财物，利用杜某某实际控制的杜班建材公司实施非法采矿的犯罪活动，通过贿选等方式破坏选举，严重破坏了当地的政治、经济和社会生活秩序。

自2009年以来，东阳市江北街道湖沧村多地块被征用，“溪滩畈”（俗称）的97.2亩（合计6.48公顷）林地也在被征用范围内。2011年2月，杜某某在未取得林业部门林木采伐许可证的情况下，私自将林地内的500余棵松树以每棵90元的价格（共计45000元）“出判”给王某某，后王某某在杜加某的介绍下又将树木以50000元的价格转卖给施某某，因施某某明确要求湖沧村负责审批采伐证，杜加某又将树木以49000元左右的价格转卖给虞某某、陈某某。虞某某、陈某某在砍伐林木时遭森林公安机关制止，杜某某遂指使杜加某用挖掘机将溪滩畈内的林木挖倒，然后交由虞某某、陈某某安排人员锯掉并装车出售。自2011年2月至下半年，“溪滩畈”97.2亩林地的林木均被采伐。经江西百信司法鉴定中心鉴定，其中44.6亩地块范围内滥伐林木蓄积量为161.7立方米，其余52.6亩地滥伐林木数量无法鉴定。

二、法院裁判理由及结果

原审法院审理后认为，杜某某、杜加某、王某某、王晓某、杜益某等人把持基层组织，在一定区域内多次实施违法犯罪活动，扰乱社会秩序，造成恶劣的社会影响，系恶势力犯罪团伙。杜某某、杜加某违反森林法的规定，滥伐林木，数量巨大，其行为均已构成滥伐林木罪。在滥伐林木罪的共同犯罪中，杜某某起主要作用，系主犯；杜加某起次要、辅助作用，系从犯，依法应当减轻处罚。综上，判决：……（2）杜某某犯滥伐林木罪，判处有期徒刑3年6个月，并处罚金人民币2万元……（3）杜加某犯滥伐林木罪，判处有期徒刑2年6个月，并处罚金人民币1万元……

二审法院认为，关于上诉理由及辩护人的辩护意见，经查，杜某某于2013年4月22日、8月28日在东阳市公安局森林派出所、义乌市看守所的供述证明其让杜加某对案涉林木进行砍伐。任何人在未办理采伐许可证的前提下砍伐需要办理采伐许可证的林木都可能构成犯罪，杜某某及辩护人提出的其砍伐林木虽未办理采伐许可证，但经过政府同意并在政府指导下开展“清表”工作不影响本案的定罪。现行仍然有效的《森林法实施条例》第16条第3款规定，用地单位需要采伐已经批准占用或者征用的林地上的林木时，应当向林地所在地的县级以上地方人民政府林业主管部门或者国务院林业主管部门申请林木采伐许可证，并且，大规模砍伐林木仍需要按照森林法的相关规定受到相关林业行政主管部门包括限额等方面的管理，本案在没有任何手续的情形下砍伐林木违反了森林法的规定，杜某某的辩护人提出的案涉林地已变更为建设用地适用新的森林法案涉林木的采伐不需要办理采矿许可证不构成犯罪的辩护意见与法不符，不予采纳。杜某某、杜加某违反森林法的规定，滥伐林木，数量巨大，其行为均已构成滥伐林木罪。综上，依照《刑事诉讼法》第236条第1款第2项等规定，判决：（1）维持浙江省义乌市人民法院（2020）浙0782刑初747号刑事判决第2、3项涉及滥伐林木罪部分的定罪和量刑……

三、判解及提示

对本案杜某某、杜加某滥伐林木罪的认定，主要争议涉及是否因《森林法》的修改而影响本案滥伐林木罪的认定。

《森林法》（2009年修改）第32条规定采伐林木必须申请采伐许可证，按许可证的规定进行采伐；农村居民采伐自留地和房前屋后个人所有的零星林木除外。《森林法》（2019年修改）第56条规定，采伐林地上的林木应当申请采伐许可证，并按照采伐许可证的规定进行采伐；采伐自然保护区以外的竹林，不需要申请采伐许可证，但应当符合林木采伐技术规程。我国此次森林法修改从条文表述来看，对办理采伐许可证的情形由无区分土地性质变更为林地上的林木，范围有所限缩。案涉林地存在转为建设用地的情形，杜某某辩护人据此认为本案砍伐林木不需要办理采伐许可证，杜某某不构成犯罪。从法律规定的明确性来看，《森林法实施条例》第16条第3款规定，用地单位需要采伐已经批准占用或者征用的林地上的林木时，应当向林地所在地的县级以上地方人民政府林业主管部门或者国务院林业主管部门申请林木采伐许可证。新修改的《森林法》没有明确对林地转为建设用地后砍伐上面的林木是否需要办理采伐许可证，仍然有效的《森林法实施条例》对此有明确的规定。从新旧法的适用来看，滥伐林木罪的入罪要件以被告人违反森林法的规定为前提，这里的森林法主要涉及政府对林木管理的一些规定。我国刑法规定了从旧兼从轻的原则，本案刑法本身对滥伐林木犯罪的规定没有作出从轻的规定，杜某某辩护人提出的《森林法》修改的情况只影响政府行政管理的新旧法适用问题，本案即使案涉林木因法律的修改不需要办理采伐许可证，我国行政管理应适用行为人行为时的法律，以此来判断被告人行为时是否违反森林法的规定。综上，杜某某辩护提出的观点不能成立。

另外，杜某某提出的其砍伐林木经过政府同意并在政府指导下开展“清表”工作，其不构成犯罪的问题。采伐林木必须向有权机关申请采伐许可证，否则，可能构成滥伐林木罪，但基于社会公众对政府公信力的依赖，其所提出的这种情况如果属实，会影响法院对其从轻的量刑。

经过政府审批获得耕地附条件的使用权因耕地使用不当是否构成犯罪?

——胡某某非法占用农用地暨附带民事公益诉讼上诉案

裁判要旨

经过政府审批获得耕地附条件的使用权，在具体使用时，未按照约定的条件使用造成耕地毁坏，数量较大，仍然应承担刑事责任。

一、案例简介

胡某某非法占用农用地暨附带民事公益诉讼一案，胡某某不服浙江省永康市人民法院的一审刑事附带民事判决，向浙江省金华市中级人民法院提起上诉。

胡某某上诉提出：（1）涉案土地用地手续合法，胡某某为该地块的合法使用人，并未改变土地用途。（2）耕地实际上是否具有耕作层、是否具备种植条件应根据土地的实际情况来判断，不是批准证书上载明为“耕地”即肯定存在耕作层。涉案土地原本空闲多年，为永康市唐先镇大后砖瓦厂（以下简称大后砖瓦厂）历年取土用地，在批准给胡某某使用时已不存在耕作层。（3）即使涉案地块的耕作层已被破坏，并无证据证明一定为胡某某破坏。涉案地块为大后村闲置空地，大后砖瓦厂在此取土近20年，且2016年6月13日国土部门鉴定时涉案土地已由他人掌控使用，即使存在损毁，亦应是他人破坏。（4）即使胡某某存在损毁耕地行为，原审法院并未查实毁损面积。涉案土地在2012年7月已存在林地0.057公顷、交通用地0.119公顷，城镇及工矿用地 1.211 公顷，即至少 1.378 公顷为非耕地，鉴定结论所称原种植条件破坏的 36.59 亩土地是否包含非耕地并未查实清楚。（5）2015 年 11 月，经政府协调，涉案土地已被出让为工业建设用地，无修复的可能和必要。请求二审撤销原审刑事附带民事判决，改判胡某某无罪且无须承担民事责任。胡某某辩护人提出，公诉机关指控胡某某毁坏的农用地已被依法征收为国有建设用地，无复垦的必要和可能。

法院认定事实如下：从 2012 年年初开始，胡某某与他人承包大后砖瓦厂。2012 年 4 月 16 日，胡某某为创建唐先镇生猪精品园向永康市唐先镇大后村村三委承租坐落在大后村项山背的 60 亩闲置土地（该地块与大后砖瓦厂相邻，部分面积重叠）。同时，胡某某与大后村村三委签订上述土地的复耕协议。同年 6 月 26 日，胡某某以永康市远大猪场名义申请该地块用于农业畜牧建设，获永康市唐先镇人民政府同意，并对耕作层保护要求进行“预制板隔离”。同年 11 月 12 日，永康市远大生猪养殖场的设施农用地申请获永康市人民政府办公室同意；同年 11 月 18 日唐先镇人民政府向永康市行政服务中心承诺确保上述用地不改变用途并定期审验。2012 年 12 月 10 日，永康市国土资源局对胡某某经营的远大生猪养殖场设施农用地予以核准，用地面积为 40000 平方米（60 亩），其中，9000 平方米用于临时猪舍、生产管理用房的建设，现耕作层保护措施符合要求，经营期满后由承包者负责恢复土地原状。2014 年上半年至 2015 年 9 月，胡某某开始逐步建造养猪场的围墙及进行土地平整。养猪场建造期间，大后村村民以养猪场污染环境、租赁土地未经村民同意等理由，一直反对养猪场建造。2015 年 9 月 6 日上午，胡某仓、胡某东等 8 人把胡某某搭建在大后村“项山”处的西北侧 277 米、东南侧 105 米红砖围墙拉倒毁坏。2015 年 11 月，经相关政府协调，胡某某不在该涉案地块上进行养猪场建设项目。2015 年 12 月 21 日，永康市农林局组织专家勘查发现批准永康市远大生猪养殖场的设施农用地被挖填土、堆砌建设物、土丘、挖水塘，耕作层土已基本被剥离或填埋，农田基础设施受损，其中 24561 平方米土地被重度毁坏。2016 年 6 月 13 日，金华市国土资源局对永康市唐先镇大后村项山背地块（远大生猪养殖场 58.93 亩土地）进行鉴定：认定鉴定地块内有 36.59 亩耕地原种植条件遭到了破坏，原水田的排灌系统被填埋，水田表层被沙石、建筑垃圾和废土等外来固体废弃物堆积、压实，部分水田和旱地已被挖掘，原耕作层和底土层土壤缺失，形成多处积水洼地，上述36.59亩耕地原种植条件已完全丧失，且不易复垦，属重度损毁。其中，胡某某毁损耕地面积达24.4亩。公益诉讼部分，刑事附带民事公益诉讼起诉人变更后的诉讼请求由胡某某自行修复或承担恢复原耕地种植条件的费用25.81万元。变更后的诉讼请求中自行修复部分符合法律规定，如逾期未完成修复，则复垦费用部分，现依法认定耕地毁坏面积为24.4亩，复垦费用，依法调整为16.9万元。

二、法院裁判理由及结果

原审法院审理后认为，本案的争议焦点在于涉案大后村项山背地块在交付胡某某之前是否因大后砖瓦厂取土而损毁，不具备耕种条件。经查，从2012年开始胡某某和胡某奎合伙承包大后砖瓦厂，也在砖瓦厂后面养猪场靠厂房的地块取土并挖土，为方便车辆行驶在砖瓦厂后面用推土机推平形成道路，故从2012年开始胡某某就开始在涉案地块上进行取土，同时报批养猪场项目，故不管胡某某何时进场施工建设，从2012年开始，涉案地块上取土及毁损耕地的行为，胡某某均应承担责任。虽然胡某某系通过政府相关部门的审批承包项山背地块约60亩地块建设精品生猪养殖园，但对耕作层需要进行“预制板隔离”，以达到保护现场耕作层的目的，且《永康市设施农用地批准书》中也要求“不得破坏耕作层”。但胡某某未以“预制板隔离”的方式保护耕作层，在施工过程中，造成耕作层的损毁。另外，公诉机关指控的耕地毁坏面积36.59亩中应扣减2011年就已经破坏的318平方米、150平方米、110平方米、975平方米共计1553平方米（2.33亩），同时要扣减水塘6542.794平方米（9.82亩），胡某某毁损耕地的面积为16296平方米（24.4亩）。综上，胡某某未按要求保护耕作层，在平整过程中造成耕作层毁损，故对胡某某及其辩护人提出的胡某某未有毁损耕地的意见，不予采纳。公益诉讼部分，刑事附带民事公益诉讼起诉人变更后的诉讼请求符合法律规定，如逾期未完成修复，则复垦费用部分，现依法认定耕地毁坏面积为24.4亩，复垦费用为16.9万元。本案的发生系胡某某法律意识淡薄，在修建养猪场平整土地过程中，未按要求保护耕作层，造成耕地毁损，但胡某某主观恶性小，且胡某某及其儿子胡俊某承诺按照有关部门要求修复土地，使被损毁土地达到耕作要求，并主动承担一切修复土地的费用。胡某某犯罪情节轻微，可以免予刑事处罚。综上，判决：（1）胡某某犯非法占用农用地罪，免予刑事处罚；（2）在案件发生法律效力之日起 1 个月内，在本地媒体上公开赔礼道歉，并由胡某某于判决发生法律效力之日起 1 年内自行修复毁损耕地至国家规定的耕地标准。如逾期未完成修复或经验收未达标则由胡某某将复垦费用 16.9 万元支付至永康市人民检察院指定公益诉讼账户。

二审法院审理后认为，胡某某违反土地管理法规，在承包使用设施农用地过程中，未采取耕作层保护措施，造成耕地大量毁坏，其行为已构成非法占用农用地罪，因犯罪情节轻微，可以免予刑事处罚。胡某某毁损耕地的行为损害了国家和社会公共利益，应承担相应民事责任。胡某某上诉称涉案地块批准手续合法，耕地在批准给其使用时已不存在耕作层，且无证据证明耕作层系其破坏。经查，虽然胡某某系合法承包土地，但在实际使用过程中未按照要求保护耕作层，其在耕地上取土及毁坏耕地的事实由胡某某的供述、证人胡某奎的证言、大后砖瓦厂承包合同、2011 年至 2014 年涉案地块卫星遥感影像局部图等证据证实。对于胡某某称原审法院未查实损毁耕地具体面积的上诉意见及辩护人称涉案地块已被征收为工业用地的辩护意见。经查，根据原金华市国土资源局《耕地破坏鉴定结论书》显示，鉴定地块内重度损毁的耕地面积为 24391.73 平方米，在扣减 2011 年已破坏的面积 318 平方米、150 平方米、110 平方米、975 平方米，同时扣减水塘面积 6542.794 平方米后，应认定胡某某损毁耕地面积为 16296 平方米。同时，辩护人所提涉案耕地已被依法征收为工业建设用地缺乏事实依据。综上，胡某某请求二审改判无罪且无须承担民事责任的上诉理由及其辩护人所提请求改判无须修复土地的辩护意见均不能成立，本院不予采纳。依照《刑事诉讼法》第 236 条第 1 款第 1 项之规定，裁定如下：驳回上诉，维持原判。

三、判解及提示

本案最主要的争议在于胡某某案涉经审批使用土地的行为是否构成非法

占用农用地罪。《土地管理法》（2019 年修正）第 3 条规定，十分珍惜、合理利用土地和切实保护耕地是我国的基本国策。各级人民政府应当采取措施，全面规划，严格管理，保护、开发土地资源，制止非法占用土地的行为。近年来，随着传统农业向产业化、规模化的现代农业转变，一些地区出现了假借发展设施农业之名，擅自或者变相改变农业用途，在耕地甚至永久基本农田上建设农庄、养殖场等现象，造成土地资源被大量非法占用和毁坏，严重侵害农民权益和农业农村的可持续发展，在社会上造成恶劣影响。2018 年，自然资源部和农业农村部在全国开展该类问题的专项整治行动，推进落实永久基本农田保护制度和最严格的耕地保护政策。该类问题违反《土地管理法》，属于破坏耕地或者非法占地的违法行为。

值得关注的是，一些破坏耕地的行为获得地方政府的允诺。最高人民法院《关于审理破坏土地资源刑事案件具体应用法律若干问题的解释》第 3 条规定，违反土地管理法规，非法占用耕地改作他用，数量较大，造成耕地大量毁坏的，依照《刑法》第 342 条的规定，以非法占用耕地罪定罪处罚：（1）非法占用耕地"数量较大"，是指非法占用基本农田 5 亩以上或者非法占用基本农田以外的耕地 10 亩以上。（2）非法占用耕地"造成耕地大量毁坏"，是指行为人非法占用耕地建窑、建坟、建房、挖沙、采石、采矿、取土、堆放固体废弃物或者进行其他非农业建设，造成基本农田 5 亩以上或者基本农田以外的耕地 10 亩以上种植条件严重毁坏或者严重污染。根据本案行为人的犯罪事实是应当承担刑事责任的。本案胡某某系通过政府相关部门的审批，承包项山背地块约 60 亩地块建设精品生猪养殖园，审批时附加了条件，要求胡某某对耕作层进行"预制板隔离"，以达到保护现场耕作层的目的，《永康市设施农用地批准书》中也明确要求"不得破坏耕作层"。胡某某未以"预制板隔离"的方式保护耕作层，在施工过程中，造成耕作层的损毁，对本案存疑的是否是胡某某破坏的土地，法院仔细甄别，剔除了公诉机关指控的部分被破坏的土地面积，案涉被毁坏的耕地达到上述司法解释规定的标准。考虑到案涉土地建设经过审批、胡某某采取措施恢复耕种条件的态度，法院作出对其定罪免刑的处理。

值得一提的是，胡某某的辩护人提出，涉案耕地已被征收为国有土地，将用于工业，不应认定胡某某犯罪。本案所谓的土地性质变更的情形缺乏事实依据；且即使存在此种情况，在法律未予变更的情形下，犯罪的认定以行为发生时为准，之后被犯罪行为侵害的对象的变更不影响本案的定罪。如果存在此种情形，亦不会减轻本案刑事附带民事公益诉讼被告责任的承担，但可能涉及根据土地使用的情况变更责任承担的方式。

我国正在全面加强生态环境司法保护，为美丽中国建设提供有力司法服务和保障。近些年，各地对耕地实行最严格的保护制度，正改变以毁坏耕地资源来促进经济发展的做法。本案使用土地获得审批，但因造成耕地毁坏，仍然受到法律的惩处，但考虑到本案审批的情形及行为人能够对取过土的耕地部分进行复耕还农，减少和控制了毁坏的程度和数量，因此给予了其相对较轻的处罚，达到了惩罚和教育相结合的目的。

普通建设项目工程性采挖砂石是否属于不需要办理采矿许可证的情形？

——徐某、吕某某非法采矿上诉案

裁判要旨

普通建设项目工程性采挖砂石不符合《关于促进砂石行业健康有序发展的指导意见》不需要办理采矿许可证的情形，应采挖的砂石用来销售，构成非法采矿罪。

一、案例简介

徐某、吕某某非法采矿一案，徐某不服浙江省武义县人民法院的刑事一审判决，向浙江省金华市中级人民法院提起上诉。

徐某上诉提出，徐某在浙江省武义县南丰安置小区民生工程中附随的开挖行为，与刑法规定的非法采矿行为存在本质区别，不应构成犯罪。（1）工程施工中附随的开挖行为与采矿行为的主观故意不同。根据《刑法》第343条的规定，构成非法采矿罪的采矿，是指从地表和地壳开采矿产资源加以利用的行为。采矿行为的主观方面必然是以矿产资源作为对象，以获取矿产资源作为目的。房地产开发建设工程中地下室的施工作业，地下室的开挖产生的渣土有可能混有一定数量的矿产，开挖是为了民生工程安置小区的地下室工程建设，本质上不属于采矿行为，故不需要办理采矿许可证。（2）附随开挖行为与因工程需要而采挖砂石亦有不同。值得一提的是，附随开挖行为与另一种情形，即为了工程建设需要而采挖砂石应当加以区分。后者是指为了满足施工过程中需要用到的建筑砂石所进行的采挖，其对象和目的，仍然符合前述“采矿”的定义。换句话说，这里的开挖不是工程施工必要的、附随的环节，而是为了满足施工需要才实施；不开挖也能顺利施工，但相关建材需要另行购买。对于这种情形，原国土资源部《关于开山凿石、采挖砂、石、土等矿产资源适用法律问题的复函》（1998 年 8 月 12 日）以及《关于解释工程施工采挖砂、石、土矿产资源有关问题的复函》（1999 年 8 月 19 日）两份复函作了规定，如果不用于本工程建设而用于销售，则需要办理采矿许可证。需要再进一步指出的是，即便不承认附随开挖与因工程需要而采挖砂石的性质区分，上述复函中以自用还是销售作为是否需要办理采矿许可证的意见，也只符合行政管理的逻辑，而不符合刑事评价的逻辑。因为从时间顺序来看，开采在前，销售在后，那么，如果开采是为了自用，但后来发现有多余，此时如果办理了采矿许可，则可以合法销售，否则不能销售，也就是说，行政管理偏重对销售环节的规制。但从刑事评价的逻辑上看，非法采矿是指未取得许可而开采的行为，刑事评价的是开采行为本身的合法性；显然，销售是开采行为的事后行为，事后行为是否合法，不能改变正犯行为的评价。因此，即便不承认附随开挖与因工程需要而采挖砂石的性质区分，也不能仅凭销售的不法性而得出开采行为的刑事可罚性。（3）销售工程开挖产生的黄沙并非非法采矿的客观要件。非法采矿罪客观要件仅仅是行为人实施了擅自开采矿产资源的行为，一旦矿产资源从原始状态中脱离出来，单独成为可以利用的对象，就应认为犯罪行为实施终了，而无论后续如何处分这些矿产资源。因此，非法采矿罪的客观要件，不包括行为终了后的销售。（4）2020年 3 月 25 日，国务院 15 个部门共同发文印发了《关于促进砂石行业健康有序发展的指导意见》（发改价格〔2020〕473 号），根据该意见第 13 条的规定：对经批准设立的工程建设项目和整体修复区域内按照生态修复方案实施的修复项目，在工程施工范围及施工期间采挖的砂石，除项目自用外，多余部分允许依法依规对外销售。该 15 个部门印发的意见很明确地表明了在施工范围内及施工期间采挖砂石不需取得采矿许可证，也可对外销售，只需依法依规销售即可。原审法院依据 1998 年原国土资源部的复函（该函要求办理采矿许可证）判决徐某犯非法采矿罪明显违背了新法优于旧法的原则。综上，请求撤销原审判决，依法改判徐某无罪。其辩护人提出，徐某的行为只是销售违法，所造成的法益伤害也不是矿产资源，而是资源税费及资源利用问题，无论是否界定该行为属于采矿，都与非法采矿的评价无关，可以适用民法中无权处分的规定。如徐某无罪的辩护观点不被采纳，辩护人恳请二审法院综合考虑徐某在整个工程施工过程中仅是帮助童某某等人解决村民矛盾，并不参与整个工程施工等情形，认定徐某为从犯。

法院认定事实如下：2017 年 1 月，浙江胜阳建设有限公司（以下简称胜阳公司）通过招投标中标了武义县南丰村安置区 A 区块工程。王某某、童某某（均另案处理）在得知胜阳公司要将该工程中的基础开挖等项目外包后，由童某某出面找到当时在胜阳公司上班的吕某某，让其帮忙牵线承包，并答应事成后给吕某某 6% 左右的股份。后童某某、王某某又找到徐某一起参与工程，商定由徐某负责处理南丰村村民阻挠工程施工问题，徐某在不出资的情况下占股 50% 左右。2017 年 4 月，王某某与胜阳公司就武义县南丰村安置区 A 区块基础开挖、弃土外运、土石回填项目签订了施工合同。工程施工后，徐某除负责处理南丰村村民阻挠施工问题外，还安排冯冰到工地负责外运砂石的记账。吕某某除受胜阳公司指派负责看管工地外，同时负责外运砂石的记账。施工期间，徐某、吕某某伙同王某某、童某某在未取得采矿许可证，也未交纳矿产资源补偿费的情况下，将开采的 4 万余立方米砂石料以每立方米 55 元的价格销售给王跃某等人，销售金额达人民币 200 余万元，其中徐某分得人民币 90 余万元，吕某某分得人民币 6 万元。2019 年 10 月 11 日，徐某、吕某某分别被武义县公安局民警抓获归案。案发后，徐某、吕某某已分别向公安机关预交人民 90 万元、6 万元。

二、法院裁判理由及结果

原审法院审理后认为，徐某、吕某某伙同他人违反矿产资源法的规定，未取得采矿许可证擅自采矿，情节特别严重，其行为已构成非法采矿罪，系共同犯罪，公诉机关指控成立，予以支持。被告人徐某曾因故意犯罪被判处有期徒刑，在刑罚执行完毕后 5 年内故意再犯应当判处有期徒刑以上刑罚之罪，系累犯，且有犯罪前科，有从重处罚情节；鉴于其在归案和庭审中均如实供述，且已退出违法所得，予以从轻处罚。吕某某在共同犯罪中起次要作用，系从犯，予以减轻处罚；其在归案后和庭审中均如实供述，自愿认罪认罚且已退出违法所得，予以从轻处罚。根据吕某某的犯罪情节、悔罪表现、退赃情况等，判处其缓刑应不致再危害社会，予以宣告缓刑。公诉机关量刑建议适当，应予采纳。据此，判决：（1）徐某犯非法采矿罪，判处有期徒刑3年6个月，并处罚金人民币8万元；（2）吕某某犯非法采矿罪，判处有期徒刑1年6个月，缓刑2年，并处罚金人民币1万元；（3）徐某、吕某某分别退出的违法所得人民币90万元、6万元，均予以没收，上缴国库。

关于上诉理由及辩护人的辩护意见，二审法院审理后认为：（1）关于徐某是否构成非法采矿罪的问题。对徐某是否构成犯罪要根据主客观相统一的刑事责任原则进行认定，经查，被告人徐某伙同他人在未取得采矿许可证，也未交纳矿产资源补偿费的情况下采挖砂石对外销售，情节特别严重，原审认定其构成非法采矿罪符合法律规定。本案系普通的建设工程项目，不属于徐某上诉提及的《关于促进砂石行业健康有序发展的指导意见》规定的经批准设立的工程建设项目，徐某所述的因案涉工程建设项目对外销售砂石不需要办理采矿许可证缺乏法律、法规依据。（2）关于徐某能否认定为从犯的问题。经查，徐某与童某某、王某某事先商量并确定占股、分红比例后，实施了案涉基础开挖工程，犯罪过程中存在相互配合行为，徐某在共同犯罪中所起的作用较大，原审未将其认定为从犯并无不当。综上，徐某所提上诉意见及其辩护人所提应认定徐某为从犯的辩护意见不成立，不予采纳。

徐某、吕某某伙同他人违反矿产资源法的规定，未取得采矿许可证擅自采矿，情节特别严重，已构成非法采矿罪的共同犯罪，原公诉机关指控成立，应予以支持。原审法院根据徐某系累犯及本案中两被告人的犯罪、供述、认罪认罚、退出违法所得、主从犯等情形所作出的量刑适当。依照《刑事诉讼法》第236条第1款第1项之规定，裁定驳回上诉，维持原判。

三、判解及提示

国家发展和改革委员会等部门印发的《关于促进砂石行业健康有序发展的指导意见》第13条规定，推动工程施工采挖砂石统筹利用。对经批准设立的工程建设项目和整体修复区域内按照生态修复方案实施的修复项目，在工程施工范围及施工期间采挖的砂石，除项目自用外，多余部分允许依法依规对外销售。徐某及其辩护人据此提出，案涉工程建设项目范围内的采挖砂石，不需要办理采矿许可证，则本案非法采矿罪的构成失去前提基础。经查询相关工程项目管理文件并问询资规管理部门，我国普通工程建设项目采取备案许可制度，只对公益性建设等项目才采取批准制度，该规定第 13 条所指情形不包括普通的工程建设，徐某所述的因案涉工程建设项目对外销售砂石不需要办理采矿许可证缺乏法律、法规依据。

本案是法院审理的非法采矿罪的典型案例，被告人在办理合法手续的工程建设项目中因奠基等原因对地下开挖，则可能的规定，砂、石、黏土及构成山体的各类岩石，属国家所有。原国土资源部《关于开山凿石、采挖砂、石、土等矿产资源适用法律问题的复函》（国土资函 190 号）第 2 条规定，建设单位因工程施工而动用砂、石、土，但不将其投入流通领域以获取矿产品营利为目的，或就地采挖砂、石、土用于公益性建设的，不办理采矿许可证，不交纳资源补偿费。实践中，土地受让方缴纳相应土地出让费用后正常工程建设项目开发过程中，将工程建设需要挖出的砂石用于工程建设本身，不进入流通领域，不认为是犯罪，对多余的砂石应进入政府设立的资源交易平台，相关收入应纳入财政收入，进行营利活动则面临刑事责任的风险，虽然开挖有一定的合理性，亦可能构成非法采矿罪。

运行机制法律风险防范类

如何认定恶势力犯罪团伙及串通投标的共同犯罪？

——卢某某[①]等串通投标、寻衅滋事、强迫交易、非法采矿及恶势力团伙认定上诉案

裁判要旨

三人以上，经常纠集在一起，以暴力、威胁或者其他手段，在一定区域内从事违法或者犯罪活动，尚未形成黑社会性质组织的违法犯罪组织，可认定恶势力团伙；在参与工程招投标中，行为人共谋参与陪标，泄露招投标秘密，损害国家及招标单位利益，构成串通投标罪的共同犯罪。

一、案例简介

卢某某等串通投标、寻衅滋事、强迫交易、非法采矿及恶势力团伙认定一案，卢某某、卢春某、陈某某、陈金某不服浙江省磐安县人民法院的刑事一审判决，向浙江省金华市中级人民法院提起上诉。

卢某某上诉提出：（1）原审判决认定卢某某犯寻衅滋事罪的事实不清，证据不足。（2）原审判决认定强迫交易罪的事实不准确，卢某某仅参与前期

① 本案卢某某、卢春某、陈某某犯寻衅滋事罪、强迫交易罪、非法采矿罪、串通投标罪，陈金某犯寻衅滋事罪、强迫交易罪、非法采矿罪，羊某某、陈天某、陈岩某、邵某某犯串通投标罪，卢某某、卢春某、陈某某、陈金某提起上诉，本案涉及主体多，案情复杂，因行文需要，着重对本案的卢某某串通投标行为及恶势力认定进行介绍和解读。

与俞某松的沟通，后期未对胡某实施强迫交易，不构成强迫交易罪。（3）卢某某不构成非法采矿罪。①在S218省道改建工程中，现有证据不足以认定卢某某构成犯罪。②关于联进村保障性安居工程，卢某某的非法开采行为情节显著轻微，不构成犯罪。第一，卢某某对便道进行施工，是应业主方联进村以及安文镇政府领导的安排而实施的，没有非法采矿的犯罪故意。第二，卢某某实施的非法采矿行为情节显著轻微。（4）原审判决认定卢某某构成串通投标罪事实不清、证据不足，卢某某仅帮助介绍，没有串通报价，也没获取非法利益，情节显著轻微，不构成犯罪。①卢某某没有以招投标业主单位负责人身份为他人串通报价提供帮助，也没有与投标人串通投标。②卢春某等5人合伙投标、邵某某联系12家单位拟参与本工程投标，都是自发的，卢某某没有参与。关于卢某某如何将邵某某介绍给卢春某等人的事实并未查清，陈述不一。现有证据不能证明卢某某在串通招投标上有帮助行为，根据通信记录卢某某也没有向邵某某发送过标底信息，邵某某供述的2017年11月21日卢某某通过短信发送标底，显然不真实。此外，卢某某即使构成犯罪，量刑也明显不合理，应与邵某某相当或比其稍轻。（5）原审判决认定卢某某等为恶势力犯罪团伙错误。①本案没有“为非作恶，欺压百姓”的恶势力犯罪行为特征。②现有证据不足以证实有在2年内实施3次以上寻衅滋事行为。③原审中认定各上诉人“经常纠集在一起以暴力、威胁及其他手段多次实施违法犯罪活动，为非作恶、欺压百姓，在安文镇岭外村及周边造成较为恶劣的社会影响”没有证据证明，也没有事实支撑。请求改判卢某某无罪。

卢春某上诉及其辩护人提出，卢春某不构成非法采矿罪、强迫交易罪。对卢春某串通招投标罪的量刑过重，同案不同判。卢春某的地位作用与邵某某等人比并不突出，且一直认罪认罚，不应比邵某某等人重。

陈某某上诉及其辩护人提出，案涉工程是双方协商达成协议，陈某某等人没有强迫交易的故意，是通过中间人联系介绍，合同也是真实意思表示。即使构成强迫交易犯罪，量刑也过重。本案超挖部分的非法采矿主体是岭外村委会，各上诉人为该村委会的工程垫资都没有得到利益，街道及国土资源部门也没有阻止过开采行为。对寻衅滋事罪、串通投标罪，陈某某认罪认罚，原审量刑过重。

陈金某上诉及其辩护人提出，陈金某在本案中不构成强迫交易罪、非法采矿罪，陈新标等人在本案中不宜认定为恶势力团伙。卢某某等人本案所涉犯罪都与承包 S218 弯道改建工程有关，特别是陈金某涉嫌的强迫交易和非法采矿。其并未为非作恶、欺压百姓，未扰乱当地社会经济生活秩序，也未造成较为恶劣的社会影响。请求依法改判。

法院认定事实如下：2014 年以来，被告人卢某某、卢春某、陈某某、陈金某经常纠集在一起以暴力、威胁及其他手段多次实施违法犯罪活动，为非作恶、欺压百姓，在安文镇岭外村及周边造成较为恶劣的社会影响，形成恶势力犯罪团伙。该团伙实施的具体犯罪事实如下：卢某某、卢春某、陈某某 2 年内实施寻衅滋事行为 3 次以上，破坏社会秩序；卢某某、卢春某、陈某某、陈金某以工程涉及的土地存在土地政策未解决好为由相要挟，强迫已承包永康大通公路工程有限公司工程的胡某将该工程内的土石方分包给被告人卢某某等人。2015 年至 2016 年，卢某某、卢春某、陈某某、陈金某未取得采矿许可证，在 S218（东仙线）K45 + 600 – K46 + 300 段弯道改建工程施工中，非法开采矿石予以出售。为获取非法利益，4 名被告人商量后又超越施工设计范围非法采矿予以出售。经磐安县价格认证中心鉴定，卢某某、卢春某、陈某某、陈金某在施工用地红线范围外开采的普通建筑石料价值 942571.8 元。2017 年 11 月，磐安县群团活动中心听头圆河道整治工程公开招投标。卢春某、陈某某、羊某某、陈天某、陈岩某、邵某某为提高中标概率，相互串通，统一设置投标报价，幕后操纵公司投标；卢某某作为磐安县群团活动中心听头圆河道整治工程招标单位（磐安县安文街道岭外村民委员会）的负责人之一，为卢春某、陈某某、羊某某、陈天某、陈岩某与邵某某相互串通报价提供帮助，最终陈岩某开出的瑞安市瑞江建设工程有限公司以 450 万元的价格成功中标该工程的右岸标段，实际承包人陈某某、卢春某、陈岩某等人出资补偿被告人羊某某、陈天某等人。案发后，羊某某退出违法所得 10000 元，陈天某退出违法所得 20000 元。

二、法院裁判理由及结果

(一) 关于寻衅滋事罪

根据最高人民法院、最高人民检察院、公安部、司法部《关于办理实施“软暴力”的刑事案件若干问题的意见》有关规定，寻衅滋事罪中的多次，一般应当理解为3年内实施寻衅滋事行为3次以上，既包括同一类别的行为，也包括不同类别的行为，本案卢某某、卢春某、陈某某在3年内实施寻衅滋事3次以上，情节恶劣，其行为均已构成寻衅滋事罪，故卢某某、卢春某、陈某某及其辩护人关于不构成寻衅滋事罪的意见不成立，不予采纳；但根据在案证据，指控陈金某犯寻衅滋事罪依据不足，辩护人关于陈金某不构成寻衅滋事罪的辩护意见成立，予以采纳。

(二) 关于强迫交易罪

经查，在案证人证言、被害人陈述、书证及被告人卢某某、卢春某、陈某某、陈金某的供述间能相互印证证明，卢某某、卢春某、陈某某、陈金某合股未投中S218弯道改建工程后，4人商量由卢某某、陈某某通过马某周找到永康大通公司俞某某，以其能够处理涉案工程的土地政策问题为由要求承接工程；得知工程承包给胡某某后，卢某某、卢春某、陈某某等人多次找胡某某协商，以卢某某是书记、自己都是本地人能够处理好相关土地政策为由，提出分包土石方工程的要求；其间，为了能顺利分包到土石方工程，在胡某某安排人员放样施工时，卢春某、陈金某出面强行阻拦，声称土地政策未处理好不能施工，致使该工程停工，最终胡某某只能与陈金某签订合同，被迫将土石方工程分包给卢某某等人。故被告人卢某某、卢春某、陈某某、陈新标及其辩护人关于不构成强迫交易罪的辩解和辩护意见，与已查明的事实和法律规定均不符，均不予采纳。

(三) 关于非法采矿罪

卢某某及其辩护人关于卢某某未参与S218省道改建工程的意见，与本案查明事实不符，不予采纳。卢某某辩护人提出鉴定类材料不能采信等意见，经查，根据相关法律规定，侦查机关有权聘请有专门知识的人对专门性问题进行鉴定，本案侦查机关委托相关专业人员和部门就涉案土石方工程量及价值进行测量、计算、鉴定，合法有效，上述书证、鉴定意见的制作、取得程序合法，内容客观真实，可以作为本案的定案依据，且在本案侦查阶段，卢某某对上述评估及鉴定意见亦未提出异议，故该辩护意见，不予采纳。卢春某、陈某某、陈金某的辩护人提出本案应根据从旧兼从轻原则认定被告人的行为不构成非法采矿罪的意见，经查，本案被告人开采矿石行为始于2015年，《刑法修正案（八）》的实施时间是2011年，不存在新旧法律适用问题，故该辩护意见不予采纳。陈某某、陈金某的辩护人提出本案非法采矿的主体是岭外村村民委员会、采矿许可证应由村民委员会或所挂靠公司办理的意见，无证据证实，与本案相关事实和法律规定不符，不予采纳。关于卢某某在联进村保障性安居工程中非法开采矿石并出售行为的认定问题，根据《矿产资源法》规定，开采矿产资源，必须依法申请、经批准取得采矿权并办理登记，同时规定国家实行采矿权有偿取得的制度。在案证据证明，卢某某在未办理采矿许可证、未交纳矿产资源出让金的情形下擅自采矿并销售给他人，其行为符合非法采矿罪的犯罪构成。虽然为了涉案工程尽快开工，工程业主方联进村村民委员会及安文街道办事处等相关人员与卢某某对非法采矿所涉便道开挖一事确实有过协商，也表示了同意，但并非对卢某某采矿行为进行许可，也不能否认本案所涉及的采矿地点未办理采矿许可证以及所采矿石外销营利的事实，故不影响卢某某构成非法采矿罪。

（四）关于串通投标罪

在案邵某某、卢春某、陈某某等人的供述，证人陈某亮的证言相互印证证实，卢春某、陈某某等人通过卢某某与邵某某共谋串标，开标当天由卢某某将标底传给邵某某，故卢某某及辩护人关于卢某某没有参与串通投标、不构成串通投标罪的辩解和辩护意见，与查明的事实不符，不予采纳。

（五）关于恶势力团伙认定问题

2014年以来，卢某某、卢春某、陈某某、陈金某经常纠集在一起，在磐安县安文街道岭外村及附近区域多次实施违法犯罪活动，其中卢某某伙同卢春某、陈某某、陈金某实施强迫交易犯罪一起、非法采矿犯罪一起，卢某某伙同卢春某、陈某某共同实施串通投标犯罪一起、寻衅滋事违法犯罪行为多起，为非作恶、欺压百姓，扰乱当地社会经济生活秩序，造成较为恶劣的社会影响，应当认定为恶势力犯罪团伙。故相关被告人及辩护人提出本案不构成恶势力团伙犯罪的辩解、辩护意见，均不予采纳。本案其他被告人羊某某、陈天某、陈岩某、邵某某并非恶势力犯罪团伙成员，量刑时应注意区分。卢某某在共同实施寻衅滋事、强迫交易、非法采矿犯罪中起主要作用，系主犯。卢春某、陈某某在共同实施寻衅滋事、强迫交易、非法采矿犯罪中起次要作用，系从犯，依法予以从轻处罚。陈金某在共同实施强迫交易非法采矿犯罪中，起次要作用，系从犯，依法予以从轻处罚。羊某某、陈天某、陈岩某、邵某某归案后如实供述自己的犯罪事实，自愿认罪认罚，有悔罪表现，积极退赃，均可以从轻处罚并可适用缓刑。

综上，判决：（1）卢某某犯寻衅滋事罪，判处有期徒刑 1 年 6 个月；强迫交易罪，判处有期徒刑 1 年 6 个月，并处罚金人民币 3 万元；非法采矿罪，判处有期徒刑 3 年 6 个月，并处罚金人民币 10 万元；犯串通投标罪，判处有期徒刑 1 年，并处罚金人民币 2 万元；数罪并罚，决定执行有期徒刑 7 年，并处罚金人民币 15 万元。（2）卢春某犯寻衅滋事罪，判处有期徒刑 1 年；犯强迫交易罪，判处有期徒刑 1 年，并处罚金人民币 2 万元；犯非法采矿罪，判处有期徒刑 2 年，并处罚金人民币 6 万元；犯串通投标罪，判处有期徒刑 1 年，并处罚金人民币 2 万元；数罪并罚，决定执行有期徒刑 4 年 6 个月，并处罚金人民币 10 万元。（3）陈某某犯寻衅滋事罪，判处有期徒刑 1 年；犯强迫交易罪，判处有期徒刑 1 年，并处罚金人民币 2 万元；犯非法采矿罪，判处有期徒刑 2 年，并处罚金人民币 6 万元；犯串通投标罪，判处有期徒刑 1 年，并处罚金人民币 2 万元；数罪并罚，决定执行有期徒刑 4 年 6 个月，并处罚金人民币 10 万元。（4）陈金某犯强迫交易罪，判处有期徒刑 1 年，并处罚金人民币 2 万元；犯非法采矿罪，判处有期徒刑 2 年，并处罚金人民币 6 万元；数罪并罚，决定执行有期徒刑 2 年 6 个月，并处罚金人民币 8 万元。（5）被告人羊某某犯串通投标罪，判处有期徒刑 7 个月，缓刑 1 年，并处罚金人民币 1.2 万元。（6）陈天某犯串通投标罪，判处有期徒刑 7 个月，缓刑 1 年，并处罚金人民币 1.2 万元。（7）陈岩某犯串通投标罪，判处有期徒刑 10 个月，缓刑 1 年，并处罚金人民币 1.5 万元。（8）邵某某犯串通投标罪，判处有期徒刑 6 个月，缓刑 1 年，并处罚金人民币 1 万元。（9）责令卢某某、卢春某、陈某某、陈金某共同退缴942571.8元，责令卢某某退缴303555元；羊某某、陈天某退出的违法所得依法予以没收；扣押在案的现代牌挖掘机3台和浙G6货车由扣押单位依法处理。

二审法院审理后认为，卢某某、卢春某、陈某某2年内实施寻衅滋事行为3次以上，破坏社会秩序，其行为均已构成寻衅滋事罪；卢某某、卢春某、陈某某、陈金某强迫他人退出特定经营活动，情节严重，其行为均已构成强迫交易罪；卢某某、卢春某、陈某某、陈金某违反矿产资源法的规定，未取得采矿许可证擅自采矿，其中卢某某情节特别严重，卢春某、陈某某、陈金某情节严重，其行为均已构成非法采矿罪。关于串通招投标罪：邵某某的供述中明确，在开标当时，卢某某向其告知排好的标底，卢春某、陈某某亦供述卢某某联系公司串标以及投标当天透露标底的事实，可以相互印证。卢某某上诉提出其未参与的辩解与事实不符。关于恶势力团伙认定问题：前述犯罪事实反映出，卢某某、卢春某、陈某某、陈金某自2014年以来经常性纠集，在磐安县安文街道岭外村等区域多次实施扰乱当地社会经济生活秩序的违法犯罪活动，为非作恶、欺压百姓，造成较为恶劣的社会影响，认定其属于恶势力团伙事实清楚。原判根据各被告人是否属于恶势力犯罪团伙成员以及犯罪事实、认罪悔罪表现等量刑情节确定刑罚，并无不当。本案上诉理由及辩护人就此所提的辩护意见均不能成立。综上，原判认定事实清楚，证据确实充分，定罪及适用法律正确。审判程序合法。根据各被告人的犯罪事实及具体情节，所作量刑适当。依照《刑事诉讼法》第236条第1款第1项之规定，裁定驳回上诉，维持原判。

三、判解及提示

本案着重探讨恶势力认定及卢某某是否构成串通投标罪。

（一）本案恶势力的认定

1. 恶势力的认定

最高人民法院、最高人民检察院、公安部、司法部印发的《关于办理黑恶势力犯罪案件若干问题的指导意见》（法发〔2018〕1号）第14条规定，"恶势力"是指经常纠集在一起，以暴力、威胁或者其他手段，在一定区域或者行业内多次实施违法犯罪活动，为非作恶，欺压百姓，扰乱经济、社会生活秩序，造成较为恶劣的社会影响，但尚未形成黑社会性质组织的违法犯罪组织。

2. 恶势力的特征

从恶势力的特征来看，《关于办理黑恶势力犯罪案件若干问题的指导意见》第 14 条亦同时规定，恶势力一般为 3 人以上，纠集者相对固定，违法犯罪活动主要为强迫交易、故意伤害、非法拘禁、敲诈勒索、故意毁坏财物、聚众斗殴、寻衅滋事等，同时还可能伴随实施开设赌场、组织卖淫、强迫卖淫、贩卖毒品、运输毒品、制造毒品、抢劫、抢夺、聚众扰乱社会秩序、聚众扰乱公共场所秩序、交通秩序以及聚众“打砸抢”等。

3. 恶势力与黑社会性质组织的区别

在组织特征上，恶势力的组织结构相对松散，黑社会性质组织有严格、固定的组织架构；在经济特征上，恶势力不一定以追求经济利益为目的，黑社会性质组织则以经济利益为其行动的直接动力或根本目的，有经济基础作支撑；在行为危害特征上，恶势力通常以实施违法行为和扰乱社会秩序犯罪为主，行为危害性相对较小，黑社会性质组织则多次实施违法犯罪活动，社会危害性大。在非法控制特征上，恶势力只是破坏社会秩序，尚未达到控制社会秩序的程度，黑社会性质组织则通过非法控制社会秩序或者形成重大影响来牟取非法利益。

4. 本案是否构成恶势力的问题

从组织形式来看，卢某某、卢春某、陈某某、陈金某经常纠集在一起以暴力、威胁及其他手段以获取非法利益为目的，多次实施强迫交易、寻衅滋事等违法犯罪活动，但又没有形成固定的组织架构，其行为在安文镇岭外村及周边造成较为恶劣的社会影响。在经济特征上，卢某某、卢春某、陈某某、陈金某既有在利益的驱动下，从事非法采矿、强迫交易等非法行为，也有寻衅滋事出头、混社会的特征。在行为危害上，卢某某、卢春某、陈某某、陈金某个人或者一定情形下聚合在一起的行为危害性与恶性犯罪相比较，相对较轻，但整体行为对社会、经济秩序的危害产生了较为恶劣的社会影响。本案卢某某、卢春某、陈某某、陈金某的行为符合恶势力的构成特征，故予以认定。在我国开展扫黑除恶专项斗争的形势下，司法机关对黑恶势力的认定从严。从人员结构、行为表现等方面来看，本案是典型的恶势力团伙。

（二）卢某某是否构成串通投标罪

《刑法》第223条规定，投标人相互串通投标报价，损害招标人或者其他投标人利益，情节严重的，处3年以下有期徒刑或者拘役，并处或者单处罚金。投标人与招标人串通投标，损害国家、集体、公民的合法利益的，依照前款的规定处罚。本案卢春某、陈某某、羊某某、陈天某、陈岩某、邵某某相互串通，统一设置投标报价，幕后操纵公司投标符合上述规定第1款的情形；卢某某作为磐安县群团活动中心听头圆河道整治工程招标单位（磐安县安文街道岭外村民委员会）的负责人之一，代表招标人，其为卢春某、陈某某、羊某某、陈天某、陈岩某与邵某某相互串通报价提供帮助，最终使瑞安市瑞江建设工程有限公司以450万元的价格成功中标该工程的右岸标段，该情形符合上述规定第2款的情形。对于卢某某上述称其没有参与串通投标也没有提供帮助，不构成串通投标罪的上诉理由，从邵某某、陈某某的供述来看，卢某某从本案招投标开始，就参与串标的，其所述的本案未查到邵某某所述的卢某某发给邵某某的短信不影响本案的定罪。

单方申请执行是否影响他方虚假诉讼罪既遂的认定？

——何某某、朱某某虚假诉讼、非法采矿上诉案

裁判要旨

当事人互相串通、虚构事实向法院提起诉讼，由法院出具调解书，已经符合虚假诉讼罪的构成要件，之后的单方申请执行没有超出当事人概括故意的范围，不具有单独评价的意义；认定单位犯罪还是个人犯罪以违法所得的归属为核心；对非法所得的追缴，原则上不应扣除犯罪成本。

一、案例简介

何某某、朱某某虚假诉讼、非法采矿一案，何某某不服浙江省武义县人民法院的刑事一审判决，向浙江省金华市中级人民法院提起上诉。

何某某上诉理由如下：

（1）关于虚假诉讼罪

何某某在虚假诉讼罪中起次要作用，系从犯。何某某对朱某某会向法院申请执行的行为超出了何某某概括故意的范围。

（2）关于非法采矿罪

①矿产品数量问题。一审法院采纳了浙江鼎晟工程项目管理有限公司（以下简称鼎晟公司）的鉴定意见，认定何某某非法采矿的矿产品数量为66136.1立方米，但鼎晟公司作出的鉴定意见不能作为定案的依据，本案开发区管委会提供的竣工标高还是套用设计标高，没有按实际采挖的现场状况

进行验收，且开发区管委会在第一次平基过程中多挖的方量应扣除，不应算在何某某开挖的方量中。另外，公诉机关庭后提交证据不真实。开发区并未按合同、招标文件的约定平基竣工，事后又以实际开挖的方量和价值造出了2份说明及5张附图，且所有图纸均没有测绘人员、制作人员签字，也没有体现测绘单位、图纸制作单位、制作人员以及制作时间、形成时间。一审法院不能以缺乏真实性的图纸认定涉案地块于2015年6月8日平基竣工，更不能以此标高作为何某某开挖方量测量的起始标高，并排除开发区管委会开挖的方量。何某某非法采矿与开发区管委会平基时间交叉、开挖范围与数量无法区分。一审法院认定涉案地块开挖方量计算面积9169.1平方米可以作为鼎晟公司的鉴定依据是错误的。何某某在涉案地块开挖的面积仅为2000多平方米，与国土资源局指定的面积有7000多平方米有较大的差距。一审法院在认定何某某非法开采的矿产品数量时应剔除泥土的方量。

②单位犯罪的问题。一审法院认定何某某做地下冷库项目的工程未实际获得立项，且何某某是假借浙江金阳农业开发有限公司（以下简称金阳农业公司）对胡长畈地块开发、建设的名义对该地块实施非法采矿没有任何证据予以支撑。从立项到施工，在胡长畈地块开发、建设地下冷库项目的主体以及在该地块上实施平基、挖掘行为的主体均为金阳农业公司，何某某的作用就是以法定代表人的身份促使地下冷库项目的落成和实施。在该项目实施过程中，具体操作确实需要具体的个人去完成和实施，但不能以此就认定本案系个人犯罪。且该地块在采挖过程中，无论是个人还是公司，均未从中获利，反而因工程性采挖垫付了更多的成本。以此，一审法院以所得款项均由何某某个人支配与使用，公司未从中获利来认定本案不构成单位犯罪属错误。本案在计算何某某的挖方时不能排除开发区管委会在涉案地块开挖的方量，一审法院认定事实有误。

何某某辩护人提出：（1）本案事实认定不清，证据不足。原审认定何某某非法获利总金额为587905.4元缺乏事实依据，根据何某某的供述以及其他证据，并不能证明何某某非法采矿获利金额为587905.4元，法院判决没收违法所得的金额超出实际金额，二审法院应重新认定。（2）何某某的行为不构成非法采矿罪。原审法院对于单位犯罪予以否认属于事实认定错误，即使非法采矿罪成立，也应认定为单位犯罪，而非个人犯罪。(3) 一审判决存在违反《刑事诉讼法》及相关规定的情形，原审法院对案涉证据的处理不符合上述规定。

法院认定事实如下：(1) 虚假诉讼。2014 年 1 月 9 日，朱某某使用女儿朱徐某的房产为何某某向银行贷款提供最高额抵押保证，贷款金额为 200 万元。2014 年 9 月 6 日，何某某、朱某某为保全资产，在经共同商议后，伪造了借款金额分别为 80 万元（落款日期为 2013 年 11 月 20 日）、100 万元（落款日期为 2013 年 11 月 28 日）、120 万元（落款日期为 2013 年 12 月 3 日）的借条 3 张，虚构何某某及武义金阳茶业有限公司向朱某某借款人民币 300 万元的事实。2014 年 9 月 9 日，朱某某以该 3 张借条为据向原审法院提起民事诉讼，要求何某某归还借款 300 万元。2014 年 9 月 28 日，原审法院对该案进行了开庭审理，何某某当庭对借款事实予以认可，双方达成了于 2014 年 10 月 9 日前归还借款本金 300 万元及利息的调解协议，原审法院于当日制作了（2014）金武商初字第 1177 号民事调解书。2014 年 12 月 1 日，朱某某向原审法院申请执行该调解书。2015 年 11 月 23 日，原审法院基于该调解书对何某某的车辆拍卖款制作了财产分配方案，并向朱某某发放了执行款 210820 元。(2) 非法采矿。2015 年 3 月至 2016 年 8 月，何某某以建造冷库的名义，在未取得采矿许可证的情况下，对其以金阳农业公司名义购买的坐落于武义县白洋街道胡长畈的土地（使用面积为 18493 平方米）进行开采，并将开采出的石块对外销售。经地质大队鉴定，该地块开采的岩石属于普通建筑石料。经鼎晟公司鉴定，该地块开采总方量为 66136.1 立方米。经武义县价格认证中心认定，开采出的普通建筑石料价格为人民币 14 元/立方米。综上，胡长畈地块非法采挖点开采的矿产品价值为 925905.4 元。经查，何某某支付的挖机款等费用共计 338000 元，非法获利 587905.4 元。2017 年 11 月 21 日，何某某到武义县公安局刑事侦查大队投案称其参与虚假诉讼。2018 年 10 月 12 日，朱某某在武义县壶山派出所办理业务时被民警抓获。本案在审理过程中，原审法院应何某某的申请依法委托鼎晟公司对涉案开采点地块开挖方量进行重新鉴定，鉴定机构以 2015 年 6 月开采点地块平基竣工测量标高图中的标高作为起始标高，并根据地质大队作出的现状地形图中的标高，计算得出涉案开采点开挖方量为66136.1立方米。

二、法院裁判理由及结果

原审法院审理后认为：（1）关于何某某在虚假诉讼犯罪中是否系从犯的问题，经查，在案证据能够相互印证，何某某、朱某某出于保全资产的目的，经过商议，共同伪造了3张借条，虚构民事法律关系，向法院提起民事诉讼，致使法院基于捏造的事实制作了调解书，后又向法院申请执行该调解书，致使法院基于该调解书制作了财产分配方案并向朱某某发放了执行款，何某某与朱某某在上述共同犯罪中共同商议、分工协作，并无主次之分，不宜区分主、从犯。何某某认为其仅参与了本案虚假诉讼的诉讼部分，对执行部分的事实不知情，但其与朱某某伪造借条、虚构民事法律关系的目的即通过法院执行从而保全资产，其应当知道朱某某会向法院申请执行基于二人捏造的事实作出的调解书，故朱某某申请执行并致使法院制作财产分配方案的行为未超出何某某本人概括故意的范围。（2）关于朱某某提出其系在民警电话通知后主动到派出所投案的辩解，经查，根据公安机关出具的到案经过，朱某某是在2018年10月12日到武义县公安局壶山派出所办理无违法犯罪记录证明时，被得知该情况后立即赶到的武义县公安局刑侦大队民警抓获，而非朱某某主动投案。朱某某的该辩解不成立，不予采纳。何某某、朱某某以捏造的事实提起民事诉讼，妨害司法秩序，其行为已构成虚假诉讼罪，系共同犯罪。（3）关于公诉机关指控何某某犯非法采矿罪的矿产品数量问题，经查，何某某非法采矿的矿产品数量先后经过两次鉴定，第一次鉴定，地质大队接受武义县国土资源局的委托，在委托方未提供涉案开采点地块“三通一平”后的测量标高的情况下，采用了涉案开采点西侧“三通一平”平场标高的平均值作为起始标高，并依据经实地测量得出的开采点地块开挖后的现状地形图中的标高，计算得出开采点开挖方量为75035.26立方米，公诉机关以此数量指控；第二次鉴定，鼎晟公司接受原审法院依法委托，采用了开发区管委会在2015年6月8日开采点地块“三通一平”后实际测量出的平基竣工测量标高图中的标高作为起始标高，并在开采点地块已被破坏的情况下，依据地质大队作出的现状地形图中的标高，计算得出开采点开挖方量为66136.1立方米。

两次鉴定的区别在于鉴定机构采用了不同的起始标高，因鼎晟公司采用的起始标高是涉案开采点地块本身的平基竣工测量标高，且测量时间是在开发区管委会对该地块进行“三通一平”之后，相对于地质大队采用的开采点西侧“三通一平”后平场标高的平均值的起始标高更为客观真实，据此作出的鉴定意见更为准确，此次鉴定程序合法，内容客观真实，应予以采纳，认定何某某非法采矿的矿产品数量为66136.1立方米。（4）关于何某某及其辩护人提出何某某对该地块的开挖与开发区管委会对该地块的三次平基时间上存在交叉，无法区分两者开挖的范围与数量，且开采点地块平基竣工测量标高的测量时间不明确的辩解和辩护意见，经查，何某某辩护人提交的开发区管委会于2017年8月11日作出的武开信访复字〔2017〕02号处理意见书与公诉机关提交的开发区管委会出具的《关于胡长畈地块平基土石方工程说明》（以下简称《说明》）及附图一至五，能够相互印证，何某某非法采矿的地块已于2015年5月经开发区管委会“三通一平”平基竣工，开发区管委会在之后未对开采点进行再次平基，且根据何某某当庭提交的其为非法采矿签订的挖掘机《租机合同》等证据，其非法采矿的起始时间在该地块平基竣工之后，因此，不存在何某某非法采矿与开发区管委会平基时间交叉、开挖范围与数量无法区分的问题，而根据《说明》，该地块平基竣工测量标高的测量时间为2015年6月8日，亦在平基竣工之后，该标高可以作为何某某非法采矿矿产品数量鉴定的起始标高。何某某及其辩护人的该辩解和辩护意见不成立，不予采纳。（5）关于何某某及其辩护人提出地质大队和鼎晟公司作出的鉴定意见书中确定的开挖面积9169.1平方米是依据武义县国土资源局提供的数据测量得出，没有法律依据的辩解和辩护意见，经查，根据在案证据，何某某非法采矿的开挖面积是在武义县国土资源局现场辨认后，地质大队根据开采点地块的现状实际测量得出，且开采点地块在何某某非法采矿之前已经平基竣工，根据现有证据，也不存在第三人在此采挖的情况，该开挖面积客观真实，可以作为鉴定依据。（6）关于何某某及其辩护人提出地质大队和鼎晟公司鉴定出的开挖方量均未区分泥土方量与石块方量的辩解和辩护意见，经查，依照相关司法解释规定，犯非法采矿罪的，非法开采的矿产品价值以销赃数额认定，无销赃数额，销赃数额难以查证，或者根据销赃数额认定明显不合理的，根据相关机构出具的矿产品价格和数量的报告认定。本案中，证人饶某某、何志某、何美某等人的证言与何某某的供述，能够相互印证，非法采矿的销售账本由何某某保存，因何某某供述称该账本已遗失，无法提交，致使本案难以查证矿产品的销赃数额，原审法院根据有资质的鉴定机构作出的鉴定意见确定矿产品价值，于法有据。何某某及其辩护人要求区分泥土与石块方量，但其未提交账本等相关线索，本案非法采矿开采出的物品也均已被何某某销售或处置，无法查实，而涉案开采点地块在何某某非法采矿之前已经过“三通一平”，出庭鉴定人员肖某某的证言亦能证实开采点地块及周边地块已均为石块，综上，本案非法采矿的矿产品数量不宜再区分泥土与石块方量。（7）关于何某某及其辩护人提出本案非法采矿系单位犯罪的辩解和辩护意见，经查，何某某与王某某签订的关于地下冷库整体基础开挖工程的内部约定、武义县发展和改革局出具的说明、武义县建设局出具的回复、武义县公安局出具的情况说明、证人王某某的证言等，能够相互印证，何某某在金阳农业公司未实际获得工程立项，也未办理建设用地规划许可证、工程规划许可证、建设工程施工许可证的情况下，假借金阳农业公司对胡长畈地块开发、建设的名义，对该地块实施非法采矿，所得款项均由何某某个人支配与使用，公司未从中获利，本案所涉非法采矿不符合单位犯罪的构成要件。何某某违反矿产资源法的规定，未取得采矿许可证擅自采矿，情节严重，其行为已构成非法采矿罪。何某某一人犯数罪，予以数罪并罚。何某某主动投案，在归案后和庭审中如实供述了虚假诉讼的犯罪事实，系自首，对其犯虚假诉讼罪予以从轻处罚。朱某某在归案后和庭审中如实供述，且已退出违法所得，予以从轻处罚。据此，判决：（1）何某某犯虚假诉讼罪，判处有期徒刑9个月，并处罚金人民币5万元；犯非法采矿罪，判处有期徒刑2年，并处罚金人民币10万元，决定执行有期徒刑2年3个月，并处罚金15万元。（2）朱某某犯虚假诉讼罪，判处有期徒刑10个月，并处罚金人民币10万元。（3）朱某某退出的违法所得210820元，发还法院执行局依法处理；何某某非法采矿的违法所得587905.4元，予以追缴，上缴国库。

二审法院审理后认为，关于上诉理由及辩护人的辩护意见，经查：（1）关于案涉虚假诉讼主从犯的问题。何某某、朱某某出于两人的私利，共同商议，形成虚假借据，由朱某某向法院提起诉讼后，双方达成调解协议由法院出具民事调解书，该过程的事实明确，具有可执行内容的案涉民事调解书当然具有执行效力，何某某提出的朱某某单方申请执行的问题，不能由此认定何某某系从犯。（2）关于何某某是否构成非法采矿罪及本案是否成立单位犯罪的问题。何某某在未取得采矿许可证的情形下，对其以公司名义购买的坐落于浙江省武义县白洋街道胡长畈的土地进行开采，并将开采出的石块对外销售，情节严重，足以成立非法采矿罪。根据当事人及证人的陈述，案涉款项交付给何某某或者将案涉石块折价由何某某与案外人成立合伙关系，未发现何某某所述的金阳农业公司从中获利的情形，原审法院认定本案构成何某某犯非法采矿罪定性准确。（3）关于案涉矿产品的价值及何某某非法所得的问题。非法开采的矿产品价值，根据销赃数额认定；无销赃数额，销赃数额难以查证，或者根据销赃数额认定明显不合理的，根据矿产品价格和数量认定。本案何某某拒不提供由其持有的销售账本，原审法院依据鼎晟公司对开挖方量的鉴定意见及武义县价格认证中心对价格的认定意见，计算出何某某开采的矿产品价值符合法律规定。鼎晟公司的鉴定程序合法，内容客观公正，本案没有相反的证据否定该鉴定结论，何某某提出的其非法采矿与开发区管委会平基时间交叉、开挖范围与数量无法区分缺乏明确的事实依据，原审法院对此已作详细阐述，二审法院对何某某此上诉意见不予认定。鉴定人员在原审审理时已出庭对石块方量与泥土方量作出说明，鉴定机构在现场测量时，没有在开采点发现浮土，四周边缘地块已经都是石块，且该地块已经过“三通一平”，基本上不会有浮土，且在何某某拒不提供由其持有的销售账本的情形下，原审法院没有区分石块方量与泥土方量并无不当。（4）关于案涉追缴非法所得的问题。原审法院根据何某某非法开采的矿产品的价值，在具体计算时已给扣除何某某犯罪成本的挖机款等费用，作出了对何某某有利的处理，该费用本身也印证了何某某非法采矿情节严重，何某某辩护人提出的本案追缴非法所得过多的辩护意见，不予采信。（5）关于原审的审理程序问题。经核实，并不存在原审审理严重违反法定程序的情形。综上，原判认定事实清楚，定罪准确，量刑适当。审判程序合法。何某某所提上诉理由、辩解及其辩护人所提出的辩护意见，均不予采纳。依照《刑事诉讼法》第236条第1

款第1项之规定，裁定驳回上诉，维持原判。

三、判解及提示

本案主要涉及以下三个方面的争议。

（一）虚假诉讼共同犯罪单独实施的行为是否具有独立性及是否影响主从犯的认定

最高人民法院、最高人民检察院《关于办理虚假诉讼刑事案件适用法律若干问题的解释》第2条规定，以捏造的事实提起民事诉讼，有下列情形之一的，应当认定为《刑法》第307条第1款规定的“妨害司法秩序或者严重侵害他人合法权益”：……（2）致使人民法院开庭审理，干扰正常司法活动的；（3）致使人民法院基于捏造的事实作出裁判文书、制作财产分配方案，或者立案执行基于捏造的事实作出的仲裁裁决、公证债权文书的。该解释第2条第2、3项涉及3项入罪标准，包括致使人民法院开庭审理、干扰正常司法活动，或者作出裁判文书、制作财产分配方案，立案执行仲裁裁决和公证债权文书等情形。根据上述规定内容和通行理论观点，坚持刑事定罪量刑主客观相统一、以客观危害后果为主要依据的原则。既要考虑被告人所犯罪行的轻重，又要考虑被告人应负刑事责任的大小，做到罪责刑相适应，实现惩罚和预防犯罪的目的。根据刑法理论，刑事责任同时包含对犯罪行为的非难性和对犯罪人的谴责性两个方面，是主客观相统一的整体，确定被告人的刑事责任和决定执行的刑罚，既要考虑犯罪行为的客观危害性，又要考察行为人的人身危险性。而确定被告人刑事责任的最主要依据，应当是犯罪行为造成的客观危害后果。具体到本案虚假诉讼罪而言，何某某、朱某某出于保全资产的目的，共同伪造3张借条之后，向法院提起民事诉讼，致使法院基于捏造的事实制作了调解书，具备了构成要件的最核心的客观危害后果。该危害后果系两人共同所追求，系双方合意的结果，亦符合上述司法解释入罪的标准，无所谓主从区分，故本案虚假诉讼罪不区分主从犯。朱某某之后向法院申请执行案涉调解书，致使法院基于该调解书制作了财产分配方案并向朱某某发放了执行款，该行为的实施只能由朱某某进行，何某某、朱某某本案虚假诉讼的目的最终要通过执行来进行，故朱某某申请执行没有超出其与何某某本案进行虚假诉讼概括故意的范围。

（二）本案是单位犯罪还是个人犯罪

2001 年 1 月 21 日，最高人民法院下发的《全国法院审理金融犯罪案件工作座谈会纪要》首次以司法文件的形式明确了单位犯罪的两个构成要件，即“以单位名义实施犯罪，违法所得归单位所有的，是单位犯罪”。所谓“以单位名义实施犯罪”，是指由单位的决策机构按照单位的决策程序来决定实施危害社会的行为。所谓“违法所得归单位所有”，是指因犯罪行为所产生的非法收益归单位所有。是否为单位谋取非法利益，是区分单位犯罪与个人犯罪的最核心标志。本案何某某本身是金阳农业公司的法定代表人，其具有双重身份，在非法采矿过程中，也存在以金阳农业公司的名义对胡长畈地块开发、建设，对该地块实施非法采矿，但所得款项均由何某某个人支配与使用，与公司并无关联性，故本案认定何某某个人犯非法采矿罪。

（三）本案追缴非法所得的问题

根据《刑法》第 64 条的规定，犯罪分子违法所得的一切财物，应当予以追缴或者责令退赔。审判实践通行的做法是，在追缴财物时，不扣除生产、销售成本，不应让犯罪分子通过实施犯罪获得任何收益。亦有法院考虑到案件实际情况，比如对明确支付给第三人的款项予以扣除，本案原审就属于这种情形，已经对何某某作出有利的处理，何某某辩护人提出本案追缴数额过多不符合本案的客观事实。

行政篇

行政主体资格法律风险防范类

如何认定企业间名称争议的行政处理主体？

——中国南玻集团股份有限公司与金华市工商行政管理局、金华南玻钢化玻璃有限公司、金华市工商行政管理局婺城分局工商行政登记上诉案

裁判要旨

行政相对人要求行政机关解决他人企业名称侵犯其合法权益的，应向核准该企业名称的机关提出；行政复议机关对自己核准的企业名称引发的行政争议无权作出行政复议决定。

一、案例简介

上诉人（原审原告）中国南玻集团股份有限公司（以下简称中国南玻公司）为与被上诉人（原审被告）金华市工商行政管理局（以下简称金华工商局）、被上诉人（原审第三人）金华南玻钢化玻璃有限公司（以下简称金华南玻公司）、原审第三人金华市工商行政管理局婺城分局（以下简称婺城工商分局）工商行政登记纠纷一案，不服浙江省兰溪市人民法院的一审行政判决，向浙江省金华中级人民法院提起上诉。

中国南玻公司上诉称，一审法院适用法律错误。（1）依据我国《企业名称登记管理实施办法》第31条第1款的规定，金华南玻公司的名称侵犯了中国南玻公司的企业名称专用权，依法不应予以核准登记，已登记的应责令其更改。（2）被上诉人金华工商局作出的金工商复字〔2012〕1号行政复议决

定书认定中国南玻公司的企业名称在全国范围内享有专用权，同时认定金华南玻公司与中国南玻公司企业名称中的字号相同，却仍然作出金华南玻公司企业名称符合法律法规规定的处理意见，事实认定与处理结果自相矛盾。（3）中国南玻公司取得“**南玻**”商标专用权的民事权利在先，金华南玻公司成立在后。金华南玻公司的行为侵害了中国南玻公司的商标专用权，构成了不正当竞争，依法应予以纠正。（4）中国南玻公司的“**南玻**”商标是中国玻璃行业享誉盛名的民族品牌和金字招牌，该商标于2012年4月被国家工商行政管理总局（2018年改为国家市场监督管理总局）商标局认定为“中国驰名商标”。金华南玻公司通过“搭便车”、傍名牌的形式，谋取经济利益，这种行为可能欺骗公众或者对公众造成误解，中国南玻公司可以向企业名称登记主管机关申请撤销该企业名称登记，企业名称登记主管机关应当依照《企业名称登记管理规定》处理。

金华工商局答辩称：（1）中国南玻公司已经超过法律规定的诉讼时效，应驳回其上诉。（2）金华工商局作出的行政复议决定符合法律规定。金华南玻公司的企业名称系金华工商局核准。中国南玻公司申请解决名称争议问题，应向金华工商局提出。原审第三人婺城工商分局无权处理中国南玻公司与金华南玻公司之间的企业名称争议。金华工商局作出撤销《关于对“金华南玻钢化玻璃有限公司”名称争议的处理意见》的决定合法。同时，中国南玻公司的企业名称和金华南玻公司的企业名称虽字号相同但分属不同的登记主管机关核准，金华工商局对金华南玻公司的企业名称予以核准符合法律规定，金华工商局作出维持认定是合法的。对于中国南玻公司提出的其注册商标“**南玻**”与金华南玻公司企业名称中涉及的“南玻”字号的争议，依据国家工商行政管理局《关于解决商标与企业名称中若干问题的意见》（工商标字〔1999〕第81号）的规定，金华工商局作出中国南玻公司应向国家工商行政管理局（现为国家市场监督管理总局）投诉的意见也是合法的。（3）中国南玻公司的“**南玻**”驰名商标认定在后，金华南玻公司企业名称核准登记在前，两者之间的争议不属于相关法律禁止的将他人驰名商标作为企业名称登记的情形。综上，请求二审法院驳回中国南玻公司的上诉，维持金华工商局的行政复议决定。

法院认定事实如下：金华工商局应申请人的申请，于2009年2月18日核准了“金华南玻钢化玻璃有限公司”企业名称。2009年2月25日，婺城工商分局对金华南玻公司登记注册，金华南玻公司经营范围是“钢化玻璃制造、玻璃深加工及玻璃装饰工程施工”，该公司原注册住所地为金华市宾虹西路4477号中国红牌集团金华工业园区××幢，2011年6月8日变更注册住所地为金华市婺城区白龙桥镇工业街××幢。中国南玻实业（集团）股份有限公司于1984年9月10日由深圳市工商行政管理局登记注册。1993年2月10日，国家工商行政管理局企业登记司核准深圳市工商行政管理局报送、中国南玻实业（集团）股份有限公司申请的“中国南玻集团股份有限公司”企业名称。此后，中国南玻公司由深圳市工商行政管理局登记注册（更名），公司类型为已上市的中外合资股份有限公司，经营范围是“进行平板玻璃、工程玻璃等节能建筑材料、硅材料、光伏组件等可再生能源产品及精细玻璃、结构陶瓷等新型材料和高科技产品的生产制造和销售，为各子公司提供经营决策、管理咨询、市场信息、技术支持与岗位培训等方面的相关协调和服务”，注册住所地为深圳市蛇口工业区工业六路口。1999年11月21日，中国南玻公司取得“**南玻**”商标注册证（注册证号1335313），核定使用商品第19类［建筑玻璃、乳白玻璃、隔热玻璃、安全玻璃、楼房用窗玻璃、窗玻璃（车窗玻璃除外）、建筑用玻璃板、路标用玻璃颗粒、平面玻璃、磨砂玻璃］，该商标专用权期限2009年续展为2009年11月21日至2019年11月20日。中国南玻公司以金华南玻公司的企业名称及其行为对中国南玻公司造成不利影响为由向婺城工商分局申请撤销“金华南玻钢化玻璃有限公司”的企业名称，并申请对该公司的行为予以行政处罚。婺城工商分局经审查，作出《关于对“金华南玻钢化玻璃有限公司”名称争议的处理意见》，认为金华南玻公司的企业名称经核准登记，符合相关法律规定。中国南玻公司不服，向金华工商局申请行政复议。金华工商局经审查，作出金工商复字〔2012〕1号行政复议决定，认为金华南玻公司的企业名称由金华工商局核准，中国南玻公司申请解决名称争议应向金华工商局提出，婺城工商分局无权处理该争议，其作出的处理意见无效；中国南玻公司和金华南玻公司的企业名称虽字号相同，但分属不同的登记主管机关核准，金华工商局对“金华南玻钢化玻璃有限公司”企业名称的核准，符合《企业名称登记管理规定》第3条、第4条、第7条及《企业名称登记管理实施办法》第31条规定；对于中国南玻公司提出的其注册商标“**南玻**”与金华南玻公司的企业名称的争议，依据国家工商行政管理局《关于解决商标与企业名称中若干问题的意见》规定，应由国家工商行政管理局处理。综上，撤销婺城工商分局作出的《关于对“金华南玻钢化玻璃有限公司”名称争议的处理意见》；对金华工商局核准登记的“金华南玻钢化玻璃有限公司”的企业名称予以维持。

二、法院裁判理由及结果

原审法院审理后认为，中国南玻公司与金华南玻公司的企业名称字号相同，但分属不同的登记主管机关核准，金华工商局对金华南玻公司的核准登记符合《企业名称登记管理规定》《企业名称登记管理实施办法》相关规定。金华工商局的具体行政行为基本事实清楚，基本证据确实，适用法律法规正确，符合法定程序。金华南玻公司的企业名称由金华工商局依法核准登记并由婺城工商分局依法登记注册时，中国南玻公司的“**南玻**”注册商标尚未被认定为驰名商标，金华南玻公司的企业名称尚不构成对驰名商标的侵犯。依据国家工商行政管理局《关于解决商标与企业名称中若干问题的意见》规定，中国南玻公司在行政复议期间提出的金华南玻公司企业名称中的南玻字号与中国南玻公司注册商标“**南玻**”混淆的争议，应当由国家工商行政管理局处理，或由两公司协商解决。在国家工商行政管理局未作出撤销金华南玻公司企业名称核准登记之前，金华工商局的具体行政行为并无不当。经审核，中国南玻公司本案起诉尚未超过法定诉讼时效。综上所述，中国南玻公司诉讼请求依据不充分，不予支持。对金华工商局抗辩及婺城工商分局陈述中合法有据部分，予以采纳。据此，判决驳回中国南玻集团股份有限公司的诉讼请求。

二审法院审理后认为，金华南玻公司的企业名称由金华工商局予以核准，中国南玻公司申请解决其与金华南玻公司之间的企业名称争议问题，应向金华工商局提出，原审第三人婺城工商分局无权处理该争议问题。因此，金华工商局作出撤销婺城工商分局《关于对“金华南玻钢化玻璃有限公司”名称争议的处理意见》的行政复议决定符合法律规定。但是，本案中中国南玻公司向金华工商局提交行政复议申请，请求金华工商局责令婺城工商分局就中国南玻公司与金华南玻公司企业名称争议一事重新依法作出处理，或由金华工商局直接作出处理，金华工商局依照《行政复议法》的规定，直接作出“对本局核准登记的‘金华南玻钢化玻璃有限公司’的企业名称予以维持”的行政复议决定，超出其行使行政复议权力的范围，属超越职权行为。金华工商局应对中国南玻公司提出的其与金华南玻公司之间的企业名称争议问题作出处理，按照《行政复议法》第12条第1款的规定，中国南玻公司对此决定可向金华市人民政府或者浙江省工商行政管理局申请行政复议，由金华市人民政府或者浙江省工商行政管理局作出行政复议决定。金华工商局处理上述企业名称之间的争议程序违法；原审判决适用法律错误，应予以纠正。根据《行政诉讼法》第54条第1项和第2项［《行政诉讼法》（2017年修正）第69条、第70条］，第61条［《行政诉讼法》（2017年修正）第89条］第2项之规定，判决：（1）撤销金华市婺城区人民法院（2012）金婺行初字第11号行政判决；（2）维持金华市工商行政管理局作出的金工商复字（2012）1号行政复议“撤销金华市工商行政管理局婺城分局2011年10月27日作出的《关于对“金华南玻钢化玻璃有限公司”名称争议的处理意见》”的决定；（3）撤销金华市工商行政管理局作出的金工商复字〔2012〕1号行政复议“对金华市工商行政管理局核准登记的‘金华南玻钢化玻璃有限公司’的企业名称予以维持”的决定。

三、判解及提示

由于我国行政管理系统比较庞杂，其职能行使亦存在诸多特殊情况。行政机关或组织有的有权以自己的名义独立作出具体行政行为；有的虽然以自己的名义作出具体行政行为，但须经上级机关批准后才能发生法律效力；有的虽然经办某些行政事务，但对外署名则为上级机关。在这些情况下确定被告资格，必须考虑名义要素，即以在最终对外发生法律效力的法律文书上署名的机关或组织为被告。

本案金华南玻公司的企业名称由金华工商局核准，中国南玻公司认为该名称核准行为侵犯了其权益，应向金华工商局提出申请，解决相关纠纷。婺城工商分局无权处理该争议，其受理中国南玻公司的申请并作出答复显然错误，其作出的处理意见无效。针对该处理意见，中国南玻公司向金华工商局提交行政复议申请，请求金华工商局责令婺城工商分局就中国南玻公司与金华南玻公司企业名称争议一事重新依法作出处理，或由金华工商局直接作出处理，金华工商局依照《行政复议法》的规定，直接作出“对本局核准登记的‘金华南玻钢化玻璃有限公司’的企业名称予以维持”的行政复议决定，违反了《行政复议法》第 12 条第 1 款“对县级以上地方各级人民政府工作部门的具体行政行为不服的，由申请人选择，可以向该部门的本级人民政府申请行政复议，也可以向上一级主管部门申请行政复议”的规定。对中国南玻公司提出的解决其与金华南玻公司之间的企业名称争议问题，中国南玻公司可向金华工商局提出申请，由金华工商局作出处理，中国南玻公司如不服，可以对此处理决定向金华市政府或者浙江省工商行政管理局申请行政复议。金华工商局处理上述企业名称之间的争议程序违法，原审判决适用法律错误，二审法院依法纠正了一审法院的判决。行政主体资格的确定是行政争议处理、行政诉讼等至为关键的一环，行政相对人、行政机关在涉及相关纠纷时，应首先依据案件事实、行政机关职权的前提下确定正确的主体。

与行政协议仅有折射（反射）利害关系是否具有行政诉讼主体资格？

——杭州欧益明昇科技有限公司与东阳市南市街道办事处、东阳市汉洁环保工程有限公司和东阳市南市鼎泰红木家具厂确认协议书无效上诉案

裁判要旨

与行政协议有法律上的利害关系，应当是一种直接的利害关系，而不应是一种间接的或者折射（反射）的利害关系。一股东诉另一股东与政府签订协议导致另一股东投资的土地权益发生变化影响其权利的，属于折射（反射）的利害关系，该股东不具有行政诉讼主体资格。

一、案例简介

上诉人（原审原告）杭州欧益明昇科技有限公司（以下简称欧益明昇科技公司）为与被上诉人（原审被告）东阳市南市街道办事处（以下简称南市街道办）、原审第三人东阳市汉洁环保工程有限公司（以下简称汉洁环保公司）、东阳市南市鼎泰红木家具厂（以下简称鼎泰红木家具厂）确认协议书无效纠纷一案，不服浙江省永康市人民法院的一审行政判决，向浙江省金华市中级人民法院提起上诉。

欧益明昇科技公司上诉称，原审认定事实及适用法律错误，且回避南市街道办无行政职权依据的问题。（1）原审法院对案涉的10.5亩土地是否已完成挂牌出让的事实未予查明。原审法院在本案中认定案涉10.5亩土地未挂

牌，与其在（2021）浙0784行初88号案件中认定的事实矛盾。（2）南市街道办作为东阳市人民政府的派出机构，非职能部门，无收回案涉土地的职权依据。原审法院错误地把《行政诉讼法》第49条第2项规定的有明确的被告等同于第75条提及的具有行政主体资格或依据，从而将本案原、被告主体适格与南市街道办具备签订案涉《协议书》主体资格或依据错误地画等号，进而作出错误判决。本案南市街道办并无法定的职权，也无法定的授权，并不具备签订《协议书》的法定职权依据。南市街道办自始至终不具有可以收回土地使用权的依据；而如果是受托行为，根据《行政诉讼法》第26条第5款之规定，行政机关委托的组织所作的行政行为，委托的行政机关是被告。那么，原审法院应当在查明相应的法律以及案件事实后认定委托机关，以其为被告。（3）原审法院对认定本案事实的主要证据未予质证，属于事实认定不清，依法应当予以撤销并改判。（4）退一步讲，即便南市街道办具备签订与社会资本投资合作相关的行政协议的职权，原审法院并未将南市街道办庭后提交的东阳市人民政府办公室关于《南市街道相关工业功能区历史遗留问题协调会议纪要》作为其签订《协议书》的证据，故南市街道办签订案涉《协议书》同样也是违反了《行政诉讼法》第75条的规定，案涉《协议书》依法应当被确认无效。

南市街道办答辩称：（1）案涉《投资协议书》《协议书》均系南市街道办与鼎泰红木家具厂基于真实意思表示所签订，未违反法律行政法规的强制性规定，且不存在应认定无效之情形。（2）本案并不存在欧益明昇科技公司所述的收回土地的行政行为，南市街道办与鼎泰红木家具厂协商一致变更原行政协议。（3）汉洁环保公司自始至终未取得欧益明昇科技公司所称的10.5亩土地的使用权。

汉洁环保公司答辩称：（1）汉洁环保公司与案涉土地并不具有利害关系，案涉《协议书》与汉洁环保公司无关。（2）欧益明昇科技公司不具有本案诉讼主体资格，依法应当驳回起诉。根据最高人民法院《关于适用〈中华人民共和国行政诉讼法〉的解释》第16条的规定，欧益明昇科技公司不具有本案诉讼主体资格。

法院认定事实如下：2014年2月11日，南市街道办与鼎泰红木家具厂签订了《投资协议书》，鼎泰红木家具厂在东阳市南市街道办事处辖区投资创办鼎泰红木家具厂项目（企业），其中协议第7条约定，项目用地位于南市街道塑料塑胶产业提升工业功能区地块，东至经一路，南至池塘，西至画水界，北至待出让地块。用地面积约为15亩，具体以东阳市国土资源局签订的土地出让合同所附的实测面积为准……该协议第16条约定，项目建设保证金按东政办发〔2012〕144号《东阳市工业项目建设保证金管理办法》办理。鼎泰红木家具厂分别于2013年10月23日、2014年3月20日向南市街道办交纳履约保证金700000元、1000000元，共计1700000元。2016年12月23日，欧益明昇科技公司（法定代表人马某某）与鼎泰红木家具厂（法定代表人王某某，蒋某某系王某某丈夫，为鼎泰红木家具厂实际控制人）共同成立了汉洁环保公司（法定代表人为王某某，蒋某某为执行董事，马某某为监事）。2019年8月19日，南市街道办与鼎泰红木家具厂签订《协议书》，协议第2项约定：退还鼎泰红木家具厂履约保证金700000元，并收回塑胶园区功能区地块10.5亩，剩余款项1000000元在项目竣工投产，税收达标后由南市街道办无息退还鼎泰红木家具厂。另查明，涉案土地中的4.5亩办理了用地规划许可证，编号为332016030260，并已挂牌出让，使用权归鼎泰红木家具厂所有，涉案的10.5亩土地并未完成挂牌出让行为。欧益明昇科技公司认为涉案土地（含前期4.5亩、案涉收回的10.5亩）均归汉洁环保公司所有，南市街道办收回10.5亩土地的行为侵犯了汉洁环保公司的利益，故于2021年4月9日向汉洁环保公司及公司执行董事蒋某某发函，要求汉洁环保公司向法院提起诉讼，请求确认《协议书》无效。因汉洁环保公司及执行董事蒋某某未向法院提起诉讼，欧益明昇科技公司以股东名义向法院提起本案行政诉讼。

二、法院裁判理由及结果

原审法院审理后认为，《公司法》第151条规定，董事、高级管理人员有本法第149条规定的情形的，有限责任公司的股东、股份有限公司连续180日以上单独或者合计持有公司1%以上股份的股东，可以书面请求监事会或者不设监事会的有限责任公司的监事向人民法院提起诉讼；监事有本法第

149 条规定的情形的，前述股东可以书面请求董事会或者不设董事会的有限责任公司的执行董事向人民法院提起诉讼。监事会、不设监事会的有限责任公司的监事，或者董事会、执行董事收到前款规定的股东书面请求后拒绝提起诉讼，或者自收到请求之日起 30 日内未提起诉讼，或者情况紧急、不立即提起诉讼将会使公司利益受到难以弥补的损害的，前款规定的股东有权为了公司的利益以自己的名义直接向人民法院提起诉讼。[《公司法》（2023 年修订）第 189 条进行了部分修改] 最高人民法院《关于审理行政协议案件若干问题的规定》第 1 条规定，行政机关为了实现行政管理或者公共服务目标，与公民、法人或者其他组织协商订立的具有行政法上权利义务内容的协议，属于《行政诉讼法》第 12 条第 1 款第 11 项规定的行政协议。第 2 条规定，公民、法人或者其他组织就下列行政协议提起行政诉讼的，人民法院应当依法受理：……符合本规定第 1 条规定的政府与社会资本合作协议。本案中，南市街道办与鼎泰红木家具厂之间签订的《投资协议书》，系南市街道办作为行政机关为响应上级政府关于推进“强市名城”现代化东阳建设的总体要求，实现招商引资而与鼎泰红木家具厂签订，属于行政协议，后续签订的协议书亦属行政协议，故本案欧益明昇科技公司、南市街道办的主体适格。《行政诉讼法》第 75 条规定，“行政行为有实施主体不具有行政主体资格或者没有依据等重大且明显违法情形，原告申请确认行政行为无效的，人民法院判决确认无效”。最高人民法院《关于审理行政协议案件若干问题的规定》第 28 条规定，2015 年 5 月 1 日后订立的行政协议发生纠纷的，适用行政诉讼法及本规定。本案案涉协议的签订时间为 2015 年 5 月 1 日后，且南市街道办与鼎泰红木家具厂签订的《协议书》系双方真实意思表示，未违反法律、行政法规的强制性规定，不存在《行政诉讼法》第 75 条规定的无效情形，欧益明昇科技公司亦未能举证证明汉洁环保公司对涉案的 10.5 亩土地享有使用权，故欧益明昇科技公司的诉讼请求，于法无据，应当予以驳回。综上，判决驳回杭州欧益明昇科技有限公司的诉讼请求。

二审法院审理后认为，欧益明昇科技公司与鼎泰红木家具厂均为汉洁环保公司的股东，欧益明昇科技公司主张鼎泰红木家具厂与南市街道办之间的案涉土地协议行政权利义务关系与欧益明昇科技公司之间不存在行政法上的权利义务关系。土地作为不动产，权属依据为有相应职权行政机关颁发的权属证书，本案南市街道办和鼎泰红木家具厂签订《投资协议书》体现南市街道办进行招商引资过程中与鼎泰红木家具厂确定过用地意向，具体用地权益应向有权机关按照法定程序取得，欧益明昇科技公司根据案涉《投资协议书》认为，鼎泰红木家具厂作为股东的投资企业汉洁环保公司对案涉土地有权属缺乏事实及法律依据。本案欧益明昇科技公司系汉洁环保公司的股东，其案涉主张亦不符合原审法院认定的公司董事、高级管理人员损害公司利益，股东提起诉讼的情形，本案欧益明昇科技公司的行政诉讼主体不适格，对其起诉应予驳回。原审法院适用法律错误，应予以纠正。欧益明昇科技公司、鼎泰红木家具厂、汉洁环保公司如因投资产生纠纷，可按照相应的法律关系另行主张。综上，依照《行政诉讼法》第89条第1款第2项，最高人民法院《关于适用〈中华人民共和国行政诉讼法〉的解释》第69条第1款第8项之规定，裁定：（1）撤销浙江省永康市人民法院（2021）浙0784行初80号行政判决；（2）驳回杭州欧益明昇科技有限公司的起诉。

三、判解及提示

本案主要涉及以下两个方面的问题。

（一）本案是否属于公司法规定的股东提起诉讼的情形

《公司法》第151条规定，董事、高级管理人员有该法第149条规定的情形的，有限责任公司的股东、股份有限公司连续180日以上单独或者合计持有公司1%以上股份的股东，可以书面请求监事会或者不设监事会的有限责任公司的监事向人民法院提起诉讼；监事有该法第149条规定的情形的，前述股东可以书面请求董事会或者不设董事会的有限责任公司的执行董事向人民法院提起诉讼。监事会、不设监事会的有限责任公司的监事，或者董事会、执行董事收到前款规定的股东书面请求后拒绝提起诉讼，或者自收到请求之日起30日内未提起诉讼，或者情况紧急、不立即提起诉讼将会使公司利益受到难以弥补的损害的，前款规定的股东有权为了公司的利益以自己的名义直接向人民法院提起诉讼。［《公司法》（2023年修订）第189条进行了部分修改］原审法院适用的上述规定主要规范公司董事、高级管理人员侵害公司利益的情形，并未涉及公司股东出资等方面的问题。本案鼎泰红木家具厂系汉洁环保公司的股东，欧益明昇科技公司主张的鼎泰红木家具厂与南市街道办签订协议书由政府收回案涉土地发生争议究其实质是欧益明昇科技公司、鼎泰红木家具厂两汉洁环保公司股东之间的投资纠纷，与上述规定的情形不符，原审法院适用该规定错误。

（二）本案欧益明昇科技公司是否有权提起案涉行政诉讼

最高人民法院《关于审理行政协议案件若干问题的规定》第1条规定，行政机关为了实现行政管理或者公共服务目标，与公民、法人或者其他组织协商订立的具有行政法上权利义务内容的协议，属于《行政诉讼法》第12条第1款第11项规定的行政协议。第2条规定："公民、法人或者其他组织就下列行政协议提起行政诉讼的，人民法院应当依法受理：……（五）符合本规定第一条规定的政府与社会资本合作协议……"本案中，南市街道办与鼎泰红木家具厂之间签订的《投资协议书》，系南市街道办作为行政机关为响应上级政府关于推进"强市名城"现代化东阳建设的总体要求，实现招商引资而与鼎泰红木家具厂签订，属于行政协议，后续签订的协议书亦属行政协议，本案属于行政诉讼的范畴。关键是欧益明昇科技公司是否与案涉协议具有行政法上的权利义务（利害）关系。与行政协议有法律上的利害关系，应当是一种直接的利害关系，而不应是一种间接的或者折射（反射）的利害关系。[①] 也就是说，公民、法人或者其他组织认为其合法权益受到的侵害或不利影响，是由行政协议直接造成的。否则，如果这种侵害或者影响的造成与行政协议是一种间接的或者折射的关系，根据目前我国法律的规定，该公民、法人或者其他组织与签订该行政协议的行政主体之间不形成行政法律关系；该公民、法人或者其他组织不能直接向行政机关主张权利；行政机关对于间接受到行政协议影响具体的利益不负法律责任；人民法院对这类起诉也不应受理。从属性上来看，行政诉讼系公法上之诉讼，前述法律上的权利义务关系，一般也仅指公法上的权利义务关系；除特殊情形或法律另有规定，一般不包括私法上的权利和义务关系。如前所述，本案实质系两股东因投资

---

① 参见童卫东：《行政诉讼法修改的几个具体问题》，载《中国法律评论》2014年第4期。

而发生的争议，欧益明昇科技公司主张的鼎泰红木家具厂与南市街道办之间的案涉土地协议行政权利义务关系与欧益明昇科技公司之间不存在行政法上的权利义务关系。并且，土地作为不动产，权属依据为有相应职权行政机关颁发的权属证书，本案南市街道办和鼎泰红木家具厂签订《投资协议书》体现南市街道办进行招商引资过程中与鼎泰红木家具厂确定过用地意向，具体用地权益应向有权机关按照法定程序取得，欧益明昇科技公司据案涉《投资协议书》认为鼎泰红木家具厂作为股东的投资企业汉洁环保公司对案涉土地有权属亦缺乏事实及法律依据。综上，本案二审改判，驳回欧益明昇科技公司的起诉。

行政相对人行为法律风险防范类

被拆迁企业如何主张租金损失?

——义乌市东河良发裤带厂与义乌市人民政府
城西街道办事处土地征收或者征用补偿上诉案

裁判要旨

因行政机关与被拆迁主体签订协议致实际履行间隔时间过长，被拆迁主体作为经营主体，即使其提交的其另行租赁场地进行经营的证据证明力不强，也应认定其主张的租金损失的正当及真实性。

一、案例简介

上诉人（原审原告）义乌市东河良发裤带厂（以下简称东河良发裤带厂）为与上诉人（原审被告）义乌市人民政府城西街道办事处（以下简称义乌城西街道办）土地征收或者征用补偿纠纷一案，不服浙江省义乌市人民法院的一审行政判决，向浙江省金华市中级人民法院提起上诉。

东河良发裤带厂上诉称：（1）义乌城西街道办未按协议履行安置土地，已构成违约，依法应承担相应的违约责任，采取相应的补救措施，并赔偿因此给东河良发裤带厂造成的损失，该损失包括协议履行后可以获得的利益，即安置地块价值及房屋租金损失等。关于房屋租金损失，为配合重点工程建设，东河良发裤带厂于2013年6月20日提前腾退位于原拆除地块建筑面积240.65平方米的厂房，并本着便利职工与日常生产原则，在城西街道东河集聚区范围内另行租赁可用于生产的房屋，直至2017年7月，由于东河良发裤带厂经营者方某某位于东河集聚区西站二区的自建房落成，东河良发裤带厂搬迁至西站二区。截至目前，在长达7年多的时间内，东河良发裤带厂始终未能取得安置地块的任何权益，除承担日益高昂的租金费用或成本外，从未取得义乌城西街道办提供的房屋租金补贴、拆迁过渡费等任何支持，义乌城西街道办作为行政机关，不应在选择安置方式、承担安置费用方面屡屡牺牲东河良发裤带厂利益，应当赔偿给东河良发裤带厂造成的房屋租金损失。（2）一审判决以东河良发裤带厂无充分证据证明房屋租金损失的具体数额为由，驳回东河良发裤带厂的诉讼请求，属于事实认定错误。东河良发裤带厂已提供房屋租赁合同证明支出的租金金额和承担的租金成本。东河良发裤带厂承租井头徐村、夏迹塘村房屋期间，均由经营者方某某以现金形式向出租人交纳房屋租金。考虑到房屋租金损失既可以是实际损失，也可以是预期可得利益损失，无论是原拆迁地块、租赁地块还是安置地块均可作为评估标的。

义乌城西街道办答辩称，义乌城西街道办作出的补偿决定是按照被拆迁地块评估价加利息，一审法院以1∶1.5计算价格加利息作为补偿。这个地块由原来土地安置改为货币款安置，按照评估价补偿应该，虽然协议中有1∶1.5安置的约定，但是义政办发〔2009〕163号文件第2条第2款第1项第2目规定，超出1∶1部分按现行工业用地出让价交出让金及相关税费。

义乌城西街道办上诉称，案涉补偿安置协议签订后，义乌城西街道办支付了拆迁补偿费与奖励款项。但受义乌市土地利用规划调整、工业用地指标受限等多方因素影响，拆迁安置厂房一直未能落实安置用地。之后，义乌城西街道办作出的补偿决定，已与东河良发裤带厂原有厂房土地价值相等，没有减损其利益。故一审法院判决错误，请求二审法院改判义乌城西街道办按照补偿决定支付东河良发裤带厂原有厂房土地评估价值923298元补偿款及利息。

东河良发裤带厂答辩称：（1）1∶1.5系双方拆迁时约定，政府应当按协议处理不应随意更改，本案政府未按照协议履行，不符合法律规定。关于1∶1.5补交出让金和税费的问题，其是为了符合土地出让的相关规定和要求，对多出这0.5的土地，需要补交出让金。但是义乌城西街道办并没有履行这个协议，也没有予以安置，就不存在相应的土地出让金，一审法院直接计算出的安置的土地安置价符合法律规定。(2) 除了货币安置以外，租金损失也是应当赔偿的范围。

法院认定事实如下：东河良发裤带厂系个体工商户，经营者为方某某，方小某系方某某之子。为配合市重点工程建设，2013 年 9 月 4 日，义乌城西街道办（甲方）与东河良发裤带厂（乙方）签订拆迁安置补偿协议书，协议书载明：(1) 乙方同意拆除坐落于义乌市城西街道六甲里村的厂房，评估建筑面积共计 240.65 平方米，以及拆迁范围内属乙方所有或使用的一切建（构）筑物及附属设施。其土地使用权面积：222 平方米，土地使用证号为义补土字（97）173 号。(2) 乙方腾空厂区及钥匙移交时间为 2013 年 9 月 30 日 18 时前。(3) 甲方对乙方实行异地安置，拆迁补偿工业用地按照义乌市人民政府办公室义政发〔2009〕163 号《关于义乌市重点工程建设拆迁工业企业安置若干意见》文件相关规定进行安置。乙方的合法用地面积以市人民政府或主管部门确权为准。安置用地坐落在圣达街以西、求真路以北工业区块，安置面积 333 平方米工业用地（以正式批准的用地红线图为准）。安置面积按建筑占地面积予以安置。(4) 拆迁补偿费：甲方根据评估报告，一次性付给乙方拆迁补偿费计 87230 元，大写捌万柒仟贰佰叁拾元（附评估报告）。其中房屋类按评估价 60% 予以安置。(5) 支付方式：在乙方签订本协议并腾空厂区移交钥匙后 7 日内，甲方通过银行将拆迁补偿费一次性支付给乙方。(6) 乙方在下列规定时间内完成拆迁补偿协议签订并腾空厂区移交钥匙，经甲方验收合格给予以下奖励：2013 年 9 月 10 日前签订协议并在本协议第 2 条规定的时间内腾空厂区移交钥匙的，以拆迁补偿费（评估价）的 10% 奖励给乙方；2013 年 9 月 11 日至 20 日签订协议并在本协议第 2 条规定的时间内腾空厂区移交钥匙的，以拆迁补偿费（评估价）的 5% 奖励给乙方。逾期不予奖励。(7) 为确保厂房拆除的安全，厂房拆除工作由甲方组织有资质的施工单位进行。未经甲方书面同意，乙方不得自行拆除。(8) 本协议自双方签字盖章后生效。本协议一式七份，甲方执二份，乙方执一份，报市商贸与服务业集聚区管委会备案一份，市工业开发办执一份，城西国土所执一份，存档一份。在协议签订之前，东河良发裤带厂即已将涉案厂房腾空并交付于义乌城西街道办；义乌城西街道办依约将涉案款项支付于东河良发裤带厂，但一直未按此协议安置土地。2013 年 10 月 29 日，义乌市人民政府下发义办告第 229 号告知单，同意按照义政发〔2009〕163 号《关于义乌市重点工程建设拆迁工业企业安置若干意见》文件精神，拆迁安置东河良发裤带厂工业用地。2016 年 6 月 6 日，义乌城西街道办召开班子会议，讨论确定东河良发裤带厂拆迁安置土地位置在求真路北侧，圣达街东侧地块。2017 年 4 月 12 日，用地红线图明确标示东河良发裤带厂拆迁安置地块在上述位置，其中安置用地 222 平方米，出让用地 111 平方米。2018 年 4 月，市里出台政策，明确土地安置方式变更为货币安置。之后，东河良发裤带厂多次向有关部门反映此事，均未给予解决落实。2018 年 5 月 22 日，方小某以厂房土地安置事宜向国家机关信访反映："为配合'杭长线'铁路建设，2013 年 9 月，义乌市城西街道政府与以我父亲作为经营者的东河良发裤带厂签订了《拆迁安置补偿协议》，街道以目前市里的政策为提倡货币安置为由，拒绝按照协议的约定对我厂进行土地安置，要求政府按照协议安置厂房土地。"2018 年 5 月 30 日，义乌城西街道办予以受理，并于 2018 年 6 月 26 日作出城西信访复字〔2018〕15 号信访事项处理意见书，称："目前，城西街道对东河良发裤带厂地面附属物按评估价格进行拆迁补偿及相应奖励已落实到位。受全市土地利用规划调整、工业用地指标受限等多方因素影响，拆迁安置厂房一直未能落实安置用地。与东河良发裤带厂同类的企业还有 7 家，为解决好历史遗留问题，经市政府相关部门协调，由土地安置方式变更为货币安置，货币安置方式为：以原拆迁地块作为标的进行评估，并综合考虑企业拆迁约 4 年时间的损失费、安置费。关于反映的'要求政府按照协议安置厂房土地'的问题，根据市相关会议精神，对你厂（东河良发裤带厂）拟采取货币补偿的方式进行安置。"受义乌城西街道办的委托，浙江众正价格评估有限公司于 2018 年 5 月 29 日对东河良发裤带厂已拆迁原厂区土地价值出具〔2018〕义众正评字第 0603005 –3 号评估报告，结论为案涉土地经评估 2013 年度的土地单价为 4159 元，土地总价值为 923298 元。2018 年 8 月 6 日，东河良发裤带厂向原审法院提起诉讼，诉请义乌城西街道办按照拆迁安置补偿协议的约定位置为东河良发裤带厂安置面积为 333 平方米的工业用地（以用地红线图为准）或者按照等价原则为其另行选址进行安置，并由义乌城西街道办承担因不履行合同义务给东河良发裤带厂造成的损失人民币30万元。原审法院经审理后，在确认上述事实的基础上，于2019年6月25日作出（2018）浙0782行初242号行政判决，认定义乌城西街道办以政策调整为由未按协议履行安置土地，已构成违约，判决其在不减损东河良发裤带厂协议安置利益的前提下对其作出货币补偿决定。该判决生效后，2019年7月24日，义乌城西街道办作出一份补偿决定书，内容为："为履行判决，根据市政府会议纪要精神，对你厂土地未安置一事作出如下补偿决定：一、变更安置方式为货币安置。二、以协议拆迁签订时间为基准，对你厂原有土地进行评估，以此确定货币安置基数。三、考虑到签订协议以来，你厂未及时安置有一定损失，以货币安置为基数每年按5%的标准给予利息补贴，不计复息。以2013年9月4日为时间节点，根据众正价格评估有限公司评估，东河良发裤带厂原有厂房土地价值为923298元。自2013年9月起至2019年7月30日止利息补助为269295.25元。我办事处对你厂货币补偿1192593.25元。"诉讼中，根据东河良发裤带厂的申请，原审法院曾2次委托相关机构对案涉红线图安置地块价格进行评估，鉴定机构均以基础资料不齐全、无法鉴定为由退回。

二、法院裁判理由及结果

原审法院审理后认为，案涉拆迁安置补偿协议合法有效，双方均应依约全面履行。义乌城西街道办以政策调整为由未按协议履行安置土地，已构成违约，依法应承担相应的违约责任，由义乌城西街道办采取相应的补救措施，并赔偿因此给东河良发裤带厂造成的损失，该损失包括协议履行后可以获得的利益，即安置地块价值及房屋租金损失等。义乌城西街道办依据原审法院生效判决，按照政策对原拆迁土地进行评估作出的案涉货币补偿决定，未能体现"不减损原告协议安置利益"的原则和前提。从原拆迁土地和协议安置地块的位置、交通便利等综合因素衡量，协议安置地块的经济价值明显高于原拆迁土地，在评估机构未能对协议安置地块价值进行评估的情况下，为充分保护东河良发裤带厂的合法利益，体现公平原则，可按照原有拆迁土地的评估价格作为参考计算协议安置土地的价值。关于房屋租金和搬迁过渡费损失，因东河良发裤带厂并无充分证据证明，不予支持。综上，判决：（1）义乌市人民政府城西街道办事处于判决生效之日起10日内支付义乌市东河良发裤带厂经济损失1384947元并赔偿利息损失；（2）驳回义乌市东河良发裤带厂的其他诉讼请求。

二审法院审理后认为，相关法律文书已认定义乌城西街道办以政策调整为由未按协议履行安置土地对东河良发裤带厂构成违约，依法应承担相应的违约责任。综合双方签订的拆迁安置协议、“不减损被拆迁人协议安置利益”的原则、原有厂房土地价值评估价格、预安置地块价格无法评估等本案的客观现实，原审法院认定由义乌城西街道办按照被拆迁地块评估价酌情以1∶1.5的方式计算价格作为支付东河良发裤带厂的经济损失并赔偿利息损失符合本案的拆迁安置政策，亦为公平。对东河良发裤带厂提及的租金损失，上述计算办法既包括东河良发裤带厂被拆除的厂房及土地等当时的价格，也按照1∶1.5的方式计算损失，该多出来的“0.5的份额”及利息应包含拆迁安置及义乌城西街道办违约导致东河良发裤带厂必然要支出的租金损失等，东河良发裤带厂要求另行支付租金损失缺乏事实及法律依据，不予支持。综上，东河良发裤带厂、义乌城西街道办的上诉请求均缺乏事实和法律依据，不予支持。依照《行政诉讼法》第80条第1款第1项之规定，判决驳回上诉，维持原判。

三、判解及提示

本案主要涉及以下两个方面的问题。

（一）本案货币补偿的范围

原审法院（2018）浙0782行初242号行政判决，认定义乌城西街道办以政策调整为由未按协议履行安置土地，已构成违约，并判决其在不减损东河良发裤带厂协议安置利益的前提下对其作出货币补偿决定。义乌城西街道办案涉补偿决定以货币安置为基数每年按5%的标准给予利息补贴，不计复息。原审法院考虑到双方签订协议的情形，认定义乌城西街道办按照被拆迁地块评估价酌情以1∶1.5的方式计算价格作为支付东河良发裤带厂的经济损失并赔偿利息损失。二审中，东河良发裤带厂主要主张租金损失。东河良发裤带厂作为经营主体，案涉房屋系生产性用房，2013年9月4日，义乌城西街道办（甲方）与东河良发裤带厂（乙方）签订拆迁安置补偿协议书。在协议签订之前，东河良发裤带厂即已将涉案厂房腾空并交付于义乌城西街道办，义乌城西街道办依约将涉案款项支付与东河良发裤带厂。至2021年，义乌城西街道办一直未按协议安置土地。在如此长的期限，东河良发裤带厂主张的租金损失属直接损失范畴，应作为义乌城西街道办承担案涉违约责任的范畴。

（二）本案义乌城西街道办是否应当另行承担租金损失补偿责任的问题

参照《行政诉讼法》第38条第2款规定，在行政赔偿、补偿的案件中，原告应当对行政行为造成的损害提供证据。本案东河良发裤带厂作为经营主体，在其案涉经营用房被拆除后，其主张其在城西街道东河集聚区范围内另行租赁可用于生产的房屋，并以现金的方式支付租金符合此种情形下的用房预期，即使其提交的相关证据的证明力不强，在义乌城西街道办未提交相反证据的情形下，应酌情确认东河良发裤带厂主张的租金损失，原审法院认为东河良发裤带厂没有租金损失不当。但原审认定的本案损失的计算办法既包括东河良发裤带厂被拆除的厂房及土地等当时的价格，也按照1∶1.5的方式计算损失，该多出来的“0.5的份额”及利息应包含拆迁安置及义乌城西街道办违约导致东河良发裤带厂必然要支出的租金损失等，该计算方式符合义乌当地的拆迁安置政策，也没有减损被拆迁人协议安置利益，故二审法院对具体的补偿安置费用计算方式不再予以调整。

企业行为涉嫌犯罪情形下能否要求法院对其行政争议进行处理？

——浙江萃能石化有限公司与国家税务总局
浦江县税务局确认行政行为违法上诉案

裁判要旨

行政行为依法应当认定违法，但认定违法可能会能给国家利益、社会公共利益造成重大损害，法院应综合考量案件审理的后果；在行政相对人的行为涉嫌犯罪且行政机关实体处理并无不当的情形下，驳回其起诉，对案涉行政程序是否合法不再予以评价。

一、案例简介

上诉人（原审原告）浙江萃能石化有限公司（以下简称萃能石化公司）与被上诉人（原审被告）国家税务总局浦江县税务局（以下简称浦江税务局）确认行政行为违法纠纷一案，不服浙江省兰溪市人民法院的一审行政判决，向浙江省金华市中级人民法院提起上诉。

萃能石化公司上诉称，一审法院行政判决，缺乏基本的司法公正性。(1) 事实认定方面。一审法院在事实认定方面割裂基本的案件事实，对于浦江税务局的违法行为，以及本案前后发生的重要事实只字不提，刻意取舍案件重要事实及环节，将已产生严重程序违法的行政行为与本身相对独立的公安机关立案予以前后关联，就好像"行政机关发现违法行为，然后移送公安，公安予以立案，以此表明其程序规范、没有违法行为"。真实的案件事实是萃能石化公司响应当地政府招商引资，包括萃能石化公司在内的多家公司，依法在当地注册成立，并按当地要求在当地的浦江石协石化市场运营平台进行经营，财务统一管理。2017 年 11 月 9 日，萃能石化公司的税盘被莫名关停，浦江税务局没有给予任何解释和相关书面决定。在庭审程序中，浦江税务局所列举的证据中，浦江税务局在关停前后以及萃能石化公司前后多次提出异议和询问的过程中从未提起过，没有给予萃能石化公司解释和申辩的机会。萃能石化公司是依法成立的公司，具有相关的经营资质，每一笔交易都是合法的真实交易，通过浦江税务局与其他税务机关的税务核查也可以证明合同交易的真实性及合法性，税务核查没有一起能够证明萃能石化公司存在违法行为。税务发票票面金额是浦江税务局核定为 10 万元的票额，油品合同本身就是大金额合同，这既是客观事实也是市场情况，以 1000 万元合同金额为例，通过 10 万元发票，如何开具发票，任何人都能得出结论，浦江税务局如果是以萃能石化公司存在多项顶额开具发票，存在嫌疑，完全可以向萃能石化公司释明，萃能石化公司可以提供合同交易情况等予以解释，浦江税务局也完全可以向浦江石化运营平台的主办会计了解情况，但是，浦江税务局什么都没有做。无奈之下，萃能石化公司依法提起行政诉讼。（2）证据采信方面。一审法院对于萃能石化公司的举证证明目的，判决文书表述模糊混乱，甚至曲解证明目的。国家税务总局《关于进一步加强增值税发票管理的通知》（税总发〔2017〕51 号，以下简称税总发〔2017〕51 号文件）明确规定了暂停开票的程序要求，这是行政机关实施行政行为的合法性的关键证据，但浦江税务局对于自己的陈述在没有提供任何证据的情况下，一审法院依据什么来认定如此重要的事实。（3）法律适用方面。浦江税务局在庭前证据目录所附行政行为合法性依据及书面答辩状和庭审答辩中均承认，实施行政行为的依据是税总发〔2017〕51 号文件，并未引用适用其他法律法规依据，但一审法院在引用证明行政行为合法性方面，却引用了浦江税务局未引用的法律法规依据，不符合行政诉讼中对于行政行为依据的举证规则。此外，任何行政行为的实施，应保证当事人有充分的陈述与申辩权，这是行政法最基本的原则，也是行政相对人最基本最重要的程序权利，是行政法程序正当原则的基本要求。税总发〔2017〕51 号文件也明确规定了“暂停开票”的程序性要求，但是，浦江税务局并未采取任何程序性行为。

浦江税务局答辩称：（1）一审认定事实清楚，证据充分。原审认定的浦江税务局通过大数据系统票流分析认定萃能石化公司顶额开具发票等事实清楚。萃能石化公司诉称浦江税务局提供的多数证据系后续为应付行政诉讼而收集或在已经作出行政行为后才开始收集与事实不符。从形式上看，有些证据是在暂停开票之后形成，但这不影响证据的合法性。（2）浦江税务局暂停萃能石化公司开具发票的行为合法。浦江税务局一审中提供了《税收征收管理法》《发票管理办法》等文件，并非如萃能石化公司所述的只有税总发〔2017〕51 号文件，依据相关规定，萃能石化公司依法享有对浦江税务局虚开增值税发票进行管理的职权，浦江税务局根据法律法规及税总发〔2017〕51 号文件对萃能石化公司暂停其开具发票有法可依。税总发〔2017〕51 号文件规定，纳税人是否存在购销不匹配、销售成品油消费税应税产品、进销项明显异常、大部分发票顶额开具、发票开具后大量作废红冲、发票开具金额突增等异常情形。对系统预警的风险纳税人，主管国税机关应及时约谈其法定代表人、财务负责人及其他相关人员。因地址、电话等税务登记信息与实际情况不符无法联系，或者经税务机关两次约谈不到的，以及经过约谈发现纳税人存在虚开发票嫌疑的，主管国税机关暂停其开具发票。排除疑点后，主管国税机关应及时处理，允许其正常开具发票。本案的税务登记信息中萃能石化公司的法定代表人系王某某，浦江税务局在发现萃能石化公司的虚开发票嫌疑后及时联系王某某，经查得知其系挂名法定代表人，对公司经营一无所知，其也不告知公司的实际控制人或相关人员的信息及联系方式，导致税务登记信息与实际情况不符无法联系。浦江税务局考虑到情况紧急，虚开增值税专用发票的涉税案件具有快速登记、快速虚开、快速走逃的特征和团伙化、专业化、跨地域流窜作案的特点，为了加强增值税发票管理，避免造成国家税款损失，打击遏制虚开增值税发票违法行为，维持国家正常的税收秩序，只能采取暂停其开具发票的最有效措施。之后，王某某提供了签署时间为 2018 年 1 月 22 日的说明，告知浦江税务局实际控制人为缪某某，于 2018 年 2 月 9 日约谈，程序上合法。萃能石化公司所述其多次到浦江税务局处问询，在被关停 3 个月后，才进行第一次讯问，违背客观事实。（3）萃能石化公司对税总发〔2017〕51 号文件合法性审查的诉讼请求与法不符。萃能石化公司在一审的诉讼请求为，要求对税总发〔2017〕51 号文件进行合法性审查，行政诉讼法明确将规范性文件合法性审查定位为间接的附带审查，即对案件有关的条款进行审查，而不是独立的直接审查，即法院不是规范性文件的备案审查机关，无权也无义务对规范性文件的全部内容逐条进行审查，对不属于争议范围的规范性文件条文内容，不纳入司法审查范围。萃能石化公司要求对全文审查的诉讼请求，显然不符合行政诉讼法的规定。

法院认定事实如下：萃能石化公司于 2017 年 5 月 22 日经浦江县市场监督管理局批准成立，并领取了营业执照，类型为有限责任公司（法人独资），法定代表人王某某，注册经营范围为：不带储存经营汽油、柴油、煤油等。2017 年 5 月 23 日萃能石化公司依法办理了税务登记。2017 年 6 月 20 日登记认定为一般纳税人，6 月 23 日领取了税控盘。首次开票时间为 2017 年 9 月 13 日。浦江税务局在日常管理中，通过国家税务总局大数据系统票流分析、税务协查等调查措施，发现萃能石化公司存在涉税风险：萃能石化公司上下游企业存在进销项货物品名严重背离的变票行为；也没有成品油批发、零售经营资格，却从其上游企业取得购买成品油的增值税专用发票；萃能石化公司所开具的 583 份发票有 581 份是顶额开具，因此浦江税务局于 2017 年 11 月 9 日以涉嫌虚开增值税专用发票为由，暂停了萃能石化公司的开票行为。2018 年 5 月 10 日将萃能石化公司涉嫌虚开增值税专用发票一案移送浦江县公安局立案。2018 年 6 月 30 日，浦江县公安局以虚开增值税专用发票决定对萃能石化公司予以立案侦查。

二、法院裁判理由及结果

原审法院审理后认为，《税务登记管理办法》（2014 年修正）第 3 条规定，县以上国家税务局（分局）、地方税务局（分局）是税务登记的主管税务机关，负责税务登记的设立登记、变更登记、注销登记和税务登记证验证、换证以及非正常户处理、报验登记等有关事项。《发票管理办法》（2010 年修订）第 4 条规定，国务院税务主管部门统一负责全国的发票管理工作。省、自治区、直辖市国家税务局和地方税务局依据各自的职责，共同做好本行政区域内的发票管理工作。因此，浦江税务局具有相应职责，其主体适格。根据《发票管理办法》第 22 条的规定，开具发票应当按照规定的时限、顺序、栏目，全部联次一次性如实开具，并加盖发票专用章。任何单位和个人不得有下列虚开发票行为：（1）为他人、为自己开具与实际经营业务情况不符的发票；（2）让他人为自己开具与实际经营业务情况不符的发票；（3）介绍他人开具与实际经营业务情况不符的发票。第 23 条规定，安装税控装置的单位和个人，应当按照规定使用税控装置开具发票，并按期向主管税务机关报送开具发票的数据。第 37 条规定，违反本办法第 22 条第 2 款的规定虚开发票的，由税务机关没收违法所得；虚开金额在 1 万元以下的，可以并处 5 万元以下的罚款；虚开金额超过 1 万元的，并处 5 万元以上 50 万元以下的罚款；构成犯罪的，依法追究刑事责任。税总发〔2017〕51 号文件规定，实行发票异常数据监控。各地国税机关要积极利用增值税管理新系统功能优势，以信息比对为抓手，探索建立信息数据分析系统，通过设置风险分析指标触发重点监控，及时发现虚开发票风险并通过管理和执法手段进行有效应对。各地国税机关要结合本地实际，通过购销货物劳务品名比对、发票开具特点分析等方法，对纳税人开票数据进行实时监控分析预警，重点监控发票开具异常指标，如纳税人是否存在购销不匹配、销售成品油消费税应税产品、进销项明显异常、大部分发票顶额开具、发票开具后大量作废红冲、发票开具金额突增等异常情形。对系统预警的风险纳税人，主管国税机关应及时约谈其法定代表人、财务负责人及其他相关人员。因地址、电话等税务登记信息与实际情况不符无法联系，或者经税务机关 2 次约谈不到的，以及经过约谈发现纳税人存在虚开发票嫌疑的，主管国税机关暂停其开具发票。排除疑点后，主管国税机关应及时处理，允许其正常开具发票。本案中，浦江税务局在发现萃能石化公司的虚开发票嫌疑后及时锁死税控盘，目的是避免国家遭受相应损失，是依法行使行政职责的行为。因萃能石化公司的法定代表人王某某对经营一无所知，而控制人缪某某又无法及时取得联系，浦江税务局即采取了暂停萃能石化公司开具发票的措施，事后对缪某某进行了 2 次约谈和调查取证后，认定萃能石化公司有涉嫌虚开增值税发票犯罪嫌疑，并将案件移送浦江县公安局，该局现已立案侦查，因此，浦江税务局程序上虽然存在轻微瑕疵，但其执法目的正当，实体处理并无不当。萃能石化公司要求确认浦江税务局做出的暂停萃能石化公司开具发票的行政行为违法的诉讼请求，不予支持。萃能石化公司要求对税总发〔2017〕51号文件进行合法性审查，与法不符，不予支持。综上，判决驳回浙江萃能石化有限公司的诉讼请求。

二审法院审理后认为，浦江税务局于2017年11月9日以涉嫌虚开增值税专用发票为由暂停萃能石化公司的开票行为之后，于2018年5月9日将萃能石化公司就其涉嫌虚开增值税专用发票的行为移送浦江县公安局，浦江县公安局已于2018年6月30日作出立案决定书［浦公（经）立字（2018）10859号］，对案涉虚开增值税专用发票嫌疑的行为进行刑事立案侦查。该涉嫌虚开增值税专用发票的行为涉嫌犯罪，可能损害国家利益，本案在上述公安机关的处理有明确结论之前，原审法院作出实体判决不当，本院予以纠正。综上，依照《行政诉讼法》第86条、第89条第1款第2项之规定，裁定：(1) 撤销浙江省兰溪市人民法院（2019）浙0781行初603号行政判决；(2) 驳回浙江萃能石化有限公司的起诉。

三、判解及提示

税总发〔2017〕51号文件第6条提及，对系统预警的风险纳税人，主管国税机关应及时约谈其法定代表人（业主、负责人）、财物负责人及其他相关人员。因地址、电话等税务登记信息与实际情况不符无法联系，或者经税务机关2次约谈不到的，以及经过约谈发现纳税人存在虚开发票嫌疑的，主管国税机关暂停其开具发票。本案不存在因地址、电话等税务登记信息与实际情况不符无法联系的情况，税务机关也没有提交证据证明其2次约谈萃能石化公司负责人或财务负责人，浦江税务局采取了暂停萃能石化公司开具发票的措施违反上述规定。按照正常的行政判决思路，本案萃能石化公司要求确认案涉行政执法行为违法应获得支持。但案涉涉嫌虚开增值税专用发票的行为涉嫌犯罪，可能损害国家利益，且本案浦江税务局仅是行政执法程序违法，实体处理并无不当，故二审法院以此为由驳回萃能石化公司的起诉。对涉嫌犯罪的行为，在行政机关实体处理并无不当的情形下，对其程序是否合法不再予以评价。

另外，《行政诉讼法》第53条规定，公民、法人或者其他组织认为行政行为所依据的国务院部门和地方人民政府及其部门制定的规范性文件不合法，在对行政行为提起诉讼时，可以一并请求对该规范性文件进行审查。前款规定的规范性文件不含规章。本案所涉的税总发〔2017〕51号文件属于规章，故法院不予审查。

如何区分信访投诉事项、行政履责申请及行政追溯期限的认定？

——兰溪市蓝调之美度假有限公司与兰溪市住房和城乡建设局不履行行政处罚职责上诉案

裁判要旨

利害关系人要求行政机关对其监管范围内的违法行为进行查处，该请求事项不属信访投诉事项，而应属于行政履责申请。对违法发包等行为的行政处罚追溯期限起点认定，应从相关主体签订解除合同或有不再合作的意思表示作为违法行为终了的起算点，而不涉及相关主体的争议是否解决。

一、案例简介

上诉人（原审原告）兰溪市蓝调之美度假有限公司（以下简称蓝调之美度假公司）与被上诉人（原审被告）兰溪市住房和城乡建设局（以下简称兰溪住建局）不履行行政处罚职责纠纷一案，不服浙江省永康市人民法院一审行政判决，向浙江省金华市中级人民法院提起上诉。

蓝调之美度假公司上诉称：（1）原审认定事实严重错误。①认定徐某以浙江瑞翔建设有限公司（以下简称瑞翔建设公司）名义与蓝调之美度假公司签订《施工合同》，完全错误。蓝调之美度假公司提供的多项证据充分表明：《施工合同》（含预签及招投标施工合同）由蓝调之美度假公司与瑞翔建设公司所签，徐某是在招投标施工合同签约之后，由瑞翔建设公司以蓝调之美度假区项目负责人的身份委派至蓝调之美度假公司施工工地，蓝调之美度假公司直至徐某起诉看到瑞翔建设公司出具给徐某的挂靠证明，才知道徐某挂靠瑞翔建设公司的事实。②认定蓝调之美度假公司与徐某签订《解除施工合同补充协议》错误。《解除施工合同补充协议》系蓝调之美度假公司与瑞翔建设公司所签，徐某只是瑞翔建设公司委派代表，且补充协议中的乙方由徐某明确写为瑞翔建设公司。③认定瑞翔建设公司与徐某是母公司与子公司关系，完全错误。蓝调之美度假公司得知徐某是兰溪市税务局公务员，系个人挂靠瑞翔建设公司承揽蓝调之美度假公司工程。（2）原审适用法律严重错误。①一审法院适用兰溪住建局提交的《全国人大常委会法工委对建筑施工企业母公司承接工程后交由子公司实施是否属于转包以及行政处罚两年追溯期认定法律适用问题的意见》（法工办发〔2017〕223号），该情形不适用本案，本案徐某系独立个体，与瑞翔建设公司非母公司与子公司关系，本案没有证据证明徐某设立过瑞翔建设公司的子公司。②一审法院适用了《行政处罚法》第29条（2021年修订版第36条）前一款，没有适用后一款，后一款明确规定“违法行为有连续或者继续状态的，从行为终了之日起计算”。蓝调之美度假公司直至2020年1月2日从兰溪法院拿到徐某起诉资料才知晓挂靠中标的事实，在此之前，瑞翔建设公司与徐某的违法行为一直处于继续状态，且因为瑞翔建设公司至今没有按解除施工合同约定履行义务责任，瑞翔建设公司与徐某的违法行为也仍处于继续状态。即便兰溪法院对徐某起诉作出了一审判决，判决时间为2020年6月10日，而蓝调之美度假公司在同年3月3日就已举报，因此没有超过2年的追溯期。（3）原审办案严重不公。①一审法院全盘否定蓝调之美度假公司提交的所有证据，却采纳了兰溪住建局提交的所有证据及兰溪法院（2019）浙0781民初5365号民事判决书中对徐某与瑞翔建设公司有利的错误认定。②一审法院适用兰溪住建局提交的《全国人大常委会法工委对建筑施工企业母公司承接工程后交由子公司实施是否属于转包以及行政处罚两年追溯期认定法律适用问题的意见》（法工办发〔2017〕223号），然而对蓝调之美度假公司引用的同为全国人大常委会法工委于2004年12月25日作出的法工委复字〔2004〕27号文件“同意你部（司法部）的意见（群众举报后被认定属实的，发现时效以举报时间为准）”，却视而不见。

兰溪住建局答辩称，兰溪住建局作出的兰建设法受〔2020〕2号文件《其他法定途径处理决定书》认定事实清楚、适用法律正确、程序合法，蓝调之美度假公司的上诉理由不能成立。根据全国人大常委会法制工作委员会法工办发〔2017〕223号文件第2条的规定和《行政处罚法》第29条（2021年修订版第36条）的规定，本案明显超过2年的追溯期。本案属信访行为，不属于行政诉讼的审理范围。请求二审法院依法驳回上诉，维持原判。

法院认定事实如下：2012年8月25日，蓝调之美度假公司与瑞翔建设公司签订《施工合同》，之后蓝调之美度假公司在2012年12月应兰溪市政府办公室要求对该工程进行公开招投标，瑞翔建设公司中标后，未参与工程施工，由徐某在2012年12月之后作为实际施工人入场承建了案涉的整个工程，后工程停工。之后一直未复工，2014年10月13日，蓝调之美度假公司与瑞翔建设公司签订了《解除施工合同协议书》，同日，蓝调之美度假公司与徐某签订了《解除施工合同补充协议》。兰溪市人民法院作出的（2019）浙0781民初5365号民事判决中确认了徐某以瑞翔建设公司名义与蓝调之美度假公司签订的施工合同，违反禁止性规定，属无效合同。2020年11月18日，兰溪住建局受理了蓝调之美度假公司举报瑞翔建设公司与徐某违反《建筑法》《招标投标法》等违法行为的举报材料，同年12月8日，兰溪住建局作出兰建设法受〔2020〕2号《其他法定途径处理决定书》，"根据《中华人民共和国行政处罚法》第二十九条（2021年修订版第36条）规定，已过追溯期限，我局决定不再给予行政处罚"，并于2020年12月9日送达给蓝调之美度假公司。蓝调之美度假公司不服，故诉至原审法院，要求撤销《其他法定途径处理决定书》，并要求兰溪住建局对瑞翔建设公司与徐某的违法挂靠行为进行查处。

二、法院裁判理由及结果

原审法院审理后认为，根据《全国人大常务委员会法制工作委员会对建筑施工企业母公司承接工程后交由子公司实施是否属于转包以及行政处罚两年追溯期认定法律适用问题的意见》（法工办发〔2017〕223号文件）"对于违法发包、转包、分包、挂靠等行为的行政处罚追溯期限，应当从违法发包、转包、分包、挂靠的建筑工程竣工验收之日起计算。合同工程量未全部完成而解除或暂时终止履行合同的，为合同解除或终止之日”和《行政处罚法》第29条（2021年修订版第36条）规定，违法行为在二年内未被发现的，不再给予行政处罚，本案中，徐某以瑞翔建设公司名义与蓝调之美度假公司签订的施工合同已经被兰溪市人民法院作出的（2019）浙0781民初5365号民事判决认定为违反禁止性规定，属无效合同。蓝调之美度假公司就徐某与瑞翔建设公司之间的违法行为向兰溪住建局进行举报，兰溪住建局受理蓝调之美度假公司的举报后，依法进行调查核实，认为蓝调之美度假公司与瑞翔建设公司签订的《施工合同》已于2014年10月13日解除。兰溪住建局于2020年12月8日作出《其他法定途径处理决定书》，认为已过追溯期限，决定不再给予行政处罚，符合事实、法律规定，兰溪住建局已履行法定职责。蓝调之美度假公司的诉讼请求，没有依据。综上，判决驳回兰溪市蓝调之美度假有限公司的诉讼请求。

二审法院审理后认为，兰溪住建局受理了蓝调之美度假公司（吕汶洇）对瑞翔建设公司与徐某的举报后，作出兰建设法受〔2020〕2号《其他法定途径处理决定书》。从其内容来看，兰溪住建局进行了调查处理，认为蓝调之美度假公司（吕汶洇）的举报已过追溯期限，不再进行行政处罚，并明确，举报人如对该意见不服，可以向法院提起行政诉讼，兰溪住建局称本案属信访事项，与事实不符，不予认定。《全国人大常委会法制工作委员会对建筑施工企业母公司承接工程后交由子公司实施是否属于转包以及行政处罚两年追溯期认定法律适用问题的意见》明确，关于建筑市场中违法发包、转包、分包、挂靠等行为的行政处罚追溯期限问题，应当从违法发包、转包、分包、挂靠的建筑工程竣工验收之日起计算。合同工程量未全部完成而解除或暂时终止履行合同的，为合同解除或终止之日。2014年10月13日蓝调之美度假公司与瑞翔建设公司签订了《解除施工合同协议书》，同一天，蓝调之美度假公司又与徐某（以承包者名义）签订了《解除施工合同补充协议书》，应从签订该解除合同之日计算本案行政处罚追溯期限。2020年11月12日，兰溪住建局收到蓝调之美度假公司的举报材料，其以本案已过《行政处罚法》第29条（2021年修订版第36条）规定的追溯期限为由作出不再给予行政处罚的处理意见符合法律规定。综上，蓝调之美度假公司的上诉请求缺乏事实和法律依据，应不予支持。依照《行政诉讼法》第89条第1款第1项之规定，判决驳回上诉，维持原判。

三、判解及提示

本案主要涉及以下两个方面的问题。

（一）本案信访投诉事项和行政履责申请认定

兰溪住建局辩称其受理了蓝调之美度假公司（吕汶洇）对瑞翔建设公司、徐某的举报后，作出兰建设法受〔2020〕2号《其他法定途径处理决定书》属于信访事项。国务院《信访条例》第2条规定，本条例所称信访，是指公民、法人或者其他组织采用书信、电子邮件、传真、电话、走访等形式，向各级人民政府、县级以上人民政府工作部门反映情况，提出建议、意见或者投诉请求，依法由有关行政机关处理的活动。一般来讲，信访初步处理的结果对当事人不产生权利、义务的实质影响，案涉处理决定书确实未对本案被举报人瑞翔建设公司、徐某的权利产生实际影响。参照《行政诉讼法》第47条的规定，行政履职可指，当作为行政相对人的公民、法人或者其他组织的人身权、财产权等合法权益受到侵害时，有权向有关行政机关递交申请，请求行政机关履行法定职责，对有关违法行为进行查处，以保护行政相对人或利害关系人的合法权益。住建部门对其管辖范围内的建设行为有监督管理权，本案中，蓝调之美度假公司举报瑞翔建设公司与徐某存在违反《建筑法》《招标投标法》等违法行为，要求兰溪住建局履行职责、依法查处。从蓝调之美度假公司举报内容看，并非《信访条例》（2005年）规定的信访事项范畴，而系要求兰溪住建局对案涉所述的违法行为依法进行查处，该请求事项属于兰溪住建局的法定职责范围。本案不属信访投诉事项，而应属于行政履责申请处理。

（二）本案行政追溯期限的认定

1. 案涉追溯期限的意见是否仅适用母子公司

《全国人大常委会法制工作委员会对建筑施工企业母公司承接工程后交由子公司实施是否属于转包以及行政处罚两年追溯期认定法律适用问题的意

见》明确，关于建筑市场中违法发包、转包、分包、挂靠等行为的行政处罚追溯期限问题，应当从违法发包、转包、分包、挂靠的建筑工程竣工验收之日起计算。合同工程量未全部完成而解除或暂时终止履行合同的，为合同解除或终止之日。蓝调之美度假公司所述的本案仅适用母子公司系该规定第 1 款的情形，非本案适用的第 2 款。

2. 本案追溯期限起点的认定

《行政处罚法》第 29 条（2021 年修订版第 36 条）规定，违法行为有连续或者继续状态的，从行为终了之日起计算。但就本案而言，2014 年 10 月 13 日蓝调之美度假公司与瑞翔建设公司签订了《解除施工合同协议书》，同一天，蓝调之美度假公司又与徐某（以承包者名义）签订了《解除施工合同补充协议书》，按照《全国人大常委会法制工作委员会对建筑施工企业母公司承接工程后交由子公司实施是否属于转包以及行政处罚两年追溯期认定法律适用问题的意见》，签订案涉解除合同应认为案涉违法行为终了，应从 2014 年 10 月 13 日计算本案行政处罚追溯期限，而不涉及相关主体的争议是否解决。如果按照蓝调之美度假公司所述的瑞翔建设公司至今没有按解除施工合同约定履行义务责任，则瑞翔建设公司与徐某的违法行为仍处于继续状态本案未过追溯期限则使行政处罚追溯期制度形同虚设。蓝调之美度假公司所述的全国人大常委会法制工作委员会关于提请明确对行政处罚追诉时效“二年未被发现”认定问题的函的研究意见（法工委复字〔2004〕27 号）适用于律师行业特定情形，不符合本案的客观事实。